사망학

THANATOLOGY

사망학

釋法性 編著

THANATOLOGY
죽음과 삶의 지혜

운주사

서 문

　동서양을 막론하고 금일 철학에 종사하는 사람들은 어떻게 하면 철학을 현실적 생활측면에 실용화시킬 수 있을까 하는 중요한 과제를 안고 있다. 특히 칸트(Kant)사상의 코페르니쿠스 전향(Copernicus-turn) 이후 현대철학의 포스트 모던이즘(post modernism) 혹은 실존주의·존재주의(existentialism)에서는 전통철학의 기본 핵심 과제인 초시공적인 형이상학을 반대하고 인간의 주체성을 강조하고 있다. 즉 주체와 객체의 이원론을 초월하는 것이 바로 현대철학의 최고 과제가 되었다. 곧 그것은 어떻게 해야 참된 인간인가의 안신입명(安身立命)을 부정하지 못하는 결과이다.
　서양철학의 사변적 방법은 이성의 자각을 통한 주체성으로써 절대자, 인간, 세계 등등을 연구하여 인간사회를 변화시키고자 하는 가치론에 기인하고 있다. 반면에 동양철학의 사변적 방법은 덕성의 자각(自覺)을 통한 주체성으로서 인간의 기질을 변화시키고, 자아를 개조시키고, 자아를 인식하게 하고, 자아를 이해시키고, 자아생명을 실현하고자 하는 등 인간이 왜 인간인가의 가치론에 치중하고 있다. 비록 동서양의 사유의 방법은 다르나 이미 동서를 막론하고 현대철학의 관심사는 인간과 자연환경, 인간과 사망, 혹은 역사의 현실 속에서 인간의 문제 등으로, 양자 모두 인간문제를 중심으로 세계를 통찰하고 있다.

인류는 그 역사 이래로 철학사상이나 종교, 문화 등 다방면으로 인간의 문제를 해결하고자 끊임없이 고민하고 절박하게 추구해 왔다. 예를 들면 인생이란 무엇인가? 인간은 어디로부터 왔고 사후에는 어디로 갈 것인가? 등등 이와 같은 생사(生死)의 근본문제에 의해 자신의 안심입명을 찾고자 처세하며 진리와 계합을 하고자 부단히 추구해 온 것이 어찌 어제오늘의 일이겠는가? 하지만 현실적으로 이 세상에 현존하는 우리들은 자신이 누구인지도 모르면서 바쁜 외형적 삶의 현실 속에서 물질적 구속을 헤어나지 못하고, 무엇을 추구하는 삶인지도 모르면서 의식 없이 살다가 어느 날 자신을 보면 이미 늙음이 왔고, 병이 들었고, 죽음을 맞이해야 하는 것이 보편적인 삶의 형태이다.

 왜 우리는 죽음을 인식해야 하고 알아야 하는가? 어떠한 생명이든 산다는 것은 바로 자신의 죽음을 향한 삶인 것이다. 인생의 신비란 바로 삶과 죽음이 서로 함수관계의 생명선이라는 점에 있다. 즉 어떠한 삶을 살았느냐가 또한 사후세계를 결정짓는 중요한 인과관계인 것이다. 죽고 싶다고 해서 함부로 죽을 수 없음이 우리의 생명이고, 살고 싶다고 해서 더 살 수 없는 것이 바로 우리의 생명이다. 필연적 죽음의 의미를 모른다면 역시 진정한 삶이 무엇인지 모른다는 말이다. 어찌 죽음에 대한 지혜가 없이 진정한 삶을 살 수 있단 말인가!

몇 년 사이 너무도 많은 사람들이 삶을 포기하고 자신의 생명을 자살로 몰고 갔다. 이러한 안타까운 현실은 우리 사회의 형식주의·이기주의·물질만능 배금주의에서 비롯된 가치관의 혼돈에서 야기된 의식구조의 문제점을 반영한 것이다. 정신적 삶이나 인륜의 가치보다도 물질적 가치 추구가 더 만연된 가치관의 혼돈시대라 해도 과언이 아니다. 역대로 모든 종교의 성현들·철학가들은 죽음 가운데 자살을 제일 큰 죄악으로 보았다. 스스로 그런 죄악을 선택한다는 것은 바로 올바른 인생의 정신적 가치관·인생관·세계관의 부재에서 비롯된 어리석음의 소치이다. 사실 죽음은 불확실하여 남녀노소를 가리지 않으며, 우리의 죽음이 몇 천 년, 몇 백 년 후에 오는 것도 아니다. 죽음에 대한 올바른 관심은 바로 적극적인 삶의 의미를 부여해주고, 갑자기 닥치는 죽음을 두려움 없이 준비할 수 있는 지혜의 방법을 찾는 것으로, 이것이 사망학(死亡學)·생사학(生死學)의 목적이기도 하다.

이 책은 일종의 사망학 기초 입문서로서 모두 6장으로 이루어져 있다. 제1장은 서론 부분으로 사망학이 다루고 있는 문제의식과 범위, 그리고 방법론에 대해 살펴보고 있다. 제2장에서는 생명의 진상(眞相), 즉 산다는 것(생명의 원리)과 죽는다는 것(생명의 전환)의 의미를 논했다. 제3장에서는 동양의 생사관에 대해 살펴보았고, 제4장에서는 서양의 생사관에 대해 살펴보았다. 제5장에서는 죽음의 지혜, 즉 죽음과 불후·윤회·제사에 대한 인류의 지혜에 대해 서술해보았고, 제6장은 결론 부분으로서 생사(生死)를 통한 삶의 안심입명에 대한 지혜를 서술했다.

   여기에서 필자는 죽음과 삶에 대한 인생의 근본 과제에 대한 방향을 제시하여 생명의 존엄성을 이해하고, 존재의 의미를 어떻게 실현하고 확립할 것인가에 대한 성찰을 꾀하고자 함에 의미를 두었다. 그러기 위해서 필자는 동서고금의 주요 철학과 종교를 회통하여 죽음의 지혜를 반조(返照)하고 삶의 지혜를 찾아 올바른 인생관을 확립하는 것에 궁극적 관심을 두었다. 사실 인간의 생존이란 알 것 같으면서도 확연히 알 수 없는 알쏭달쏭한 수수께끼와 매우 흡사한 미궁이다. 누구나 인간으로 태어나면 반드시 죽어야 한다는 피할 수 없는 죽음을 필연조건으로 하고 있으므로 누구나 불가시세계(不可視世界)인 사후세계에 대해 공포와 두려움을 갖는 것을 부인할 수 없는 사실이다. 그러나 죽음에 대한 무지보다는 이에 대해 알고 자연스럽고 편안하게 죽음에 대처할 수 있어야 한다는 것이 현대 사상가들의 생각이며, 이미 서양에서는 사망학이 사회 전반에 널리 인식되고 있다. 사실 죽음(사망)에 대한 올바른 인식은 바로 삶에 대한 올바른 인식과도 직결된다. 그리고 죽음의 관념을 통해 삶을 더 통찰할 수 있는 지혜가 나온다.

  이 책을 엮은 취지도 사망에 대한 올바른 인식을 통하여 올바른 삶의 가치관과 인생관·생사관(生死觀)을 형성하고 더 나아가 진실하고 성실한 삶의 지혜를 찾는 데 조금이나마 도움이 되고자 함에 있다. 인생관과 세계관을 확립해 나가고 있는 젊은이들과 삶에 대한 의미를 찾고 죽음에 대해 이해하고자 하는 모든 분들에게 도움이 되었으면 한다.

  부족한 면은 독자의 아낌없는 가르침을 사양하지 않는 바이며, 아울러 출판을 기꺼이 맡아주신 운주사에 감사를 드리는 바이다.

2004년 10월. 法(Dharma)의 漢江에서
釋 法 性

차 례

서문 · 5

제1장. 사망학이란 무엇인가 · 15

제2장. 산다는 것과 죽는다는 것 · 25
제1절. 생명의 원리-삶의 본능 ······ 27
   1. 생명과 영(靈) ······ 30
   2. 생명과 기(氣) ······ 43
   3. 생명과 동(動) ······ 50
   4. 생명과 심(心) ······ 53
   5. 생명과 연기(緣起) ······ 59
   6. 생명과 창생력(創生力) ······ 64
제2절. 생명의 전환점-죽음의 본능 ······ 69
   1. 보로스에 의한 사망관 ······ 72
   2. 의학상의 임상적 사망관 ······ 80
      1) 엘리자베스 퀴블러 로스에 의한 죽음의 분류 ······ 80
      2) 라우링스 분석에 의한 죽음의 분류 ······ 85
   3. 현대철학에서의 사망관 ······ 87
   4. 종교에서의 사망관 ······ 92
      1) 기독교 · 천주교 및 이슬람교의 사망관 ······ 93
      2) 불교의 사망관 ······ 96

제3장. 동양의 생사관 · 123

제1절. 종교적 측면의 생사관 125
1. 힌두교 및 불교의 생사관 125
2. 이슬람교의 생사관 136
제2절. 철학적 측면의 생사관 141
1. 인도철학의 생사관 141
2. 중국철학의 생사관 149
1) 유가의 생사관 149
2) 도가의 생사관 159

제4장. 서양의 생사관 · 167

제1절. 종교적 측면의 생사관 169
1. 중세 기독교의 생사관 169
1) 말기 스토아학파 170
2) 히브리민족과 구약·신약 172
3) 아우구스티누스 175
4) 보에티우스 179
5) 토마스 아퀴나스 181
6) 에크하르트 182
제2절. 철학적 측면의 생사관 185
1. 고대 그리스철학의 생사관 185
1) 엠피쿠루스 185
2) 소크라테스 186

3) 피타고라스 ·· 189
   4) 프로타고라스 ·· 191
   5) 플라톤 ·· 192
   6) 아리스토텔레스 ·· 197
  2. 근대철학의 생사관 ·· 198
   1) 데카르트 ·· 200
   2) 버클리 ·· 202
   3) 칸트 ·· 204
   4) 스피노자 ·· 214
  3. 현대철학의 생사관 ·· 218
   1) 쇼펜하우어 ·· 219
   2) 키에르케고르 ·· 224
   3) 니체 ·· 229

제5장. 죽음의 지혜 · 239

 제1절. 죽음과 불후(不朽) ·· 239
 제2절. 죽음과 윤회(輪廻) ·· 246
  1. 동양에서의 윤회 ·· 246
  2. 서양에서의 재생 ·· 249
   1) 기독교의 관점 ·· 249
   2) 고대 이집트의 관점 ·· 253
 제2절. 죽음과 제사 ·· 255
  1. 고대 인도사상에서 본 제사의례 ······························ 256

1) 제사의 의미 및 종류 ·· 256
   2) 상례의 의미 및 종류 ·· 260
  2. 동양삼국에서의 제사의례 ·· 262
   1) 예(禮)의 의미 ··· 262
   2) 제사의 의미 ·· 265
   3) 제사의 중요성 ·· 266
   4) 상례의 의미 ·· 270
  3. 고대 메소포타미아에서의 제사의례 ······························· 275

제6장. 결론—안심입명(安心立命)·279

부 록
  Ⅰ. 임종 때 누구나 꼭 주의해야 할 점 ······························ 295
  Ⅱ. 죽음과 삶에 관한 역대 명언들 ·································· 299
   1. 동양편 ·· 299
   2. 서양편 ·· 306

주요 참고 문헌·315

제1장. 사망학이란 무엇인가

　우주의 신비 가운데 가장 이해하기 어렵고 풀기 어려운 문제는 바로 인간의 문제이다. 즉 생명은 무엇이고 그 근원은 무엇인가? 인간은 어디에서 와서 어디로 가는가? 인간은 한번 죽으면 영원히 죽는 것인가, 아니면 영혼은 영생을 하는 것인가, 아니면 영혼이 내세에 다시 태어나 존재하는가? 살아생전의 선악의 행위가 사후에 영향을 주는가 주지 않는가? 인간은 윤회를 하는가 하지 않는가?
　동서고금을 막론하고 예로부터 인류는 인생의 오묘함과 삶과 죽음의 문제를 종교나 철학을 통하여 해결하고자 끊임없이 추구해 왔으며, 또한 미래의 인류도 역시 마찬가지일 것이다. 그러므로 '인간의 존재' 그 자체가 바로 철학을 추구하게 하는 시점이면서 구경의 목적이라고 할 수 있다. 인간은 철학적 사유를 통하여 고도의 성찰활동을 해왔고 인간과 우주 만물의 진상(眞相)을 알고자 했으며 삶의 지혜를 얻고 이념적 이상을 추구하였다 해도 과언이 아니다. 사실 인간은 본래 시간적 한계성을 지닌 존재이기 때문에 그 지식 역시 한계성을 지니고 있다. 더욱이 인생 최대의 패러독스(paradox)는 반드시 '자신을 통해서야만 자신의 생명을 참으로 체득한다'는 점이다.

사실 삶과 죽음은 인생문제의 가장 큰 과제이다. 삶의 문제가 중요하듯이 죽음의 문제도 역시 중요하다. 그래서 옛 선인들은 "천고의 어려움 가운데 가장 큰 어려움이 일생 일대에 한번 죽는 것이다"라고 말씀을 하셨는지도 모른다. 이 뜻은 바로 '생존의 욕망'이 인류에게 가장 절실하면서도 절박하고 가장 근본적이면서도 가장 강렬한 욕망이라는 것이다. 그러나 생명의 삶과 죽음은 불가분의 관계이다. 그래서 동서고금을 막론하고 철인들은 거의 삶과 죽음을 하나로 보았다 해도 과언이 아니다.

특히 20세기의 존재주의(Existentialism)의 근본문제 역시 "인간 존재"에 대한 문제로, "인간은 왜 죽어야 하는가", "인간은 행복을 추구하는데 왜 행복은 존재하지 않는가" 등 생(生)의 두려움 · 고통 · 죄의식 · 죽음 등등을 주제로 한 인간 내면의 문제들이다. 그리고 이러한 주제들은 또한 대부분의 종교철학이 갖고 있는 문제의식이기도 하다. 20세기초에 독일의 역사학자 오스발트 슈펭글러(Oswald Spengler, 1880~1936)도 『서구의 몰락』에서 "죽음은 인간의 공통적인 운명이며 ······ 인류의 가장 높은 사상의 시작은 바로 죽음에 대해 사고하고 사색하는 것이다. 어떤 종교이든 어떤 과학이든 어떤 철학이든 모두 여기에서 출발을 해야 한다"고 했다. 고대 그리스철학자 플라톤(Plato, B.C.427~347?)은 "철학은 바로 죽음을 학습하는 것이다"라고 정의를 내렸고, 프로티누스(Plotinus, A.D.205~270)도 "철학에서 배우는 것은 사망에 대한 학습이다"라고 했고, 씨세로(M.T.Cicero, B.C.106~43) 또한 "철학사유의 정수는 사망에 대한 반성이다"라고 했고, 세네카(L.A.Seneca, B.C.4~A.D.65)도 "어떻게 죽어야 하는가를 사람들에게 가르치는 것을 상고의 철인들은 찬미했다"고 했고, 쇼펜하우어(Schopenhauer, 1788~1860)도

"죽음이 없었다면 인류는 철학을 사색하지 않을 것이다. 삶과 죽음은 다 함께 생존에 속한다", "그래서 소크라테스가 철학의 정의를 '죽음의 준비이다'라고 한 것이다"라고 했다. 중국의 순자(荀子, B.C.325~238)는 "예(禮)는 생사(生死)를 다스림이다. 삶은 인간의 시작이요 죽음은 인간의 끝이다. 시작과 끝은 모두 선함이요 인간의 도를 마침이다"라고 했고, 중국 서한시대의 철학자 양웅(揚雄, B.C.53~A.D.18)도 『법언(法言)·〈군자편(君子篇)〉』에서 "태어나면 반드시 죽어야 하고, 시작이 있으면 반드시 끝이 있다. 이게 바로 자연의 도(自然之道)이다"라고 했다. 순자나 양웅은 바로 삶과 죽음을 자연의 법으로 본 것이다. 이처럼 인생의 삶과 죽음의 해법을 얻기 위해서 동서고금을 막론하고 수많은 철인들은 유한한 인간 존재의 의미를 '죽음'이라는 과제로 설정하여 생존의 지혜를 찾았던 것이다.

요즈음 세계적으로 인간의 수명이 점점 늘어가 이미 고령화시대로 접어들면서 건강 백세를 바라고 이를 추구하고 있지만 현실적으로 고령화사회의 문제 가운데 하나가 바로 죽음의 문제이다. 이미 일본만 해도 고령화문제로 노인복지문제에 차질을 빚고 있다고 한다. 우리의 현실도 머지않아 그런 문제점이 발생될 것이다. 그렇지 않아도 지금 우리의 의료보험료가 자꾸 인상되는 이유 가운데 하나가 바로 고령화문제라고도 한다. 이처럼 고령화는 이미 세계적인 추세이지만 한편 보통사람들은 어떻게 하면 건강하게 즐겁게 살 것인가만을 생각하고 정작 자신의 죽음에 대한 인식이나 준비 혹은 사후세계에 대해선 거의 관심이 없는 실정이다.

물론 인간은 단지 현재에서만 살고 있는 유한의 존재인 것만은 틀림없는 사실이다. 하지만 인생의 여정에 있어 죽음이란 거대한 파도가 누구에게든 하루하루 정면으로 돌진해 오는 사실을 인식하지 못하기 때문에 살기만 하겠다고 기를 쓰고 있는 것이다. 역으로 말하자면 우리는 지금 살고 있는 것이 아니라 '아직 안 죽고 있는 것'에 불과한 것이다. 언제 죽음의 사신(死神)이 올지 모른다. 사실 산다는 것이 사는 게 아니고, 죽는다는 것이 죽는 게 아니다. 하지만 대부분의 사람들은 물질적 충족의 인생이나 목전의 삶에 급급하여 일생 일대사(一大事)의 문제인 죽음을 남의 것인 양 제쳐놓고 알려고 하지를 않는다.

어떻게 선(善)하게 살 것인가를 모르는 사람은, 또한 어떻게 죽음을 선종(善終)으로 맞을 것인가를 모르는 사람이다. 그러한 인생은 결국 공허한 삶으로 종결을 짓게 될 가능성이 많다. 다시 말하면 세상 사람들은 현대 과학기술 문명과 물질적 풍요 속에서 육신의 안락한 삶의 문제에 급급하고 수명 장수하기를 바라면서 죽음의 문제는 자신과 하등 상관이 없고 남들의 문제이거나 아니면 종교나 철학에 떠넘기고 자신은 생각조차도 하기 싫어한다. 정작 자신의 노력 없이 제 삼자인 종교가 어떻게 개개인의 죽음을 면죄해 준단 말인가? 자신의 죽음과 선종의 문제를 어떻게 해결하려고 하는가? 사실 현실적으로 우리에게 필요한 것은 죽음의 본질을 논하기보다는 죽음에 대한 인식과 이해를 통해 삶의 가치관과 인생관을 확립하고 마지막 생의 길을 어떻게 하면 잘 마무리 할 수 있는가에 있다. 바꿔 말하면 어떻게 인생을 안심입명 하고 평온한 선종을 맞을 것인가가 더 중요한 과제라는 것이다.

옛 사람들은 임종을 집안에서 가족이 모인 곳에서 평온히 세상을 떠나는 것으로 생각하였다. 필자가 생각하기로도 우리 사회는 1970년대 초반까지만 해도 대부분 그렇게 임종을 맞았었다. 하지만 지금은 그런 임종을 맞는다면 선종(善終)에 속한다고 봐야 할 것이다. 요즘 대부분 현대인의 인생은 병원에서 태어나 병원에서 죽는 게 이미 보편화 되어, 임종을 집안에서 맞는다는 것도 옛말이 되었다. 병만을 치료하던 병원이 어느새 죽음을 기다리는 영안실과 장례예식장으로 변해 가는 것이 오늘의 세태인 것이다. 우리의 선조들은 집 밖에서 죽음을 맞는 것을 횡사로 보았다. 그래서 죽음이 임박하면 서둘러 집으로 돌아와 죽음을 맞이했던 것이 우리의 관습이건만, 어찌 현대인들은 내 집을 놔두고 모두 집 밖의 병원에서 횡사들을 할까? 이런 문제는 비단 우리 사회만이 아니라 일본도 마찬가지로 아주 심각해서 사회 한편에서 반성의 목소리가 대단하다고 한다. 20세기 동양사회의 산업화 이후 이미 우리의 생활문화는 물론 죽음의 형태마저도 변질시켜 놓았다. 우리 사회는 반세기 동안 서구 물질문명을 받아들여 기술문명의 많은 발전과 생활의 편리함을 얻은 것은 사실이지만 반면 유구한 우리의 정신문화를 잃어버린 것이 너무나 많다. 무조건 우리의 정신문화를 구시대의 전유물로 비하시키거나 미신화 해버리는 맹신적 서구 우상주의 생활문화 의식은 성찰해야 할 문제이기도 하다. 또한 우리의 옛 정신문화의 지혜를 배우며 현대문명을 잘 조화시킬 수 있는 온고지신(溫故知新)의 교화적 삶이 무엇보다도 필요한 시점이다.

 인간이라면 누구나 피할 수 없는 인생 최후의 귀결점이 바로 사망의 과정이며, 죽음은 평등하여 남녀를 불문하고, 죽음 앞에서는 특권층도 없으며, 절대적으로 피할 수 없는 불가항력의 일이다. 특히 현대인들은 현실적인 실용성을 좋아하며 현실적 인생을 좋아하기 때문에 사후의 세계나 초월적인 세계에 대해선 관심 밖이며 생(生)만을 좋아하고 죽음은 싫어하면서 생각조차도 하려고 하지 않는다. 인간으로 태어났다면 인간으로서 누구나 생·로·병·사를 도망칠 수 없을 것이다. 그렇다면 사람들이 좋아하고 추구하는 돈이나 재물, 명예나 권력 등 인간의 현실적 가치에도 문제가 있지 않는가! 사실 우리의 삶이란 바로 죽음의 선상에서 이루어지고 있는 것이다. 어찌 무상하고 일시적인 존재의 한계성을 지닌 육신의 인생을 사유하려고 들지 않는 것인가! 죽음 역시 현실적 삶의 문제이건만 논하려 하지 않는다면 그 인생의 의미는 유한한 가치이지 영원한 가치가 될 수 없을 것이다. 그러므로 인간 누구에게나 가장 근본적인 문제는 바로 나는 왜 살아야 하고 어떻게 살아야 하는가? 또한 각 종교가 말하는 사후세계는 존재하는 것인가? 그렇다면 또한 어떻게 죽음을 맞아야 할 것인가? 바로 이러한 문제들이 누구에게나 피할 수 없는 당면한 과제이건만 우리는 현실적 생의 삶에만 집착을 하고 발목이 붙들려 필연의 죽음을 생각조차 하기 싫어하거나 금기시하고 있다. 하지만 철학이든 종교학이든 간에 인간의 현실적 삶의 정면과 반면의 모든 문제는 바로 생(生)과 사(死)의 범주인 것이다.

　요즈음 국내외적으로 사망 혹은 죽음에 대한 새로운 과제에 많은 관심과 연구가 활발하다. 하지만 '사망학·죽음학', 혹은 '생사학(生死學)'이라고 하면 아직도 우리 사회에서는 생소하게 생각하는 사람들이 많다. 사망학은 영국의 옥스퍼드대학에서 동양의 생사문제에 관심을 갖고 탐구하던 미국인 에반스 웬츠(W.Y. Evans Wentz)가 티벳 승려이면서 학자인 카지다와 삼듭(Lama kazi Dawa-Samdup)을 만나고 1927년에 옥스퍼드대학에서 티벳『중음제도경(The Bardo Thödröl)』, 일명『티벳 사자의 서(The Tibetan book of the Dead)』를 영문판으로 출간하여 서방에 알려지자 칼 융을 포함한 심리학자 및 정신과 의사들이 티벳『중음제도경』과 연관하여 심리학·정신분석학 등을 비교 연구하기 시작한 것에서 기원한다. 그것이 사망학 연구의 기초가 되었고, 1959년에 남가주대 의과대학의 헬맨 훼이휄(Herman Feifel) 교수가 『사망의 의미』를 주편(主編)하여 출판하자 과학자, 신학자, 철학자, 심리학자, 정신과의사 내지 일반인들에게서 많은 호응을 받았다고 한다. 1960년대에 미국의 대학에서는 생사교육의 중요성을 인식하여 사망학(thanatology)·생사학(life and death studies)·사망교육학(death education)·사망심리학(death psychology) 등등의 학문을 연구하고 계몽하기 시작하여 철학과, 종교학과, 심리학과, 사회학과, 교육학과 등에서 교과목을 개설하였다. 1980년대에 미국의 템플대학에서 20여 년간 직접 사망학을 가르쳤던 후웨쉰(傅偉勳) 교수의 말을 빌리면, '일리노이주립대학의 데이비드 베르그(David Berg) 교수의 보고서에 의하면 대략 미국 전지역의 200개 공립중학교에서 각각 자신들이 편찬한 사망교육 교재를 사용하여 가르치고 있다고 한다. 또한 1974년 7월에 보도된 뉴욕타임지에 의하면 미국 전 지역의 165개 대학에서 사망교육을 가르치고 있고, 90년대 이후 지금은 전국적으로 각 대학에서 실시하고 있다'[1]고 한다. 그리고 일본도 이미 1970년대부터 사망에 관한 연구를 시작하였고, 대만은 1990년대부터 몇몇 대학에서 사망교육을 하기 시작하였다. 왜냐하면 죽음에 대한 개념을 통하여 생명의 소중함을 알고, 삶의 가치를 더 소중히 알게 됨으로써 진정한 인생의 가치관을 확립시키고 자신의 생애를 책임질 줄 알게 되기 때문이다.

사망학을 영문으로 Thanatology라고 한다. 그리스어 Thanatos(death)와 Logos(the study of)의 합성어에서 유래되었다. 바로 죽음에 관한 모든 관점을 연구하는 학문임을 말한다. 요즘 사망학 혹은 생사

---

[1] 부위훈 저, 生命的尊嚴與死亡的尊嚴, pp.24-25, 대만 정중서국, 민국82년.

학은 실천철학의 한 분야이다. 물론 사망을 중대한 과제로 다루지만 사망학이라고 해서 단순히 사망 혹은 죽음만을 다루는 것은 아니다. 왜냐하면 인간의 생명은 삶[生]과 죽음[死]의 양면성을 지니고 있기 때문이다. 즉 죽음의 문제와 삶(생명)의 문제는 하나[一體]이면서 양면성인 것이다. 이미 앞서 말했듯이 이웃 대만이나 일본만 해도 대학에서 사망학이나 사망교육을 가르치고 있고, 더불어 많은 사람들이 관심을 갖고 심도 있게 이해하고, 또한 널리 호스피스(hospice) 등에 적용하고 있는 추세이다. 우리 사회 역시 점차 죽음에 대한 관심이 높아지고 있다.

　일반적으로 죽음이라고 하면 생명이 끝나는 것으로 생각을 하고 두려워하거나 무서워하며 논하기를 꺼리는 것이 보편적인 현상이다. 물론 죽음에 대해 정확한 정답을 내리기란 어렵다. 그러나 사망학의 목적은 사망 혹은 죽음에 대한 무지로 인해 공포나 두려움을 갖기보다는 그것에 대해 올바르게 이해하여 생명의 우연성(왜 태어나야 하는가)과 유한성(왜 죽어야 하는가)을 인식하고 현재의 삶을 잘 파악하여 생명의 시간을 낭비하지 않게 하고 그리하여 보다 높은 정신적 삶의 가치와 진정한 행복을 찾게 하는 데 그 의의를 두고 있는 것이다. 좁은 의미로는 사망학이고 넓은 의미로는 생사학이라고 할 수 있으며, 그 응용의 범위도 광범위하여 사회·문화·종교·정신의학·심리학·장례의식·호스피스 등등에 널리 적용되고 있다.

　간략하게 사망학의 모든 연구 범위를 도표로 보자.

그리고 사망학이 함의(涵義)하는 범주를 대략 살펴보면, ① 개체사망학(individual thanatology): 개인이 임해야 할 사망의 문제와 생사문제에 대한 이해와 체득에 관한 내용들이다. ② 공동운명사망학(destiny shared thanatology): 인류가 공동으로 갖고 있는 사망의 문제로써 지진·수해·태풍 등의 천재지변으로 인한 죽음·자살·안락사·낙태·식물인간·현대의 불치병·고령화시대의 사회복지문제 등등 사망과 관련된 사항들이다. ③ 사후세계의 추구방향: 사망과 사후세계의 이해로써 신화학·종교학·심리학·인류학·비교철학·철학·문화예술 등등의 사상을 통하여 고찰하는 방법이다.

본 사망학에서 다루고자 하는 내용은 공동운명사망학의 범주에 속한 자살이나 안락사, 식물인간, 고령화문제 등등의 구체적 사항을 다루려는 것이 아니다. 사망학의 기본문제로 개체사망학의 범주로써 철학적 개념의 내용과 방법을 통하여 생명과 죽음에 관련된 현상들을 총체적으로 제시하여 형이상학적인 성찰을 하고자 한다. 왜냐하면 인간은 찰나적으로 변하는 무상한 시간 속에 살면서 무한한 욕망에 끌려 밖으로 치달리다 한 생을 마무리한다 해도 과언은 아니다. 그렇다고 그런 유한의 속박에 얽매여 이미 정해진 숙명론에 빠진다면 그런 생의 의미도 허무할 것이다.

인간 생명의 가치는 인간 그 자체가 목적이므로 부단히 노력하고 고난을 극복하며 자신을 승화해 가는 것이 바로 삶의 의미이며 생명의 의미일 것이다. 이런 의미에서 필자는 고금 동서의 현인, 철인들의 인생의 지혜를 통해 생명의 본질과 인생의 가치를 통찰하여 생명 자아의 심령세계를 긍정하고 정신적 삶의 기반이 되었으면 하는 바램이다. 다시 말하면 바로 철학적 사변과 종교적 방법을 회통하여 생명의식을 고취시키는 것이 필자가 의도하는 바이다. 즉 본서는 동서철학과 종교를 회통한 방법으로써 '역사적 관점'을 이용해 고금동서 철인들의 삶과 죽음에 대한 관점을 살펴 생명의 진상(眞相)을 어떻게 부여했는가 등등을 반조해 보고 동서고금의 역사적 변천의 지혜를 통해 생사문제를 다루고자 한다. 우선 첫째 생명의 우연성·사망의 필연성·사망의 궁극적 관심·생사해탈 등 각 철학과 종교가 내포하고 있는 사망의 형이상학적인 측면의 문제들을 포괄하고, 둘째로 유한한 삶과 죽음을 통하여 진정한 생명의 본질을 인식하기 위한 가치로 귀결시키고 더 나아가 사망의식으로써 생명의식을 승화시켜 본체론적(Ontological)인 경지에 이르는 것이다.

   사망학의 철학적 사유는 철저히 생사(生死)의 실존현상을 인식하는 것이고, 또한 인생의 궁극적 목적을 바르게 알고 체득하고자 함이다. 사망의 본질 그 자체는 인류가 영원히 풀 수 없는 미궁의 수수께끼이며 신비이기도 하다. 다시 말해 본 사망학의 목적은 동서고금의 철학과 종교의 각종 생사에 관한 관점들을 인용·회통하여 죽음의 지혜를 반조해 보고 삶의 허와 실을 통찰하여 삶을 긍정하고 올바른 인생관을 확립하기 위한 방향 제시에 그 의미를 두고 있다.

제2장. 산다는 것과 죽는다는 것

　대체로 동서철학에 있어서 인생의 비중을 보면 서양철학은 주로 '생활'을 중요시하고 중국철학은 주로 '생명'을 중요시하는 반면에 인도철학은 주로 '생사(生死)'를 중하게 여긴다고 볼 수 있다. 예를 들면 서양은 현실적 생활을 중하게 여기므로 생활의 편리함과 실용성, 물질적 풍요를 추구하다 보니 자연히 생활을 위한 물질문명이 발달하게 되었고, 더욱이 현대철학의 사상면에 있어서도 실증주의, 실용주의, 공리주의, 적응환경주의 등등이 주류를 이루고 있다. 중국철학의 유가철학은 주로 생명철학으로써 안신입명(安身立命)을 위한 사상이고, 도가철학은 무위사상으로써 역시 안신입명을 위한 사상이다. 인도철학은 불교 이전의 우파니샤드(upanisad)시대에도 생사를 중요시했으며 불교에 와서도 역시 인생문제는 생사사대(生死事大)를 요달하기 위한 사유이며 안심입명을 위한 정신이기도 하다.
　사실 본 장에서 다루고자 하는 생명의 진상, 즉 산다는 것과 죽는다는 것은 인간문제에 있어 가장 근본적인 문제이지만 간단하게 해법을 얻을 수 있는 것은 아니다. 인생에 있어서 삶과 죽음은 바로 생명의 양면성을 표현한 것으로, 살아 꿈틀거리며 움직이는 동력이 바로 생명이다. 이 생명 안에 삶과 죽음이 있으므로 이 삼자의 관계는 하나의 개체로써 불가분의 상호관계성이다. 즉 이 삼자는 하나의 개체를 표현한 것으로 바로 생명·생활·생사인 것이다. 그러므로 인생은 생명의 존재가 시작하므로써 생활을 하고, 생활을 함으로써 생사가 있는 것이다. 다시 말해 생명은 바로 움직이는 활동·생활 그 자체로, 이것이 바로 생사의 존립성이며 우리의 생명이다. 그러므로 삶과 죽음은 생명의 상대적인 표상(表象)이므로 인간으로 태어나 살아간다면 누구나 피할 수 없는 것이 죽음이고, 이 생명은 언젠가는 활동을 멈추게 될 것이다. 인간의 인생뿐만이 아니라 삼라만상의 모든 만물도 또한 모두 이러한 생의 원리에 따른다. 하지만 보편적으로 현대인들은 인생의 생만을 알려고 하지 반면인 죽음에 관해서는 관심도 없고 알려고도 하지 않는다. 그리고 생활만을 위해 바쁘게 앞으로 달려가지만 그 앞이 바로 죽음을 향해 가고 있는 것이다. 누구에게든 어느 날 갑자기 찾아오는 자신의 죽음 앞에서 만약 두려움에 떨거나 공포에 휩싸인다면 그 인생은 너무나 애석할 것이다. 선사(禪師)들이 "평상심(平常心)이 도이다"라고 말했듯이 삶뿐만이 아니라 평상시 죽음에 대한 개념도 친숙해져야 인생의 마지막을 평상심으로 여여(如如)하게 맞이할 수 있을 것이다. 물론 어떠한 삶을 살았든지 간에 종국에는 한번 죽어야 하는 것이 우리의 생명이다. 필자는 이런 연유에서 자신의 삶은 중하게 여기면서 타인의 생명을 소홀히 대하거나 아예 관심 밖인 현대인들에게 기본적인 생명의 진면목(본질)을 우선 제시하고자 한다.

제1절. 생명의 원리 - 삶의 본능

생명의 의미는 아주 광범위하다. 생명에 대한 문제는 자고로 철학·종교·과학의 영역에서 끊임없이 탐구해온 문제이며, 지금도 여전히 인류는 생명의 신비를 완전히 풀지 못하고 있고, 아마도 영원한 미궁의 수수께끼로 남을지도 모른다. 하지만 20세기의 40년대에 들어서 현대과학에서 많은 새로운 연구 성과를 내놓았고 생명의 본질에 대해 각양각색의 정의를 내렸다. 예를 들면 생명은 분자의 결합이다, 생명은 단백질의 존재방식이다, 생명은 DNA와 단백질의 복합체계의 생존방식이다, 생명은 자아복제와 돌연변이와 진화의 시스템이다 등등 많은 이론이 분분하지만 아직도 확고한 정의를 내리기 어려운 문제이다. 그래서 생명은 정의를 내릴 수 없다고 주장하는 학자도 있다. 생명은 특이한 고도의 복합적 물질운동의 형식을 갖고 있다고 볼 수 있다. 근대역학이나 물리학·화학의 발전으로 유물론에서는 생명을 기계론적으로 보거나 전기·열·화학운동 등등으로 보고 있고, 반면 유심론에서는 주로 활력·활동으로 본다.

현대생물학에서는 생명의 기원이 우선 무기물로부터 시작하여 약간의 유기체의 소분자(小分子)가 형성되었고, 이 소분자에서 생물의 대분자(大分子)로 발전되었으며, 대분자에서 다분자(多分子)의 체계로 발전해 최후에 발전된 것이 원시생명이라고 한다. 간략하게 말하면 생명은 주로 핵산과 단백질의 대분자가 결합한 것이고, 세포는 가장 기본적인 단위로 복합체계의 생존방식이라고 한다. 이와 같은 복합체계로 구성된 생명의 주요현상은 신진대사·자아복제·생장발육·유전·변이·감성·활동 등등이다. 신진대사는 생명의 가장 기본적인 과정이고 일체 모든 생명 현상의 기초이기도 하다.

만물의 생명 가운데 최고의 형태인 인간은 자각(自覺)의 목적행위를 갖고 있는 게 특성이다. 생명에 대해 고대 그리스 철학자 엠페도클레스(Empedokles, B.C. 495?~435?)는 호흡과 촉각을 일체 생명의 특성으로 보았고, 아리스토텔레스는 생명을 영혼의 활동(entelecheia)이라고 했다. 독일 생명철학의 대가 딜타이(Wilthelm Dilthey, 1833~1911)는 심리학에서 출발하여 기계론적 시스템의 생명을 부정하고 정신을 생명으로 대체해 사용했으며, 인류의 생명활동의 내면에서 역사적 통일성과 객관성을 찾으려고 했다. 그는 생명 자체에서 생명을 체험하고 인식하려 했고 인간은 오직 생명력에 의지해야만 미래의 희망이 있을 수 있고 생활의 의미가 있게 되고 적극적인 존재의 가치가 있다고 했다. 중국의 묵자(墨子, B.C. 480~420)는 "생명은 형체와 지각이 결합한 곳이다"라고 했고, 노장사상에서는 "기(氣)가 결합을 하면 삶이요, 기가 분산을 하면 죽음이다"라고 했다. 인도철학 가운데 특히 불교에서는 "생명을 호흡지간에 있다"고 보고 있다. 현상적으로 인간의 생명은 단지 호흡에 의해 신체를 유지하고 생명의 존속을 유지하는 것 같지만 사실 인간의 호흡은 동시에 우주의 호흡이기도 하다. 그러므로 인간의 생명은 매우 중요한 의미를 지니고 있다. 왜냐하면 만물의 생장도 역시 인간의 생기(生氣)로 인하여 성장한다고 한다. 이유는 만물 가운데 오직 인간만이 생기의 영혼을 갖고 있기 때문이다. 영혼은 바로 '만 생명의 생기'를 상징한다. 이것이 바로 생명의 신비이며 생명의 기적인 활력

(活力)이기 때문이다. 그 예를 들어보면, 아무리 쓰러져 가는 초가집이라 해도 사람이 들어가 살면 더 이상 쓰러지지 않고 그대로 버틴다고 한다. 그러나 아무리 멀쩡한 집도 사람이 살지 않고 일년만 방치하면 그대로 폐허가 되어 쓰러진다고 한다. 이것은 인간의 생기 혹은 활력을 통해 만물이 더불어 생존·공존한다는 의미를 내포하고 있다.

생명의 의미는 유생물에서 무생물에 이르기까지 아주 광범위하지만, 어떠한 존재이든 태어났다거나 혹은 존재하고 있다면 죽거나 소멸되어야 하는 것이 필연적인 과정이다. 특히 현실적인 삶을 살고 있는 인간에게 그 무엇보다도 가장 소중하고 실재적인 것은 바로 자신의 '생명'이며 누구나 살아 움직이는 이 생명의 활동이 가장 우선일 것이다. 인간은 우연인지 필연인지 자신도 모르게 이 세상에 나왔으며, 자신이 오겠다고 동의해서 이 인간 세상에 왔다고 말할 사람은 아마 없을 것이다. 물론 누구나 자신의 의지력에 의해 자신의 생명을 주재(主宰)하고 능히 자신의 생명을 버릴 수는 있지만 자신의 생명을 갖고 올 수는 없는 것이다. 설령 능히 자신의 생명을 버릴 수 있다고 해도 자신의 생각만으로 살고 죽는 것을 자유자재하기란 쉽지 않은 것이다. 인간이 가장 사랑하는 것이 바로 자신의 생명이면서 바로 자신의 생활이기 때문이다.

프로이드는 생명의 정의를 "생명은 생의 본능(애욕/생의 집착)과 죽음의 본능의 융화이다"라고 했다. 그는 본아(本我, Id)를 두 가지 측면에서 생의 본능과 죽음의 본능(사망본능)으로 나누었다. 개체의 삶의 욕구·성(sex)·사랑·종족 보존 등등의 적극적이고 창조적인 삶의 원동력을 생(生)의 본능이라고 했고, 그 반면인 파괴성·공격성·잔인성·살생·학대·자살·시기·질투 등등을 모두 죽음 본능의 힘에 의한다고 보았다. 하지만 생의 본능과 죽음의 본능은 서로 상생상극(相生相剋)하면서 생명을 발전 승화해 나가는 것이다. 그리고 그는 인간 고난의 근본 원인을 세 가지로 보았는데, 첫째 초자연의 힘 때문이고, 둘째 육체는 언젠가 썩고 문드러져야 하는 속성을 지니고 있기 때문이며, 셋째 인간관계가 항상 합당치 않음이다. 사실 인간의 생명 그 자체는 바로 이해하기 어려운 미궁이면서 신비한 하나의 독립적인 실재이다. 그럼 인간의 이 자연생명[實然的 生命]과 가치생명[應然的 生命]을 어떻게 융화시켜야 할까? '생명'의 본질은 무엇이고 '인생'이란 무슨 의미인가? 역사 이래로 철학이나 종교 사상의 모든 문제는 모두 다 '생명'의 의미를 주석한 것이라 해도 과언은 아닐 것이다. '생명'의 본원(本源)에 대한 여러 가지 측면의 관점이 있으나 여기에서는 존재론적 측면에서 살펴보겠다.

1. 생명과 영(靈)

일찍이 인류는 종교와 철학을 통하여 생명의 초자연적인 실체, 혹은 썩지 않는 불후의 생명, 혹은 정신적 통일체, 즉 영혼에 대한 믿음을 갖기 시작했다. 근대고고학자나 현대인류학의 연구에 의하면 원시인류는 이미 25,000년 전 내지 50,000년 전부터 영혼의 관념을 갖고 있었다고 한다. 이러한 영(靈), 혹은 영혼의 관념은 대체로 종교신앙의 발단이 되었고 나아가 종교의 핵심 내용이 되기도 했다. 또 철학에 있어서도 특히 서양의 중세 교부철학이나 스콜라철학에서는 영혼불멸과

신의 존재·자유의지가 모두 종교와 신학의 기본 명제이기도 했다.

처음 생명의 본원으로 여겨진 영혼을 어원적으로 보면, 동서양을 막론하고 모두 생명과 관련된 호흡, 혹은 생기(生氣; 생명의 기)를 지칭하는 말에서부터 유래되었다. 예를 들면 그리스어로 사이키(psyche)·아네무스(anemos)·뉴우마(pneuma), 라틴어의 아니마(anima), 인도의 프라나(prāna) 등등 모두 다 호흡 혹은 생기의 의미로부터 시작되었다. 기독교『구약성경』을 보면 하나님이 흙으로 인간을 빚어 코에다 생기를 불어넣어 만든 생명의 최초 인간이 아담이다라고 하는데, 여기에서 인간의 생명이란 바로 호흡의 생기를 부여받음으로써 생명력의 영혼을 갖게 되었다는 의미임을 알 수 있다. 일반적으로 영혼은 생명의 원리로써 인간의 육신 안에 있다고 알고 있고, 육신은 썩어도 영혼은 물질이 아닌 영원불멸한 정신체, 혹은 영체(靈體)로 알고 있음은 동서양이 모두 다 대동소이하다. 하지만 전통적으로 영혼은 인간이 죽은 후 미래의 생활을 하는 주체로써 망령(亡靈)으로 주로 말했지만, 현대학자들은 영혼을 의식단위(意識單位, consciousness-unite)의 집합체라고 주장한다. 즉 영혼은 인간이 죽은 후 육신을 떠난 후의 주체일 뿐만 아니라 현세의 신체의식(身體意識)을 주관하는 주체로써 형상이 없는 무형이며, 또한 시공의 제한을 초월한 의식집합체라는 것이다.

그러나 불후의 생명인 영혼에 대한 관점에도 그것이 물질인가 아니면 정신체인가로 서로 다른 견해가 있다. 영혼을 물질이 아닌 순수정신의 실체로 설명하고 있는 관점들을 우선 살펴보자.

동양의 사상 가운데 특히 영혼의 문제를 가장 중요하게 다룬 사상은 인도의 베다(Veda)사상과 우파니샤드(Upanisad)사상이었다. 그들의 가장 큰 관심은 인간의 삶과 죽음의 문제인 생사문제로, 자연히 영혼

(Jīva)의 문제를 중요시하게 되었는데, 그 당시 인도인들은 인간의 육신 안에는 독립된 심령의 실체가 있다고 믿었고, 그것에 의해 생사가 결정된다고 보았다. 이 실체를 프라나(prāṇa)라고 했고, 그 어원의 의미는 생기(생명의 기)·호흡이다. 가장 오래된 베다경전에서 사용한 영혼의 의미를 가진 어휘들을 살펴보면, ① 아수(Asu)는 생기 혹은 정신의 의미이다. ② 마나스(Manas)는 의식(意識) 혹은 지력(知力)의 의미이다. ③ 아트만(Ātman)은 처음에는 호흡의 뜻으로 사용하다가 후대에 가서 자아(自我)로 바뀌어 사용하게 되었다. 일찍이 리그베다(Ṛg-veda)시대에는 ④ 프라나(prāṇa), 즉 생기 혹은 호흡을 영혼의 뜻으로 사용했었다.

    그럼 생기란 무엇인가? 바로 무의식적 생명의 활력을 상징한다. 이것은 다른 동물들에게서도 역시 생명의 주체이기도 하다. 그렇다면 영혼은 무엇인가? 감성적·정신적·의지적·심리적인 주체로써 인간에게만 한정을 지었다. 『리그-베다(Ṛg-veda)』에서는 인간의 영혼은 심장(hṛd) 안에 있다고 했고, 『아타르바-베다(Atharva-veda)』에서는 영혼에 날개가 있어 잠을 자거나 혹은 기절을 할 때 영혼이 잠시 심장 밖으로 나가 활동을 한다고 했다. 또한 인간의 죽음이란 바로 생기와 영혼이 그 육신을 영원히 떠난 현상이라고 했다. 영혼과 생기의 상호관계에 대한 설명은 분명하지 않지만, 인간이 죽을 때 영혼이 육신과 이별을 하는 것이고, 이때 생기가 떨어져 나간다고 한다.

    후대에 비교적 체계적으로 발전된 인도철학의 우파니샤드시대에서는 인간의 영혼과 우주의 영혼이 하나로 일치한다는 비이원성(非二元性)의 이론으로 발전하게 된다. 개인의 존재는 바로 고통과 윤회의 상태이므로 이 고통과 윤회를 벗어나 개체영혼과 우주영혼이 하나로 일치될 때 해탈(mokṣa)을 얻는다는 것이다. 개인 영혼의 실체는 하나의 자연현상으로, 의식의 직접 여건을 갖춘 자아이다. 이것은 바로 정신적 실체로, 즉 영혼이 있어야만 비로소 그 밖의 우주 만물을 해석하고 인식하는 생명의 자아가 된다는 말이다. 이 점은 플라톤이 인식의 주체를 영혼으로 본 점과도 매우 유사하다. 그리고 우파니샤드에 와서는 이 영혼의 존재가 심장이 아닌 마음에 있다고 보았다. 즉 자아의 실체인 영혼이 인간의 전신에 들어갔을 때 비로소 인간이 되며, 잠을 잘 때도 마음에 있다고 한다. 『찬도야-우파니샤드(Chāndoya-upanisad)』에 의하면 "나의 영혼은 나의 마음에 있다. 그것을 비교하면 하나의 쌀알보다도 작고, 혹은 밤 안에 있는 씨눈보다도 작다", "이게 내 마음 안에 있는 영혼이며, 비교하면 하늘보다 더 크고, 또 이 우주보다도 더 크다"고 했다. 또 다른 우파니샤드에 의하면 "나의 꿈속에서 영혼의 정신 황금 새는 육체를 버리고 광명에 점유되어 그의 진정한 곳을 행한다. …… 그의 꿈속에서 위로 아래로 향함이 마치 하나의 신처럼 그는 많은 형식을 창조한다"라고 했다. 즉 우파니샤드에 와서는 영혼의 본질을 '광명'으로 표현했고, 지(知)와 식(識)은 모두 영혼에 있으며 영혼을 '생명의 생기'라고 한다.

  영혼은 일체 의식의 주체이지만 객관적으로 인식되어질 수 없는 존재이기도 하다. 왜냐하면 무형의 정신체이기 때문에 우리의 육안으로는 인식이 불가능한 불가시의 영역이다. 또한 영혼은 육체와 다르며 육체는 영혼과 결합이 되었을 때 비로소 인간의 형식(form)을 갖는다는 것이다. 인간의 육체 안에는 영혼의 지력을 갖추고 있기 때문에 인간은 하나의 완전한 조직을 갖춘 영육합일체가 된다. 특히 인간을 감각작용과 이지작용을 갖춘 이성적인 동물로 보는 점은 아리스토텔레스의 관점과도 매우 유사하다.[2]

중국에서는 일체 만물은 영을 갖고 있다는 관념에서 더 나아가 영성(靈性)의 개념으로 성립되었다. 즉 혼령(魂靈)・귀령(鬼靈)・생령(生靈)・정령(精靈)・신령(神靈) 등등의 개념으로 발전된 것이다. 바로 범영론(泛靈論)의 시각에서 인간과 만물 모두 영을 갖고 있어 서로 통할 수 있다고 본 것이다. 유가의 예를 들면, 맹자는 "나에게 만물이 다 갖추어져 있다"3), "위・아래 천지가 같은 부류이다"4)라고 하여 인간과 만물이 서로 통할 수 있는 경지임을 말하고 있다. 또한 도가(道家) 역시 만물일체설(萬物一體說)을 말하고 있다. 다시 말해 중국철학에 있어 유가이든 도가이든 모두 만물・인간・귀신을 하나로 서로 통할 수 있는 정신체로 본 것이다. 즉 영(靈)으로 이루어진 정령, 심령, 혼령, 신령 등은 모두 정신 실체의 존재를 의미한다. 예를 들면, 왕충(王充)이 "귀(鬼)는 만물이다. 사람과 다를 바가 없다"5)라고 말했듯이 이른바 귀의 의미는 인간이 죽은 다음의 인귀(人鬼)를 말한 것은 아니다. 원래는 만물의 영(靈), 즉 모든 생명력을 갖고 있는 만물의 영을 지칭한 말이었다. 이런 개념이 후대에 이르러 사람이 죽으면 귀신이 된다고 발전되어, 즉 인간이 죽으면 귀(鬼)와 신(神: 무형의 정신을 의미)이 결합되어 '귀신'이라는 말로 발전되었지만, 원래는 인간의 영체(靈體)를 귀(鬼)의 일종으로 보았다. 이런 관점에서 고대 중국에서는 인간의 영혼을 하나가 아닌 둘로 나누기도 했는데, 춘추시대의 정자(鄭子)는 인간의 영혼을 둘로 나눠 하나는 혼(魂)이라 했고, 다른 하나는 백(魄)이라 했다. 이외에 또 혼과 기를 합하여 혼기(魂氣)라고도 했는데, 이는 인간이 죽으면 혼기

---

2) 조아박 편저, 인도철학사상사, pp.55-56, 대만 국립편역관출판, 민국75년.
3) 萬物皆備於我矣(『맹자・진심상(盡心上)』)
4) 上下與天地同流(『맹자・진심상』)
5) 鬼者物也, 與人無異(『논형・정귀편(論衡・訂鬼)』)

는 기처럼 어디든지 걸림 없이 갈 수 있다는 의미에서 말한 것이다. 즉 『예기』에 의하면 "인간이 죽으면 혼기는 천(天)으로 돌아가고, 형백(形魄)은 지(地)로 돌아간다"고 했다. 이처럼 중국에서는 영체의 개념이 물영(物靈), 인영(人靈) 모두 귀(鬼)의 개념으로 함께 어우러져 서로 상호관계의 작용으로 보기 시작하여 신령(神靈)의 개념으로까지 발전되었다. 이처럼 영(靈)의 의미를 인간만이 아니라 만물이 서로 하나의 일체로 융화될 수 있는 생명력으로 본 것이 특징이다.

서양에서 일찍이 영혼과 육체의 관계를 다룬 철학자 가운데 고대 그리스의 피타고라스(Pythagoras, B.C.580~500)는 오르픽(Orphic)교단의 윤회전생의 학설을 계승하여 태양신 아폴로(Apollo)를 신봉했던 사람이다. 그는 우선 '소마-세마(sōma-sēma)'라는 개념을 사용했는데, 이 뜻은 '육체는 영혼의 감옥'이라는 의미이다. 영혼은 원래 신성(神性)을 갖추고 있었지만 죄를 지어 벌을 받아서 육체의 감옥에 갇히게 되었다고 한다. 영혼이 육체에 있는 것은 마치 무덤에 들어간 것과 같고 감옥에 들어가 있는 것과 같다. 영혼은 육체에 들어가지 전에 이미 존재해 있었고, 영혼의 존재는 본래 자유이며 육체에 들어가 바뀐 게 인간이고, 이때 자유를 잃어버리고 육체의 여러 가지 사리사욕의 멍에에 이끌려 고생을 한다는 것이다. 또한 인간에게는 전생·금생·내생의 시간이 있고, 전생의 모든 것은 금생의 인연이고 금생의 모든 행위는 내세의 모든 과가 된다고 한다. 만약 금생에 고생을 한다면 그건 전생에 나쁜 일을 한 결과로 인한 것이고, 내세의 행복을 추구하기 위해서는 금생에 선덕의 공을 세워야 한다. 즉 현재의 생로병사의 고난은 전생의 인연에 의해 결정된다고 보았다. 그렇기 때문에 영혼의 자유를 얻고 육체의 속박을 벗어나 해탈(Lysis)의 도를 추구하기 위해 극기의 고행을 해야 한다고 주장했고, 지고한 무상(無上)의 영혼정화(Catharsis)를 하는 것이 인생의 목적이라고 역설을 했다.

그 당시 서양의 대부분의 학파들은 주로 우주론으로부터 시작하여 인생의 문제를 다루는 게 일반적이었으나 피타고라스는 인생론으로부터 시작을 했다. 그는 인생의 문제를 중요시하여 이 세상에서 응당 무엇을 해야 하고 어떻게 해탈할 것인가 등, 지행(知行)의 문제를 제일 중요하게 제시했다. 피타고라스의 이 학설은 인도의 윤회사상과도 매우 유사하여, 이미 인도사상이 전해져 그 영향을 받았다는 주장도 있다. 피타고라스의 영혼론은 그후 플라톤과 아리스토텔레스의 영혼론에도 지대한 영향을 주었다.

데모크리투스(Demokritus, B.C.460?-370?)는 영혼(psyche)을 생명의 원리라기보다는 생존활동의 운동으로 보았다. 영혼의 원자는 우주만물 가운데 가장 미세하고 작고 가장 원형의 형태인 불원자(火原子)라고 한다. 이 불원자는 마치 빛과 같아서 허공의 어디든 자유로이 떠돌아다니다 항상 호흡의 작용을 통해 인체에 들어가게 된다고 한다. 인간의 육체는 마치 영혼을 담는 하나의 용기로써, 불원자는 용기 안에 편재해 있고 이때 불원자의 활동운동으로 호흡작용의 연속이 이어져 생명이 연속되며 호흡이 멈추면 생명이 바로 끝나 죽음이라고 했다.[6]

플라톤은 우주의 영혼과 개체의 영혼을 구별했다. 인간의 영혼은 신성(神性)을 갖추고 있기 때문에 불후하다고 보았다. 플라톤은『티메우스(Timaeus)』에서 다시 영혼의 신성으로부터 존재를 두 가지로 논증했다. 하나는 신성적(神性的)・정신적이고 단일체로 분리되지 않고 영원의 자유이고, 다른 하나는 인성적(人性的)이고 죽음이 가능하고 비정

---

6) 부위훈 저, 서양철학사, p.55, 대만 삼민서국출판, 민국85년.

신적(非精神的)이고 잡다하여 분리되며 절대자아가 아님이다. 이는 영혼과 육체를 비교한 것으로 전자는 직관적인 형상 자체로써 형상계의 원형으로 능히 육체를 규정하는 원리이다. 그렇기 때문에 영혼은 반드시 신성적이라고 한다.

고대 그리스인들은 신성의 의미에 불후와 불변의 뜻을 내포하고 있었다. 인간의 영혼은 순수이성의 부분으로 육체와 결합되기 이전에 이미 존재하고 있었고, 육체를 능히 벗어날 수 있으며 동시에 육체의 죽음 이후에도 능히 존재한다. 그래서 영혼은 영원히 존재하며 불후하다고 한다. 개인의 영혼은 모두 성좌에 존재했었는데 육체를 지배하고자 하는 욕망으로 인해 집을 떠나 육체 혹은 물질계에 내려왔다고 한다. 이처럼 육체에 내려온 다음 육체를 벗어나려고 노력 분투하는데, 만약 성공을 하면 다시 성좌의 영원한 집으로 되돌아가고, 그렇지 않은 경우는 계속 유전을 해야 한다고 한다. 이는 일찍이 그리스사상에 있어서의 영혼전생론(靈魂轉生論)이다. 생명의 최후 목적은 육체를 초월하여 성좌에 돌아가는 것으로, 또한 완전한 미의 창조와 순수의 관념(idea)의 세계에 회귀함이다. 그러나 영혼이 육체와 사악함을 벗어나든 벗어나지 못하든 간에 영혼은 영원하고 소멸되지 않는다[7]고 한다. 왜냐하면 영혼은 본래 생명체이기 때문이다. 생명은 본래 자동적·자발적이므로 어떠한 외적인 힘이 필요하지 않아 파괴되거나 소멸되지 않기 때문에 영혼은 불후하다는 것이다.

아리스토텔레스의 『영혼론(De Anima)』에 의하면, 영혼은 바로 생명의 원리이다. 생명체의 본질은 영혼과 엮여 있고 영혼은 육체의 형식

---

[7] S.E.Frost, Jr., Basic Teachings of the Great Philosophers, pp.157-158, Doubleday & Company, Inc. U.S.A. 1962.

인(形式因)일 뿐만 아니라 형성인(形成因)이며 동시에 목적인(目的因)이다. 그러므로 영혼과 육체와의 관계는 형상과 질료의 관계로써, 영혼은 생명체의 동력인이고 목적인이며 진실한 실체로 형상이다. 아리스토텔레스는 영혼을 셋으로 분류해 식물의 생혼(植物生魂, vegetative soul)·동물의 각혼(動物覺魂, sensitive soul)·인간의 영혼(human soul)으로 보았다. 그 중 인간의 영혼이 가장 고귀하며 이 영혼에는 두 가지 이성의 기능이 있다. 하나는 피동적 이성(nous pathetikos)으로 감각기관의 모든 표상을 받아들이는 기능으로 백지(tabula rasa)와 같고, 다른 하나는 주동적 이성(nous poietikos)으로 외부 변화의 영향을 받지 않으며 불멸의 이성 자체를 말한다.

아리스토텔레스는 특히 주동적 이성의 의미를 순수이성으로 보아 육체와 분리가 되어도 영원불멸이라고 했다. 이 주동적 이성을 일체 이성적 동물이 갖고 있는 보편적인 예지의 원리로 보고 있다. 개체의 미의 인간은 영혼에 의해 존재하고 육신과 함께 죽는다 해도 인간 공유의 이 보편적인 주동적 이성은 영원불멸의 형상원리(形相原理)라고 한다. 그러므로 인간은 유한한 형체(corporal)를 갖고 있는 이성적인 존재자(Rational beings)라고 했다. 즉 인간은 원래 하나의 완전한 개체이며, 또한 인격(personal)을 갖춘 개체이다.

인간을 하나의 완전한 개체라고 말한 의미는, 인간은 영혼과 육체로 구성된 하나의 단일체(Man is two-one Unity)로써 감각과 이성을 갖고 있으므로 능히 지각과 사상과 추리를 할 수 있어 만물의 영장이며, 능히 교육을 받을 수 있고 또한 가르칠 수 있으며 자신의 생활을 체험하거나 개선할 수 있고 더욱이 사물에 대한 가치판단으로 자신의 인생관을 설정하고 목적을 추구할 수 있는 영혼이 있기 때문이라고 한다. 그러므로 인간은 이성적이고 정치적인 동물이며 자신의 행복을 추구할 수 있고 자신의 심령을 향상시킬 수 있다는 것이다.

중세 교부철학이나 스콜라철학에서는 인간이 갖고 있는 생명 실현의 활력을 영(spirit)이라고 했고, 인간은 실현의 활력(act of actuality)을 진행하는 가운데 그 생명적 존재를 실현한다고 보았다. 그러므로 인간의 영적 활력(spiritual acts)은 항상 의향성의 주체(intending subject)로써의 생명력이다. 그럼 영혼이란 무엇인가? 바로 영체(靈體, spiritual soul)와 실형(實形, substantial Form)을 의미한다.

영체는 원래 독립된 존재이다. 예를 들면 인간이 죽은 후 영혼은 개체의 육체를 떠나서 존재할 수 있는 독립된 능력을 갖고 있다. 즉 인간의 영혼은 하나의 비물질 실체로써 능히 홀로 존재할 수 있다. 그러나 영혼을 완전한 인간과 동일하게 보지는 않는다. 영혼은 육체와 결합이 되었을 때 비로소 하나의 완전한 개체로써의 생명체가 되기 때문이다. 하지만 영혼은 왜 불후(不朽, immortal)한가? 인간의 영혼을 동물의 각혼과 식물의 생혼으로 비교해 보면, 식물의 생혼은 생장의 활동이므로 형체가 제공하는 범위를 벗어날 수 없다. 동물의 각혼은 감성을 표출하는 활동이다. 인간의 영혼은 이성의 활동을 말한다. 그러나 형체(육체)가 제공하는 범위를 초월할 수도 있다. 다시 말하면 인간의 형체 자체는 이성의 활동을 못한다. 다만 영혼만이 이성의 활동을 할 수 있다. 그러므로 이성 활동은 형체를 초월할 수 있는 능력이 있다. 이러한 연유로 영혼은 불후하며 독립해 지속적으로 영원히 존재할 수 있다는 것이다.

비록 영혼이 홀로 독립해 존재할 수는 있으나 육체와 결합이 되었을 때 비로소 완전한 생명의 인간인 것이다. 또한 영혼은 동시에 인간의 실형(substantial Form)이다. 즉 인간이 갖고 있는 보편성을 의미한다. 영혼은 실형과 동일하므로 모든 인간의 영혼은 하나의 종에 속한다(soul of one Species)는 의미다. 다시 말하면 인간의 영혼은 영체일 때 영혼은 하나의 개체성(Individuality)임을 표현하며 동시에 인간의 보편적인 형식의 표현인 종(種, genus)을 의미한다. 그럼 육체란 무엇인가? 인간의 육체는 제2의 물질(secondary matter)이지, 원형의 물질 혹은 제1의 물질(prime matter)이 아니다. 즉 영혼을 받아들인 육체이며 영혼에 의해 영화(靈化, Animated)되어 살아 움직이는 완전한 생명체이고, 또한 인간은 인격을 갖고 있는 개체이다.

보에티누스(Boethius, A.D. 480~524)에 의하면 인간의 위격[8]은 이성으로서 본성을 구성한 개체라고 한다. 인간 생명의 영혼과 육체의 관계는 어떠한가?

Substance(주체)	
Accidents(acts)	
secondary matter (body)	substantial Form (soul)
Esse(본질)	

바로 영혼과 육체의 생명관계는 하나의 개체로서 양면성을 갖고 있다. 즉 인간은 영혼과 육체의 결합으로 인하여 양면성을 갖고 있는 하나의 생명체(duality unity)를 이룬다. 비록 영혼이 인간을 형성시키는

---

[8] 위격(位格): 어원은 그리스어 prosopon과 라틴어 persona이다. 전자는 얼굴을 말하고 후자는 마스크를 말한다. 원래 해부학과 희극의 용어였는데 스토아학파 때 정신과 이성의 의미를 더 부가하여 사용하기 시작했고, 그 후 교부철학에서 형상(形上)의 의미로 더 발전되었다. 즉 인간은 현실성과 초월성을 갖춘 개별 실체로서 신과 계합할 수 있는 존재자를 뜻한다. 오늘날은 더 광범위하게 사용되어 심리학에서 '인격'으로 사용하고 있다.

본성이라고 할 수 있지만 영혼 그 자체만으로는 사람이 아니며, 또한 육체만으로도 인간이 아니다. 즉 영혼과 육체는 각각 독립체라고 할 수 있지만 영혼과 육체가 결합이 되었을 때 이를 일러 인간이라고 한다. 인간의 생명을 완전한 개체로 보았을 때는 영혼과 육체의 결합체이고, 위격으로 보았을 때는 감각작용과 이지작용을 갖춘 인격체이다. 이를 도표로 보자.

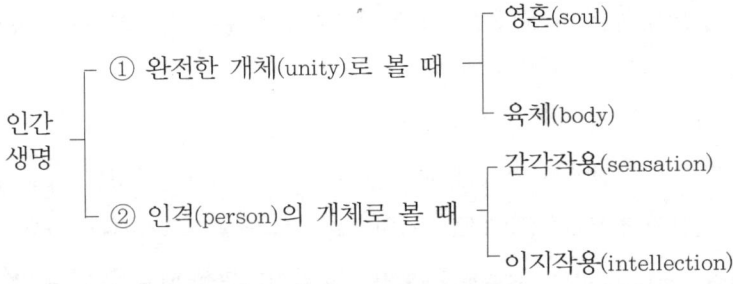

즉 인간이란 유한한 형체를 갖고 있는 이성의 존재자이다. 바로 인간의 형상원리(形相原理)는 이지의 원칙으로 이를 영혼이라고 칭하며 기타 동물과는 다르다고 보고 있다. 인간과 동물의 생명을 비교해 볼 때 그 차별의 정도는 어떠한가의 물음에 대해, 아리스토텔레스는 인간과 동물의 차이를 본질적으로 영(anima)의 차별이라 했고, 다윈(Darwin)은 생물진화론의 입장에서 인간과 동물은 단지 정도상의 차별이라고 했다. 그러나 막스쉘러(Max Scheler)의 대답은 인간과 동물의 차이는 본질과 정도, 양자 중 어느 쪽도 아니거나, 혹은 양자가 다일 수도 있다고 보았다. 사실 인간은 생물의 일체 특성을 다 보유하고 있다. 그러므로 정도에서 차이를 찾을 수는 있으나, 이것이 유일한 대답은 아니다. 또 한편 인간은 본질상 동물의 속성을 멀리 초월할 수 있기에 생명의 세계 가운데 오직 인간만이 하나의 완전한 새로운 현상인 것이다.

이외에 영혼은 순수정신체가 아니며 물질의 육신을 떠나서는 존재할 수 없다는 관점들이 있다. 바로 이스라엘 성경에서 본 영혼의 의미로, 영혼과 동물의 혈액을 연관지어 영혼을 바로 혈액, 즉 피라고 한다. 하나님이 모세에게 이스라엘 사람 가운데 만약 무슨 피든 피를 먹는 자는 제거한다고 했다. 왜냐하면 살아 있는 생명이 바로 혈액이기 때문이다. 그래서 이스라엘 사람은 어떠한 피도 먹지 않는다고 한다. 일체 살아 있는 피가 바로 자신의 생명이기 때문이며, 또한 능히 속죄를 할 수 있는 생명이기 때문이다. 즉 혈액이 생명력이고 바로 영혼인 것이다.9)

또한 근대철학에 있어서 베이컨(Bacon Roger)과 데카르트(Descartes)도 인간의 영혼을 둘로 나눴다. 하나는 감각영혼이고 다른 하나는 이성영혼이라고 한다. 감각영혼은 인간의 감각기관을 떠날 수 없다고 보았다. 안·이·비·설·신의 다섯 감각기관은 외부의 자극을 받아 반응의 작용을 함으로써 지각작용을 하게 된다. 이 감각영혼은 인간의 몸을 떠나서는 존재할 수 없다. 그러나 이성영혼은 사유를 본질로 한 비물질의 영혼을 가리키므로 몸을 떠나서도 존재할 수 있다.10)

결론적으로 인간의 생명에 대한 동서고금의 공통적인 관점은 대체로 영혼을 육신의 주체로써 형상원리로 본다는 관점이다. 바꿔 말하면 형이상학의 관점에서 영혼은 형상원리이면서, 동시에 지식론의 관점으로 이지의 원칙을 함의하고 있다. 다시 말해 형이상학의 관점에서 영혼은 인간의 본질이며 인간의 핵심부분이다. 지식론의 관점에서 본다면 영혼은 인간의 일체 기능의 기초로 감각기능과 이성기능을 함의

---
9) 여대길 주편, 종교학통론, pp.147-148, 대만 박원출판유한공사, 민국82년.
10) 상게서, pp.151-155.

하고 있어, 이 점이 인간이 만물 가운데 다른 동물과 다른 점으로 이지 활동의 원칙인 것이다. 인간에게는 영혼이 있음으로써 자신에 대한 내면의 관찰과 반성 그리고 인식과 지식의 활동을 하는 것이고, 더 나아가 인간은 무한한 시공간성의 진리를 추구할 수도 있는 것이다. 이 생명의 원칙은 영혼불멸의 형이상학적인 근거가 되기도 하는데 영혼의 단순성·비물질성·정신체로써 육체와 결합하여 인간의 개체를 형성하며, 육체가 죽은 후 육체와 분리된 후에도 여전히 독립된 생명의 의미를 갖고 있다. 따라서 인간의 육신이 비록 죽는다 해도 영혼만은 불멸의 영원한 생명으로 영생하기 때문에 생전에 개체영혼의 정화(淨化)가 중요한 것이다.

2. 생명과 기(氣)

'기(氣)'는 중국철학의 특색이다. 기의 의미는 아주 광범위한데, 생명과 기의 관계는 불가분으로 떼 놓을 수 없는 대단히 중요한 범주이다. 기에 대한 인식의 변천과정을 살펴보면, 일찍이 서주(西周, B.C.1066~771)시대에 만물 혹은 천지의 기로써, 즉 음양의 기를 발단으로 해서 춘추시대(春秋, B.C.770~476)에 이르러 기와 오행이 결합한 음양오행설(陰陽五行說)이 나왔고, 전국시대(戰國, B.C.475~223)에는 각종 기론(氣論)의 사상이 풍부했고, 진한시대(秦漢, B.C.221~A.D.219)에 와서는 기가 만물의 물질적 근원뿐만이 아니라 더 나아가 의지적인 본체로 발전되었다. 위진시대(魏晉, A.D.220~419)에는 기를 자연의 본체로 보거나 혹은 동적인 구조로써의 본체론으로 보았다. 송명대(宋明代, A.D.960~1643)에 이르러 이기론(理氣論)의 형이상학적인 본체론으로 발전되었다. 특히 기를 우주만물의 물질적 근원으로 볼 뿐만 아니라 인간의 정신적 현상까지도 포함을 시켰다는 점이 특징이다.

　기는 매우 미세한 유동적인 물질로써 일체 만물의 생명의 근본이고, 기의 변화가 바로 자연계의 질서인 것이다. 전국시대의 도가사상가들은 도기이원론(道氣二元論)을 토대로 만물을 기의 변화로 보았다. 예를 들어 장자에 보면 "인간의 태어남은 기의 결합이다. 기가 모이면 태어남이요, 기가 분산되면 죽음이다. …… 고로 세상은 하나의 기로써 통하는 것이다"[11]라고 했다. 즉 만물의 생성이나 소멸은 모두 기의 결합 혹은 분산에 따른 것이다. 우주 만물은 물론 인간의 생사, 사물의 생성과 훼손, 이 모두가 기 변화의 결과로 다만 하나의 기로써 구성이 되었다고 본 것이다. 그렇다면 기는 어떠한 물건인가? 기는 그 형체를 볼 수 없는 무형으로 존재하는 물질로, 즉 형체를 갖고 있지 않는 동적인 상태로 무형의 유이기 때문에 능히 변화하며 유형의 형태를 형성하는 생명의 실체이다.

　특히 북송시대의 장재(張載)는 기를 가장 근본적인 생명의 근원으로 보았는데, 만물은 모두 기로 이루어졌으며 기가 즉 도이고, 기 이외에 달리 도가 없다고 주장을 했다. 기의 특성은 바로 능동의 본성으로, 도는 바로 기화(氣化)의 과정이기 때문에 기가 결합을 하면 유형으로 능히 볼 수 있지만 만약 기가 분산되면 바로 무형으로 볼 수 없는 것이다. 그러므로 그는 "모든 형상은 모두 존재이며, 모든 존재는 모두 형

---

[11] 人之生也, 氣之聚也, 聚則爲生, 散則爲死.……故曰通天下一氣耳(『장자・지북유(莊子・知北遊)』)

상을 갖고 있고, 모든 형상은 모두 기이다"12)라고 말했듯이 모든 생명의 존재를 기로 보았다.

기를 범주론적인 의미에서 살펴보면, 첫째, 기는 우주만물의 생성의 근원이며 본체이다. 특히 한 대(漢代) 유가와 도가사상 그리고 송명대 유가에 있어 이기론의 이기일원론(理氣一元論) 이기이원론(理氣二元論)은 주로 우주발생론과 만물생성의 원리론을 설하고 있다. 둘째, 기는 자연계 만물 존재의 실체 혹은 요소·원소 혹은 질료이다. 이는 서양철학에서 말하는 물질과 유사하다. 서양철학에서 말하는 물질은 질료와 형상의 모형을 갖추고 있다. 앞서 말했듯이 기는 물질성과 능동성의 기화작용으로 만물의 질료와 모형의 본질이다. 셋째, 인간의 육체와 정신의 구성 요소로써 기에 의해 인체 생리기능의 신진대사 작용을 하여 생명력·면역성·신체의 건강뿐만 아니라 인생의 빈부·귀천·선악·길흉·화복이 모두 기에 의해 좌우한다고 보고 있다. 예를 들면 후한시대의 왕충(王充)에 의하면 "인간은 기로 인해 태어나고 성장한다. 귀함을 얻고 태어났다면 귀해지고, 천함을 얻고 태어났다면 천하게 성장을 한다"13)고 했다. 남송의 주자(朱子)도 청정과 오염·혼탁과 맑음·총명과 우둔·장수와 요절 등등 모두 기에 의해 좌우된다고 했다. 성인은 청명(淸明)의 기를 받고 태어나지만, 어리석고 우매한 자는 혼탁한 기를 받고 태어난다. 그래서 어리석은 인간이 있는가 하면 총명한 사람이 있고 장수하는 사람이 있는 가하면 요절하는 사람이 있다는 것이다. 이는 모두 기의 청정과 혼탁의 차이라고 했다. 넷째, 도덕적인 정신의 경지이다. 기는 우주만물에 충만하여 천지와 서로 통하므

---

12) 凡可狀皆有也, 凡有皆象也, 凡象皆氣也(『정몽건칭(正蒙乾稱)』)
13) 人稟氣而生, 含氣而長, 得貴則貴, 得賤則賤(『논형(論衡)·명의(命義)』)

로 호연지기(浩然之氣)·신기(神氣)·지기(知氣)·인기(人氣)·화기(和氣) 등등 모두 정신 혹은 의지·의식에 속하며 또한 도덕적 정신수양까지도 포함한다는 것이다. 그러므로 기는 물질적 구성요소일 뿐만 아니라 도덕적인 정신의 주체이기도 한 것이다.

이외에도 도교(道敎)에서 말하는 기 수련의 기에는 세 가지 의미가 있다. 첫째 우리가 호흡을 하는 자연계의 공기이다. 둘째 모태에서 정자와 난자가 결합을 할 때 받은 부모의 정혈(精血)을 원기(元氣)·선천기라고 한다. 셋째 음식물을 섭취하여 체내의 자양작용으로 인해 영양화된 생명유지의 활력을 후천기라고 한다. 도교에서는 만물의 근원을 도(道)로 보아 "도가 만물을 창생한다"라고 했고 동시에 기를 아주 중요시하고 있다. 왜냐하면 원기가 도를 운행하여 만물을 창생한다(元氣行道, 以生萬物)는 것이다. 바로 도와 기의 관계로 만물 창생의 활력을 설명하고 있다. 즉 "도에서 인간이 창생되지만 본래 모두 정기이며, 또한 모두 정신이며, 가상의 이름으로 사람이라고 한 것이다. 어리석은 자는 모두 다 신기(神氣)로 환원됨을 모른다"14)라고 했다. 여기에서 기는 만물의 물질적인 기초의 정기(精氣)일 뿐만 아니라 정신적인 만물의 원형(原型)임을 말한 것이다.

더욱이 중국의 전국시대 말(B.C.222)에서 서한초년(西漢, B.C.206)에 만들어진 유명한 『황제내경(黃帝內經)』은 기사상과 철학사상이 풍부한 의학서적이다. 특히 『황제내경』에 포함된 『소문(素問)』·『영추경(靈樞經)』은 음양오행과 정기일원론(精氣一元論)의 학설로써 우주만물의 생명의 형성과 인간질병의 원인 및 심리현상과 생리현상에 대해 의학적인

---

14) 道之生人, 本皆精氣也, 皆有神也, 仮相名爲人, 愚人不知還全其神氣(『태평경(太平經)』)

측면에서 제시하고 있을 뿐만 아니라 철학적인 문제도 역시 중요하게 제시하고 있다. 즉 기가 우주만물의 근원이라는 관점에서 출발하여 우주만물은 모두 기로 구성되어 있고, 또한 인간의 생명력 역시 음양이기(陰陽二氣)로 구성되어 있다고 말한다. 다시 말해 우주의 천지만물과 인간의 인체는 모두 원기로 구성되어 있고 원기는 음양이기로 나누어지며, 음과 양은 서로 대립과 모순으로 만물과 인체를 발전 형성한다고 한다. 이 음양의 대립의 속성과 취향을 바로 천지만물과 인체의 운동변화의 원인으로 보고 있다. 『소문』에 보면 "황제가 말하길, 음과 양은 천지의 대도요, 일체 만물의 규칙이며 변화의 부모요, 생과 죽음의 근본이다"15)라고 했다. 즉 천지의 도는 바로 음양이며 우주만물과 인간은 음양의 기로 말미암아 생존하며, 또한 음양은 만물의 발전과 변화의 근원이므로 이를 위배해서는 만물과 인간은 천지지간에 살 수 없는 것이다.

『소문』에 보면 "음양의 변화는 일체 생명의 근본이다. 일체 생명의 근본은 자고이래로 모두 천기와 상통을 한다. 인간은 천지지간 동서남북상하에 살며, 인간의 두 귀·두 눈·입·두 콧구멍·음부·항문 등 아홉 구멍, 간장·심장·비장·폐·신장의 오장, 사지와 열두 관절, 모두는 천기와 상통을 한다. 천과 인간은 모두 오행으로부터 생겨났으며 모두 양기·음기·화기(和氣)의 세 가지 기를 갖고 있다. (인간은 응당 음양오행과 三氣에 순응하며 살아야 한다) 만약 이를 여러 차례 위배하면 바로 사기16)가 인간을 상해한다. 이것이 바로 인간 수명의 길고 짧고의 원인인 것이다"17)라고 했다. 이와 같이 천지간의 만물과 인체는 모두

---

15) 黃帝曰: 陰陽者, 天地之道也, 萬物之綱紀, 變化之父母, 生殺之本始(『소문·음양응상대론(素問·陰陽應象大論)』)
16) 사기(邪氣): 풍(風)·한(寒)·서(暑)·습(濕)의 해로운 기(氣)

음양이기를 갖추고 있음으로써 생명을 유지하며 존재한다는 것이다. 왜냐하면 음과 양의 기가 바로 만 생명의 활동변화이면서, 또한 인체 내의 생명의 신진대사의 규칙이기 때문이다.

또 『소문』에서 "유형의 인체는 음양을 떠날 수 없다"18)라고 했다. 그리고 "인간의 생명물질의 음양의 기초를 말하자면, 체표와 사지는 음기에 속하고 생리기능은 양기에 속한다. 인체의 음양을 말하자면, 허리 위의 부분은 양에 속하고, 허리 아랫부분은 음에 속한다. 배의 안쪽은 음에 속하고, 등의 바깥쪽은 양에 속한다. 인체 오장육부의 음양을 말하자면, 체내의 오장은 음에 속하고, 육부는 양에 속한다"19)라고 한다. 이처럼 인체의 안과 밖은 모두 음양으로 이루어져 있는데, 만약 음양의 균형이 깨지면 바로 음과 양이 각각 한쪽으로 너무 치우쳐 넘치거나 부족하게 되어 발병의 원인이 된다는 것이다. 또한 인체의 경락·혈맥·장위(腸胃)·피부 등 모두를 음양의 운행으로 인한 생명의 운동으로 보고 있다. 물론 우주만물도 이와 마찬가지로 모두 음과 양의 대립과 균형으로 생화(生化)의 운동변화를 지속하며 생존한다는 것이다. 만약 천지가 음양의 평형을 잃었을 때 바로 천재지변의 재난이 생기는 것이고, 인체 역시 음양의 평형을 잃었을 때 바로 노·병·사가 생기는 것이다. 이처럼 음과 양의 기는 서로 대립과 모순의 관계이면서도 또한 상부상조하는 관계이고, 그러면서 또 만 생명을 발전시키며 생존과 사망을 서로 왕래하게 한다는 것이다.

---

17) 夫自古通天者, 生之本, 本於陰陽. 天地之間 六合之內, 其氣九州, 五臟十二節皆通乎天氣, 其生五, 其氣三. 數犯此者, 則邪氣傷人, 此壽命之本也(『소문·생기통천론(生氣通天論)』)

18) 人體有形不離陰陽(『소문·보명전형론(寶命全形論)』)

19) 夫言人之陰陽, 則外爲陰, 內爲陽. 言人身之陰陽, 則背爲陽, 腹爲陰. 言人身之臟腑 中陰陽, 則臟者爲陰, 腑者爲陽(『소문·금귀진언론(金匱眞言論)』)

『소문』에 보면 "사계절의 변화와 음양의 변화가 일체 만물의 근본이다. 성인은 봄과 여름에 주의하여 양기를 생장시키고, 가을과 겨울에는 주의하여 음기를 수장한다. 이처럼 생활의 기본법칙에 순응을 하고 일체 만물처럼 생장의 규칙에 적응을 한다. 만약 생활의 규칙을 역행하면 바로 그 근본을 베어버림이요 그 원기를 해침이로다. 그래서 음양과 사계절은 만물의 시작과 끝이며 생과 죽음의 근본이다. 이를 역행한다면 바로 재난이 일어남이요, 순응을 한다면 질병이 발병되지 않을 것이다. 이를 일러 도를 얻었다 한다. 성인은 도에 순응을 하지만, 어리석은 자는 이를 위배하는 행을 한다. 음양의 변화에 순응을 하는 자는 생존을 할 것이고, 이를 위배하는 자는 죽는 것이다. 이러한 고로 성인은 병이 난 후 치유를 하는 게 아니라 병이 발병하기 전에 미리 예방조치를 한다. 어려움이 닥쳤을 때 처리하는 게 아니고 발생되기 전에 미리 예방처리를 하는 것이다. 바로 이런 이치이다. 병이 난 후에 약을 쓰거나 이미 어려움이 닥친 후에 처리하거나 하는 것은 비유하자면 갈증이 날 때 우물을 파는 격이고 전쟁이 난 후 무기를 만드는 격이다. 그때는 이미 늦지 아니한가?"[20)라고 했다. 여기에서 주지하는 바는 사람을 포함한 우주만물의 생명의 존망 여부는 모두 음양이기의 상호작용의 결과이므로 음양오행에 순응을 하느냐 역행을 하느냐에 달렸기 때문에, 성인은 이 생사변화의 원리인 음양오행의 자연의 이치에 순응을 함으로써 양생(養生; 생명의 보양)의 도를 지켜나가지만, 어리

---

20) 夫四時陰陽者萬物之根本也. 所以聖人春夏養陽, 秋冬養陰, 以從其根, 故與萬物沈浮於生長之門. 逆其根則伐其根, 壞其眞矣. 故陰陽四時者, 萬物之終始也, 生死之本也. 逆之則災害生, 從之則苛疾不起, 是謂得道. 道者聖人行之, 愚者佩之. 從陰陽則生, 逆之則死.……是故聖人不治已病治未病, 不治已亂治未亂此之謂也. 夫病已成而後藥之, 亂已成而後治之. 譬喻渴已穿井, 鬪而鑄兵, 不亦晚乎(『소문・사기조신대론(四氣調神大論)』)

석은 범부는 자연의 이치를 역행하고 양생의 원칙을 위배하여 질병을 유발하거나 자기 스스로 타고난 천명을 다하지 못하고 목숨을 단축하거나 요절 혹은 횡사하는 등 화근을 자초한다는 것이다.

이상 살펴보았듯이 중국철학에 있어 생명과 기는 불가분의 관계이다. 즉 만물의 생성, 혹은 만물의 생멸은 모두 기의 결합, 혹은 분산에 따른 것이며 인간의 생사는 물론 우주만물의 생성과 훼손 모두 기 변화의 결과로써 구성이 되었다고 보는 관점이 중국철학의 특색이기도 하다. 인간의 생명력도 만물과 마찬가지로 그 죽음이나 삶의 생명력이 바로 기의 결합과 분산에 불과하다. 다만 만물과 인간, 그리고 인간 가운데 성인과 범부의 차이는 지니고 있는 기의 성분이 청정한가 아니면 탁한가의 차이에 의해 결정되며, 그 차이의 결정은 기의 원칙에 순응하느냐 역행하느냐에 의해 결정된다는 점이다. 즉 삶의 지혜를 갖춘 자는 생사변화의 원리인 음양오행의 자연의 이치에 순응을 함으로써 양생의 도를 통달하게 되지만 어리석은 자들은 자연의 이치를 역행하고 양생의 원칙을 위배하여 자기 스스로 타고난 천명을 다하지 못한다는 것이다.

3. 생명과 동(動)

공통적으로 동서철학에서는 모두 우주의 생명을 살아 움직이는 일종의 동력에너지로 보고 있다. 예를 들면 우주의 구성요소인 원자, 양자, 중성자 등등 모두가 움직이는 생명의 에너지이다. 그러므로 생명력이 우주 전체에 충만하여 유형이든 무형이든 우주의 은하계를 비롯하여 생물의 바이러스에 이르기까지 모두 생멸변화의 생명활동의 산물들이다. 아리스토텔레스는 우주론의 측면에서 특히 만물의 움직임을 중요시했고 움직임의 원인을 4인설(四因說)로 설했다. 생명의 변화를 실체상의 변화에서는 생과 멸, 즉 삶과 죽음으로, 속성(依附體, attribute)의 성질 변화에서는 주로 양과 질의 변화로 보았다.

고전물리학에서는 우주의 물체를 움직이지 않는 부동(不動)의 물질로 보았지만 현대물리학에 와서는 그것을 부정하고 동적인 움직임의 에너지로 보고 있다. 이 움직이는 에너지는 곧 생명의 창조력이 되어 우주를 창조 발전시키는 것이다. 현대물리학에서는 우주를 하나의 정체(整體)로 보고 이는 모든 에너지의 결속력이라고 본 것이다. 즉 만물은 서로 피차간에 상대적인 연결고리의 순환으로써 생성변화를 한다. 특히 아인슈타인(A. Einstein)의 상대성 원리는 우주 일체를 상대적인 동(動)으로 보고 있다. 우주 일체는 생명의 움직이는 변화를 통하여 그 목적을 달성한다.

동양철학에 있어서 특히 중국철학에서도 우주의 정체는 항상 변하고 있다고 하여 이를 역(易)이라고 칭하고, 역(易)은 음과 양으로 구성되어 있다고 보고 있다. 즉 유가와 도가는 "일체 모든 존재(모든 현상)를 생명의 움직임"으로 보고 이 움직이는 변화를 생생지동(生生之動)·창생이라고 한다. 그래서 "우주의 총체는 움직임이다[宇宙總是動]"라고 한다. 즉 우주만물은 모두 변화이며, 이 움직임의 변화[生動, dynamic]를 '생명'이라고 하고 '유(有)'라고 하고 '존재'라고도 칭한다. 바로 '생명'이란 개체의 내적인 움직임을 말한다. '생명'은 개체의 내적인 동력으로 능히 개체를 발육시키며 성장을 하게 하는 힘이다. 이것을 『역경(易經)』

에선 '생생불식(生生不息)'이라고 표현을 했고, 『역전(易傳)』에서 "천지의 대덕은 창생이다"21)라고 했다. 여기에서 말하는 생(生)은 바로 끊임없이 이어지는 생명의 원동력으로써의 생명의 끊임없는 활력에너지를 의미한다. '생명'은 바로 '움직이는 활력'을 의미하고 '활력' 역시 '생명의 활동'을 의미하며 더 나아가 '인생'을 의미하기도 한다. 생명의 중요한 특성은 즉 내적·자동적·지속적인 성질로, 유기체이든 정신체이든 모든 생명은 이 세 가지 특성을 지니고 있다. 이러한 특성을 갖고 있는 우주만물은 모두 움직이는 동(動)이면서 동시에 변화이다. 그러므로 생명체가 움직일 때 반드시 변화를 일으키며, 이는 바로 생명의 내적이고 지속적인 변화를 의미한다. 이런 생명의 특성이 바로 생생(生生)이며 생생불식의 의미이다. 모든 생명은 바로 부동이면서 끊임없이 움직이고, 정적이지 않으면서 정적이다. 이것이 생명의 본질이면서 동시에 생명의 현상인 것이다.

사실 철학과 생물학에서 말하는 생명의 의미는 서로 좀 다르다. 앞서 말한 것처럼 '생명'의 내적인 움직임, 즉 끊임없이 내적인 변화를 하는 것은 생생을 위한 것이고, 끊임없이 움직이는 변화는 바로 생명력이다. 그러므로 '생명'의 본질이란 바로 살아 움직이는 힘의 활력을 말한다. 특히 일체 만물이 모두 생명인 이유는 인간을 포함한 모든 만물의 존재는 만물시생(萬物始生)으로 '존재' 그 자체가 바로 생명의 시작이기 때문에 움직임이며 변화인 것이다. 즉 생명의 의미는 생존이면서 활력이고, 활력이 끊임없이 지속적이고 내적이고 자동으로 움직이는 동력으로, 즉 살아 움직임 그 자체를 생명이라고 한다. 그래서 중국 전통철학에서는 생명의 정의를 "본체의 내적인 움직임이다[本體的內在

---

21) 天地之大德曰生.

之動"라고 했다. 만물은 끊임없는 내적 변화로서 불연속의 연속적 생명을 창출하고 있다. 이 또한 우리 생명의 본질을 의미한다.

4. 생명과 심(心)

예로부터 동양사상에 있어 인도철학이나 중국철학은 모두 이 움직임의 동력(우주생명)을 '마음'으로 표현하고 있는 것이 특징이기도 하다. 예를 들면『예기(禮記)』에서, "사람이 천지의 마음이다"고 하여, 우주만물 가운데 인간의 위치와 가치가 가장 중심임을 말하고 있다. 불교에서도 만물은 모두 마음으로부터 존재한다는 의미로 일체유심조(一切唯心造)라고 했고, 불교 화엄종의 오조(五祖) 종밀(宗密)은 "만유는 즉 일심이다. 마음이 만물을 융섭함으로써 바로 네 가지 세계(법계)를 이룬다"22)라고 했다. 주자는 "천지 생물은 마음이다"23)라고 했고, 상산(象山)은 "우주는 바로 내 마음이요, 내 마음은 즉 우주이다"24)라고 표현했다. 여기에서 말하는 마음은 바로 만물의 본원이며 우주의 마음으로 형이상학적인 만물의 근원이다. 이 마음은 정체(整體)의 생명이고 모든 생명의 활동은 모두 마음으로 말미암은 것이다. 그래서 모든 생명을 대표하는 것이 바로 만물의 영장인 인간의 '생명'인 것이다.

인간의 생명은 두 가지 측면으로 나눌 수 있다. 하나는 육체적 생명

---

22) 總該萬有, 卽是一心. 然心融萬有, 便成四種法界(『대정장(大正藏)』 권45, p.684중)
23) 天地以生物爲心.(『주자어류(朱子語類)』 권17)
24) 宇宙便是吾心, 吾心卽是宇宙.(『상산전집(象山全集)』 권22, 〈잡설(雜說)〉)

이고, 다른 하나는 정신적 생명인 마음이다. 맹자는 정신적 생명인 마음을 심지관(心之官)이라 하여 대체(大體)라고 표현했고, 육체적 감각을 이목지관(耳目之官)이라 하여 소체(小體)라고 칭했다. 즉 마음은 이성적 능력인 심지관이고, 신체는 감성적 능력인 이목관이다. 그러나 진정한 의미에서 인간이라 함은 도덕적으로 진정한 정감을 가진 자를 말한다. 단 여기서 말하는 도덕은 본성의 생명을 의미한다. 다시 말하면 우리들이 일반적으로 알고 있는 개념으로써 서양철학에서 말하는 도덕은 윤리상의 행위나 거동을 의미한다. 즉 외형적으로 나타나는 행위의 좋고 나쁘고의 습관을 말한다. 특히 중국철학에서 말하는 도덕은 윤리적인 측면의 의미도 있지만, 여기서 말하는 의미는 심령으로 생명력의 발로인 것이다. 즉 외면적으로 나타나는 행위의 좋고 나쁜 습관이 아니라 마음이 선천적으로 갖고 있는 덕의 시작을 의미한다. 말하자면 생명의 본심을 의미한다. 그러므로 인간은 마음의 생명과 육체의 생명으로 이루어져 있지만 생명의 근원은 마음으로부터 시작하며, 마음과 신체는 균형의 조화를 이루는 것이다. 특히 공맹(孔孟)의 선진유가에서는 마음의 활동과 육체활동의 균형적 조화의 중요성을 강조하고 있다. 예를 들면 4덕(德)으로 인의예지 등 내면의 덕성을 중요시함과 동시에 밖으로는 부모로부터 물려받은 신체의 머리카락까지도 함부로 깎지 못한다는 등 신체의 모든 생명을 중요시하는 예법을 들 수 있다.

　육체와 마음은 그 차원이 다르지만 양자는 서로 불가분의 관계로 동체이다. 이른바 육체적 생명이란 부모로부터 물려받은 몸을 말하는데, 개체의 생명으로써 복잡하고 조직적인 여러 가지 구성요소로 이루어져 있다. 인간의 신체만을 보면 물론 물질적인 존재이다. 하지만 이것만을 생명체라고 할 수는 없다. 설령 신체가 있다 해도 또 제일 중요한 기력이 있어야 말과 행동을 할 수 있다. 즉 물리학적으로 바이오에너지를 충족시킬 수 있는 활동영역이 있어야 비로소 신체가 활동력을 갖는 것이다. 그러나 문제는, 또 이 활동력을 명령할 수 있는 사령탑에서 전달되는 메시지의 활동이 있어야 한다는 점이다. 그 생명의 사령탑이 바로 의식의 측면으로, 중추의 대뇌를 지령하여 잠재의식에서 현재의식의 측면까지 생리적으로 심리적으로 지령을 하고 신체의 각종 복잡한 신진대사의 작용을 전달하는 것이다.

메시지는 각양각색의 파동이다. 물질(身體)·에너지·메시지, 이 세 가지 측면만으로는 완전한 생명의 현상을 표현할 수 없다. 이 세 가지 측면 외에 또 필요한 것이 사령탑, 즉 마음이 있어야 비로소 생명체의 주체현상이 되는 것이다. 마음은 의식과 심성 두 부분을 내포하고 있다. 의식은 잠재의식과 현재의식을 말하고, 양자가 지각될 수 있어야 역시 생명의 기능을 말할 수 있는 것이다. 심성은 바로 지각의 주체이다. 마음의 의식은 바로 심성이 표출한 각종 기능이며, 이 심성이 능히 모든 것을 창조하고 받아들이고 파악하고 각종 소식을 전달시키는 것이다. 그러므로 육체적 물질과 에너지와 메시지와 마음, 이 네 가지 측면이 서로 작용을 하고 결합하여 인간 생명의 주체가 된다.

인간의 존재는 육체적인 활동영역뿐만이 아니라 더 중요한 것은 정신적 생명인 마음이다. 인간의 생명이 존재함으로써 만물의 생명이 존재하는 것이다. 왜냐하면 만물은 지각되어지는 존재이기 때문이다. 인간의 생명이란 바로 주체성, 즉 마음을 의미하고, 이 마음으로써 우주 정체(整體)의 생명을 전개시킨다. 그러므로 인간은 단순한 개체에 불과한 것이 아니라, 인간으로써 만물을 대표하고, 인간으로 인해 만물과 서로 상통하고, 인간으로써 천도를 펴내는 것이다. 즉 인간은 인도(人

道인 동시에 천도의 표상인 것이다. 다시 말하면 인간 내면의 심층 속에 있는 생명의식이 우주의 의식을 드러내어 세계를 펼쳐간다. 비록 하나의 개체인 인간의 마음은 유한성의 분별심에 지나지 않으나, 반면 그 유한성을 초월했을 때 이미 인간의 마음은 무한한 생명으로써 물아일체(物我一體)의 진리세계를 펼치는 것이다.

근본적으로 형이상학의 본체론에서부터 출발한 서양철학에서는 인간을 우주만물 중 최고로 보지만 만물을 대표하지는 못한다. 인간을 이성적인 동물로 본 관점에서 시작했기 때문이다. 다만 칸트의 코페르니쿠스의 대전환 이후로 인간의 주체성을 중심으로 만물을 인식하기 시작하였다. 현상학적(phenomenally)인 실존에서부터 시작한 동양철학에서는 천(天)·지(地)·인(人)을 삼재(三才)라 하여 만물을 대표하고, 인간을 연구할 때 인간을 단순한 이성적 동물로 본 것이 아니라 천지와 덕을 결합할 수 있는 만물을 대표하는 존재로 보았다. 즉 천(天)은 천을 대표하고, 지(地)는 지를 대표하나, 인간은 천지만물을 대표한 것이다. 근본적으로 서양철학에서는 인간과 천지 혹은 인간과 자연을 구분하지만, 중국철학의 유가나 도가, 불가(佛家)에서는 인간과 천지는 서로 통한다고 보았다. 즉 천지인이 만물의 근본적인 근원으로써, 본질적으로 생명의 원리는 하나이며, 이 생명의 원리는 인간의 마음 안에 있고, 동시에 인간의 마음으로서 만물의 이치를 표출한다는 관점이다. 그러므로 인간은 천도와 상응할 수 있고, 동시에 마음으로써 천도를 드러내 표출할 수도 있는 것이다. 바로 생명의 중심을 마음에다 두고 본 것이다.

중국철학에서 오래된 원전 가운데 하나인 『역경』에 보면, "하늘과 땅이 생긴 후 만물이 생겼고, 만물이 생긴 후 인간(남자와 여자)이 생겼고, 남자와 여자가 있으므로 부부가 있고, 부부가 있으므로 부자가 생기고, 부자가 있으므로 임금과 신하가 있고, 군신이 있으므로 위아래의 질서가 있고, 상하의 질서가 있으므로 예절이 있는 것이다"25)라고 했다. 본 인용문에서 알 수 있는 것은 첫 번째 단계로써 물질적인 자연의 우주(천지가 생긴 후 만물이 생김)가 생성된 후 진화하여, 두 번째 단계인 생명의 우주(만물이 생긴 후 남자와 여자가 생김)로 진화하였고, 다음 세 번째 단계에서 인간적 우주(남녀가 생긴 후 부부가 생김)로 진화되었고, 난 다음 네 번째 단계인 인류사회의 보편적인 가치관념의 사회적 우주(부부가 생긴 후 부자가 생기고, 부자가 생긴 후 군신이 생기고, 군이 생긴 후 상하가 생기고, 상하가 생긴 후 예절이 생김)로 발달되었음을 잘 설명하고 있다. 즉 중국철학에서는 항상 하늘과 땅과 인간을 우주만물의 세 가지 근본의 도라고 칭하며, 이 중 인간을 만물의 영장으로 보고 있는 것이다.26) 또 더 중요한 점은 인간의 마음이 바로 천도, 즉 하늘의 이치 혹은 법칙을 표출하는 길이라고 보는 점이다. 그 대표적인 예가 바로 송대 심학의 개조라고 볼 수 있는 상산(象山)의 심학(心學)사상으로, 상산에 의하면 처음 태극(太極)으로 말미암아 음양이 생성되었고 음양으로 인해 오행이 생겼고 오행으로 말미암아 만물이 생성되었다고 본다. 그러므로 만물은 음양오행과 떨어질 수 없는 불이(不離)의 관계이지만, 상산에 의하면 음양오행은 물질적인 형이하학이 아닌 형이상학의 원리이므로 천지·음양·오행은 모두 마음(본심)에 속한다. 즉 상산은 만유의 세계를 모두 마음으로 본 것이다.27) 그래서 그는 "우주는 바로 내 마음이

---

25) 有天地然後有萬物, 有萬物然後有男女, 有男女然後有夫婦, 有夫婦然後有父子, 有父子然後有君臣, 有君臣然後有上下, 有上下然後禮義有所措(『易經(역경)·序卦傳(서괘전)』)
26) 장영준 외 공저. 인생철학, pp.4-5, 대만 회화도서출판, 1994년.
27) 조명숙, 象山與宗密「存有根源」思想之比較硏究(대만 보인대학 철학연구소,

요, 내 마음은 즉 우주이다"라고 마음이 만물을 대표하고 세계의 본원임을 역설한 것이다.

또한 불교의 대표적인 예로써 종밀의 일심법계(一心法界) 화엄사상에 의하면 우주만물과 인간생명의 본원은 일심이다. '일심'이란 무엇인가? 이게 바로 화엄철학의 중점이면서 동시에 불교의 근본문제이기도 하다. 이른바 '일심'이란 사물과 상대적인 마음이 아니고 일체 생명의 근원인 법체(法體)를 말한다. 종밀은 '일심'을 설명하길, "일심은 즉 중생의 본심이며 만물의 근본이고 내지 이 법계의 본체는 일심이다"[28]라고 했고, 또한 "근원은 일체 중생의 본각 진성이다. 또한 불성이라 말하며, 또 마음이라고 한다. …… 역시 모든 현상계(만법)의 근원이기 때문에 법성이라고 한다"[29]라고 했고, 또 "심원(心源)이란 원각묘심이며 모든 현상계의 근원이다. 마음이 즉 근원이며 이를 심원이라고 한다"[30]라고 했다. 즉 일심은 바로 우주의 마음이며, 또한 이법계(理法界: 본체계)와 사법계(事法界: 현상계)의 근원으로 우주 본체와 생멸 변화의 생명이 화합하여 하나가 된 '묘심(妙心)'이기도 하다. 이 '묘심'은 본래 불가득(不可得)이다. 즉 현재 · 과거 · 미래 모두 다 불가득이다. 왜냐하면 이 '본심'은 본래 정적인 상태가 아니라 동적인 존재라서 무변의 묘용이 있기 때문에 우주생명의 본질 혹은 실성(實性)인 것이다. 종밀은 '일심'으로 우주정체의 생명을 전개했고, 또한 본체존유론(本體存有論)

박사학위논문), p.106, 1997년.
28) 一心者卽是衆生本心與萬物爲根本乃至云而此法界體是一心.(『화엄경행원품소초(華嚴經行願品疏鈔)』 권1, p.797하, 『卍續藏經』 제7冊)
29) 源者是一切衆生本覺眞性, 亦名佛性, 亦名心也.……亦是萬法之源, 故名法性(『선원제전집도수서(禪源諸詮集都序)』, p.399상, 『大正藏』 권48)
30) 心源者, 圓覺妙心, 是諸法之源也, 心卽是源, 名爲心源(『원각경대소석의초(圓覺經大疏釋義鈔)』 권13하, p.079하, 『卍續藏經』 제15冊)

의 각도에서 정체생명(整體生命)을 관조한 것이다.31)

그러므로 동양철학에서는 형이상학적인 만물의 근원을 마음으로 표현했고, 마음은 생명의 본원인 것이다. 이를 우주의 마음·원형의 마음(archetypal mind)이라고 한다. 마음에 의해 만물은 존재하므로 마음을 생명의 근원으로 본 것이다. 하지만 이 마음은 개체의 현상적인 마음이 아니라 현상적인 마음의 본성 그 자체를 의미하므로 이를 불성·법성·여래장 등등으로 표현하고 있다. 그래서 이 우주만물 가운데 가장 고귀한 것으로 사람만한 것이 없고, 인생 가운데 이 마음만큼 귀한 것이 없다고 말한다. 이 마음은 능히 어떠한 것도 창조해 낼 수 있는 창조자이며, 이 마음이 우주생명의 본원을 가장 잘 드러낼 수 있는 원천인 것이다. 이 마음이 바로 생명과 같은 의미이고, 마음은 생명의 정체(整體)이며 모든 생명의 활동이 바로 마음으로부터 시작하고 끝을 맺는 만물의 알파(시작)이자 오메가(끝)이다.

5. 생명과 연기(緣起)

연기론은 불교만의 근본 개념이다. 즉 생명의 진제(진리)를 연기(緣起)·공(空)·무자성(無自性)의 원리로 표현한 중도사상이다. 비록 불교는 인도철학이나 서양의 기독교사상처럼 영혼을 인정하지 않고 부정하지만 불성·법성은 긍정하고 있다. 즉 불교는 실재론도 아니고 그렇

---

31) 同註27, p.79.

다고 창조론도 아니며 바로 연기론으로 우주만물의 생명을 논하고 있기 때문이다. 중국철학의 유가와 도가는 모두 직접적으로 인간을 긍정하고 세상을 긍정하지만, 불교의 입장은 사람이든 세상이든 현상적인 존재를 모두 직접적으로 긍정하지 않고 부정의 부정으로 절대긍정을 하고 있다. 이 세상 가운데 인간이 살고 있지만 세계도 변하고 인간도 찰나 찰나적으로 변하고 있고, 이 세상 만물은 무엇이든 변하지 않는 것이 없다. 즉 불교는 연기론에 의해 우주 인생을 모두 찰나적으로 생멸하는 생명의 현상으로 보고 있기 때문에 직접긍정의 표현을 쓰지 않은 것이다. 그래서 이 변화무쌍한 무상(無常)의 현상을 고해(苦海)라고 표현한다.

불교에서 말하는 이 고해는 육체적인 것보다는 주로 정신적 압박을 말하는 것으로 생사윤회의 고(苦)를 의미한다. 불교는 무상・무아(無我)・연기(緣起)・공(空)・중도(中道)를 기본적 철학개념으로 출발하여 인간과 만물의 생명을 성찰하고 세상의 모든 것은 무상의 변화 가운데 있기 때문에 고해라고 표현한 것이다. 무상은 생멸변화하는 일체 생명의 현상적 존재를 말한 것이고, 생명의 실상은 비연속의 연속성으로 본 것이다. 세상의 모든 생명의 현상은 본래가 무상을 실상으로 하고 있어 일체 물질현상은 실체가 없는 상태[色是空性]로써, 무자성으로 실체가 없는 상태이므로 비로소 물질현상인 것[空性是色]이다. 이처럼 우선 긍정의 유(有)를 타파하고 부정의 공을 성립하고 그 다음 다시 부정의 공을 다시 타파하여 다시 긍정의 유를 성립한다. 즉 부정긍정 부정긍정의 방식으로 진공묘유를 성립한 생명의 원리이다. 그래서 불교의 근본교의는 연기성공(緣起性空)이다. 사람이든 세상이든 모두 다 연기로 말미암아 생존하고 존재하는 상대성의 의타기성(依他起性)인 것이다. 『잡아함경』에 의하면 "위태로우며 무너져야 하는 것을 일러 세상(世間)이라고 한다"32)라고 했다. 이 말은 세상의 모든 것은 영원한 존재가 아니라 모두 찰나적 변화의 현상으로, 따라서 생사를 반복하기 때문에 세상을 일러 일체 고해라고 한 것이다. 하지만 인생의 고는 자신에게 달린 것에 지나지 않다. 배고픔과 갈증, 성냄과 색욕, 원수 모두 다 자신의 몸이 있기 때문에 생기는 것이다. 자신의 몸이 만 가지 고통의 근본이고 화근의 근원인 것이다. 왜냐하면 자기 자신 안에 내가 있기 때문에 도덕적 문제가 생기는 것이고, 내 안에 세상이 있기 때문에 길흉의 문제가 생기는 것이다. 노자도 역시 만 가지 고통의 근본은 자신의 몸이 있기 때문이다고 보았는데, 그는 "나에게 대 환난의 근심이 있다 함은 나에게 몸이 있기 때문이다"33)라고 했다.

불교에서는 내 육신으로 말미암아 비롯된 이런 만 가지 고통을 삼고(三苦)34)와 팔고(八苦)35)로 표현한다. 생리적·심리적·정신적으로 고통인 육신의 생로병사의 이러한 자신을 정말로 존재하는 생명의 실체로 본다면 그것을 자신에 대한 집착으로 보고 이를 아집(我執)이라고 말한다. 그리고 변화 무상한 이 세상의 현상을 진정한 실체나 영원한 존재라고 생각하여 집착을 한다면 그것을 세상에 대한 집착으로 법집

---

32) 危脆敗壞是名世間, (『잡아함경』 권9, p.364, 『佛光大藏經』 〈아함장〉)
33) 吾所以有大患者, 爲吾有身. (『도덕경』 제13장)
34) 삼고: 세 가지 기본적인 고뇌를 의미한다. ① 고고(苦苦): 고통을 당할 때의 고뇌를 뜻한다. ② 괴고(壞苦): 쾌락의 즐거움이 지나간 다음의 고뇌이다. ③ 행고(行苦): 자연현상의 무상한 변화에 의한 생(生)의 고뇌이다. 생노병사의 사고(四苦)는 행고에 포함된다.
35) 팔고: 생노병사의 사고(四苦)에다 ① 원증회고(怨憎會苦: 원수끼리 만나야 하는 고통)·② 애별이고(愛別離苦: 사랑하는 사람끼리 헤어져야 하는 고통)·③ 구불득고(求不得苦: 원하는 바가 이루어지지 않는 고통)·④ 오음성고(五陰盛苦: 생리적 심리적 욕구불만의 고통)를 합하여 팔고(八苦)라고 한다.

(法執)이라고 한다. 그렇다면 불교는 왜 이 세상에 집착하지 말라며 공(空)을 주장하는 것일까? 이유는 우주만물의 일체 차별상(개체)에 집착을 한다면 우주생명의 본체를 실현할 방법이 없기 때문이다. 그러므로 한편으로 삼라만상의 현상적인 생명의 존재를 부정적 방법으로 표현한 것이 공사상의 출발점이고, 무분별지(無分別智; 절대적인 지혜)로써 능히 일체 만물의 개공(皆空)의 이치를 터득한다면 바로 공의 원리로 능히 우주생명의 진공묘유(眞空妙有)를 표현할 수 있기 때문이다.

왜 자신과 세상에 대한 집착을 부정하는가? 우선 현상적인 마음을 놓고 볼 것 같으면, 마음의 첫째 특징이 무상이다. 마음의 본성은 원래 무형무상으로 본래 볼 수도 잡을 수도 없다. 이 마음의 작용은 멈추지 않고 생(生)·주(住)·이(異)·멸(滅)의 끊임없는 변화를 한다. 이 변화하는 무상법(無常法)을 생명의 생멸법(生滅法)이라고 말하며, 이 변화가 바로 작용의 시작이다. 변화하지 않는다면 생명의 작용이 바로 멈추는 것이다. 그래서 마음은 활동성(변화성)이며 시공을 초월하는 작용점이며 형이상학적인 존재이다. 이 형이상학적인 마음이 현실세계를 구체적으로 표현하는 것이고 무기체이든 유기체이든 더욱이 인간의 의식 작용까지도 모두 표현을 한다.

마음의 두 번째 특성은 무아이다. 마음은 상주하는 주체가 아니고 무상하고 무실체의 작용점이다. 비록 작용은 해도 형상이 없고, 비록 형상이 없어도 구경에는 일체 만상의 생명을 현현하여 이 마음이 바로 세상[事]이므로 일체 만물이 상즉상입(相卽相入)36)을 하며 걸림이 없다.

---

36) 상즉상입: 상즉(相卽)은 자체(自體)가 타체(他體)에 있고, 타체가 자체에 있으므로 즉 이를 자타의 상즉(相卽)이라 한다. 화엄학에서는 일체 삼라만상의 제법의 현상이 모두 상즉의 자재문(自在門)에 있음을 설명하여 법계연기론을 논한다. 상입(相入)은 일체 현상의 존재가 인연에 의한 상대적 관계에서 성립을

바꿔 말해 마음을 떠난 만물이 없고 만물을 떠난 마음이 없다는 말이다. 그러므로 마음과 만물이 하나(일체)이며 원융무애(圓融無碍)하고 중중무진(重重無盡)하다. 즉 마음의 각종 표현이 바로 만물인 것이다. 다시 말해 설사 객관적인 자연계가 존재한다 해도 그건 중요한 게 아니다. 그것들은 자신의 존재를 인식하지 못하므로 인간 마음의 인식작용이 없다면 객관적인 세계가 존재할 수 없는 것이다. 그래서 모든 것은 마음이 지어낸다라고 한 것이다. 서양의 경험주의 철학자 버클리(Berkeley George, 1685~1753) 역시 "만물의 존재는 지각되어지는 존재(Esse est percipi)"로 보았고 인간의 주체성을 중요시했다.

셋째로 마음은 형상이 없지만 작용점이 있다. 이 작용점이 시간과 공간을 초월한다. 다시 말해 마음은 초월성이므로 능히 원융무애하여 어디든 상즉상입을 할 수 있는 것이다. 그러므로 마음은 있는 것도 아니고 없는 것도 아닌 심오한 일체성(一體性)이면서 내재성인 것이다.

넷째, 마음은 자각작용(自覺作用)의 보편성을 갖고 있다. 마음은 의식작용을 하면서 동시에 무진의 객관성을 나타내고 있다.

이와 같이 마음은 주관성과 객관성을 동시에 나타내는 양면성이 있어 주객이 바로 심물(心物)이면서 동시에 일치하여 무한한 심연(深淵)이고 생명의 근원인 것이다. 그러므로 변화하지 않는 만물이 없음을 연기법으로 표현한 것이고, 만물의 현상은 고정불변의 실체가 없는 무자성으로, 삼라만상은 생멸을 반복하는 유전(流轉)으로써 그 자체가 바로 '생명'의 본질과 현상인 것으로 보고 있다. 다시 말해 삶과 죽음은 생명

하나 인(因)과 연(緣)의 양자를 하나의 자체(自體)로 본다. 양자가 서로 대립의 관계가 아니라 모두 법계의 실상으로 무차별체(無差別體)가 됨을 상입이라 한다. 즉 상즉상입이란 법계연기(法界緣起) 가운데 모든 제법의 상호관계성의 논리적 현상을 말한 것이다.

의 본질이 현상적으로 혹은 표상적으로 나타내는 움직임의 상태로써 그것은 인(因)과 연(緣)에 의해 존재하는 무자성이기 때문이며 삶[生]과 죽음[死]을 현상적으로 표출을 하고 있는 것이다.

　이 생명의 삶과 죽음이 바로 인생의 기점이고 열반이 인생의 종점이다. 일반적으로 말하는 죽음은 일생 일대에 있어서 누구나 피할 수는 없지만 그걸 영원한 생명선에서 보면 한낱 육신이 다른 옷을 갈아입는 것에 지나지 않으며 생명의 삶과 죽음의 생사유전(生死流轉)을 벗어나야만 생사가 없는 열반에 이를 수 있다고 본 것이다. 현상적으로 볼 때 열반의 법칙은 '죽음의 본능'에 귀결되지만 동시에 본질적으로 '생의 본능'이 되는 개념이다. 그래서 우주 만물의 현상적 존재를 모두 생멸하는 무상으로 보는 것이다. 물질의 세계는 성(成)·주(住)·괴(壞)·공(空)의 생사유전을 하고, 인간은 생·노·병·사로써 생사유전을 한다. 이것은 우주만물의 불가항력인 필연의 법칙이며, 마음의 현상은 생(生)·주(住)·이(異)·멸(滅)로 끊임없이 생멸유전을 하므로 우주만물의 생명의 존재 형태를 생멸법이라고 표현한 것이고, 이 생명의 원칙 혹은 생명의 법칙을 연기라고 표현한 것이다. '

6. 생명과 창생력(創生力)

　서양철학에 있어 일찍이 '생명의 현상'을 관찰한 사람으로 고대 그리스철학자 플라톤과 아리스토텔레스가 있다. 플라톤은 가장 원시적인 방법으로 실험을 하여 생명체의 구조와 조직은 물체와 본질적으로 다름을 밝혔다. 즉 플라톤은 개구리를 해부하여 물체와 생명체의 존재법칙이 서로 다름을 설했는데, 물체의 존재법칙은 전체가 바로 각 부분의 조합이다. 허나 생명체의 존재법칙은 각 부분의 조합보다 전체가 더 크다는 것이다. 물론 전체가 더 크다는 말은 생명의 계층이 특수한 존재의의와 법칙이라는 말이다. 예를 들어 생명체인 개구리를 해부해 어떤 부위를 떼어내 다시 붙이며 완전한 생명체가 될 수 없는데 반해 물체인 책상을 분해해 각 부분을 떼어낸 후 다시 조립을 하면 하나의 완전한 책상이 된다. 여기에서 플라톤이 말하고자 하는 요점은 수리적 법칙(數理的 法則)으로, 생명의 본질을 비교할 수 없다는 말이다.

대체로 현대철학 이전의 서양철학에서는 생명을 생물과 무생물로 구분하고 인간을 이성적인 동물로써 동물의 일부분으로 보았다. 그리고 인간이 우주만물 가운데 가장 고귀한 만물의 영장이다라고 말을 하지만 동양사상처럼 사람이 우주를 대표하고 만물을 대표하지는 않는다. 특히 '생명'이라고 하면 추상적인 명사이고, 좀더 구체적으로 말을 한다면 생물이다. 생물학적으로 보면 생물에는 서로 다른 등급이 있는데 아리스토텔레스는 식물·동물·사람의 3등급으로 나누었다. 즉 생장생명·감성생명·이성생명이다. 식물의 생혼(生魂)은 생장활동만을 하는 생장생명을 갖고 있고, 동물의 각혼(覺魂)은 감성만을 표출하는 감성생명을 갖고 있는데 반해, 인간의 영혼은 감성과 이성의 활동을 하는 만물의 영장이다. 아리스토텔레스의 실험은 스승 플라톤보다 더 한발 앞섰고, 물질의 존재법칙은 부분이 전체보다 더 우선적인데 반해 생물은 전체가 부분보다 더 우선적이다 라고 한다. 즉 이 말은 생물의 각 부분은 전체의 생명력에서 나온 것이고, 물체는 각 부분이 전체를 구성한다는 말이다.

그러나 현대철학에 이르러 베르그송(Bergson Henri, 1859~1941)은 전통적으로 내려오던 각종 생명에 관한 연구자료를 수집하여 형이상학적인 생명철학의 체계를 세워 생명의 존재와 현상을 논했다. 그는 생명의 가장 뚜렷한 현상이 바로 '생명의 충동력(élan vital)'이며 이 '생명의 충동력'의 특성은 바로 연속(連續, durée)이라고 한다. 이 연속성이 바로 그 물질 존재의 특성이며 능히 시간을 초월하여 영원을 향한다고 한다. 그는 '생명의 충동력'에서 특별히 인성(人性, 知性)을 발견했다. 인성에서 의식의 '내적인 자유'를 규명했고, 이 자유는 기계론적이거나 목적론적이 아닌 창조의 진화라고 한다. 각각 생명체는 모두 유한하여 삶이 있으면 반드시 죽음이 있고 시작이 있으면 끝이 있다. 그러나 이 끊임없는 연속이 '생명'을 유출(流出)하여 대를 잇고 시간을 초월하여 영원에 진입한다는 것이다. 유한한 생명에서 진화 발전하여 무한한 연속성이 되며, 이 연속으로 인해 시간과 공간 속에서 영원으로 창조해 간다. 각 생명체의 특성은 '무한'을 향한 창조의 진화이다. 생명이란 일(一)·많음(多)·인과(因果)·관계(關係) 등등 모든 범주의 개념을 초월한 활동이고 변화이며, 창조적이고 내적인 동력인 것이다. 그는 "생명은 창조의 진화 혹은 생의 약동이다"라고 하였다. 생명은 근원적인 약동으로써 자신을 분화(分化)하여 종류(genus)를 만들고 대를 잇고 영향을 미친다고 했다. 그는 생명의 유동을 강물의 흐름에 비유를 했는데, 강물의 흐름은 생명력의 가장 활발한 약동이며 연속적으로 질적 변화와 창조 발전을 한다고 했다.

그는 정신과 물질의 이원론적 대립을 인간의 기억을 매개로 고찰을 했다. 인간이 기억을 할 때 뇌신경이 움직이지만 뇌신경이 훼손되면 혹은 죽기도 한다. 그럴 경우 다시 기억을 못하게 된다. 이것으로 신경계통이 기억이라는 것을 증명할 수는 없고 더 나아가 신경운동이 사상이라는 것을 증명할 수도 없다는 것이다. 그는 여기서 하나의 비유를 들었는데, 뇌신경을 사상이라고 본다면 즉 옷걸이를 옷이라고 하는 것과 같은 오류를 범한다는 것이다. 사상과 뇌신경의 관계는 바로 옷과 옷걸이 관계처럼, 사상을 사유할 때 뇌신경도 운동을 하며 뇌신경이 정지하면 사상의 사유 역시 멈춘다. 마찬가지로 만약 옷걸이가 움직이면 바로 옷이 움직이며 옷걸이가 움직이지 않으면 옷도 움직이지 않는다. 만약 옷걸이가 땅에 떨어지면 옷 역시 땅에 떨어진다. 이처럼 양자가 비록 밀접한 관계이지만 그러나 옷걸이는 영원히 옷이 될 수는 없다. 더욱이 옷을 대표할 수도 없고, 또한 역으로 옷도 옷걸이가 될 수 없는 것이다. 마찬가지로 만약 뇌신경의 작용을 상실하면 사람도 사상을 사유할 수 없는 것이다. 그러나 뇌신경이 사상이 아니고 사상 역시 뇌가 아니다. 그러므로 물질의 기계적 조직이 정신을 대표할 수 없다는 것이다. 정신은 '목적성의 정체(整體, 全一體)'로써 생명체의 각종 충동과 연속을 인도하여 고도의 생명현상을 나타낸다는 것이다.

또한 인간의 인성에 하나의 법칙이 있는데 바로 '자유'라고 했다. 그는 인성을 자유의 경지로 끌어 올려 기계론적이거나 인과론적인 숙명론을 타파하고 자유의 선택을 지향하여 인간의 인성은 부단히 자신이 선택한 목적을 향하여 진보와 발전을 한다는 것이다. 이러한 각도에서 인생을 말할 때 사람은 끊임없는 변성의 자아이다.

그는 자아의 발전을 우주까지 포함시켜 인간을 중심으로 한 세계로 부단히 발전해 가는 생명체라고 한다. 우주만물은 하나도 정지된 것이 없으며 일체는 변화 가운데 일체 모두 끊임없는 생의 요동 속에서 목적을 향해 발전을 한다고 말한다. 다만 물질은 기계적이지만 정신이 관여를 하면 물질 역시 목적을 향한다는 것이다. 물론 그것은 정신이 물질의 목적성을 결정한 것이다.

또 인간은 인성으로 인해 점점 윤리 도덕적 측면으로 발전해 가며 그 다음 다시 윤리규범에서 종교적 정서측면으로 발전하여 인성이 최고의 경지에 이르러 진화의 구경을 완성한다고 했다.

베르그송은 과학적 실증론의 방법으로 출발하여 생명의 초월성과 정신의 우월성을 검증했고 더 나아가 정신적 생활의 체험 중 새롭게 마음이 물질에 오염되는 원인을 파악했고 인성의 형이상학적인 기초를 세웠다. 왜냐하면 생명은 끊임없이 연속성의 창조변화를 하기 때문이고 정신생명 역시 끊임없는 자아변성의 발전과 진화의 특성을 갖고 있기 때문이다. 이로 인해 인성의 자유개념이 바로 인생의 기계적 인과론이나 숙명론을 벗어나 개인과 개인간에, 인간과 동물간에 응당 화합하고 조화를 이루어 열린사회를 발전시키고 인류사회의 발전을 향하도록 강조하고 있다.

결론적으로 생명의 움직임, 생동과 변화를 횡적인 측면으로 말한다면 그것은 공간에 속하고 종적인 측면으로 말한다면 시간에 속하는데, 우주의 생명은 하나의 고립된 존재가 아니라 피차간에 서로 통하고 서로 연결된 거대한 하나의 생명체이다. 생명의 공간 안에서 피차의 존재로써 발전을 하고 피차 연관성을 짓고 있으며 시간 안에서 지속적인 존재로 발전함이 바로 생명의 변화이다. 그러므로 우주생명의 의미는 바로 우주만물로 하여금 끊임없는 창조발전을 하게 하는 근본 활동력이다. 또한 인간의 본성인 인성 혹은 지혜만이 바로 생명을 지지하는 디딤돌이고 활력이며 인생의 여정을 보장할 수 있고 가치와 의미를 부여하는 길잡이인 것이다.

제2절. 생명의 전환점 - 죽음의 본능

　우주만물 가운데 사람과 다른 사물이 구별되는 점은 바로 인간에게는 '생명'뿐만이 아니라 또한 심성(인성/지성)의 '지혜'가 있다는 점이다. 그래서 인간이 만물의 영장이다. 생명은 사람으로 하여금 끊임없는 활력을 갖게 하고, 지혜는 사람으로 하여금 끊임없는 창조력을 갖게 한다. 그러나 사람에게 비록 생명이 있고 지혜가 있다고는 하지만 인간은 각각 서로 다른 운명을 갖고 태어나고 서로 다른 인생의 길을 걷는다. 그리고 어떤 인생의 길을 걸었든지 누구나 마지막 최후에는 공통적으로 '죽음'에 이른다.
　동물 가운데 오직 인간만이 자신이 죽는다는 것을 안다. 인간 존재의 생명에는 바로 정면의 삶만이 있는 것이 아니고 반면의 죽음이 있다. 생명의 각도에서 볼 때 삶도 중요하지만 생명의 반면인 죽음도 역시 중요하다. 왜냐하면 누구든 반드시 맞이해야 할 죽음은 삶과 연결된 인과의 작용점이면서 동시에 생명의 전환점이기 때문이다. 인생 최후의 귀의처는 바로 죽음이라는 과정이고 이는 모든 사람들이 평등하게 짊어져야 할 과제이므로 누구에게나 번뇌와 심리적·정신적·육체적 고통을 주는 것은 사실이다.
　우리는 눈앞에 놓여 있는 생명의 삶과 죽음의 과제를 어떻게 해결해야 할 것인가? 인생 최대의 두려움 가운데 하나가 바로 면전의 죽음일진대, 그렇다면 이 문제를 어떻게 처리해야 할 것인가? 인간은 태어나서 죽음에 이르기까지, 아침에서 저녁이 되기까지 바쁘게 하루를 보내고 일생을 지낸다. 그런 인생은 무엇을 의미하는 걸까? 인생에 있어 두 가지 가장 중대한 문제가 바로 삶이요, 죽음이다. 그래서 불교에서는 삶과 죽음을 "인생의 생사사대(生死事大)"라고 했고, "인생은 고(苦)이다"라고 했고, "인생은 세월처럼 흘러가는 꿈과 같다"고 했고, "인생은 부질없어 하나의 연극이다"라고 묘사를 했다. 유가와 도가는 죽음과 삶을 모두 다 명에 달렸다[死生皆命]라고 하여, 삶과 죽음을 자연의 현상으로 인간의 힘으로는 어쩔 수 없는 정해진 운명으로 보았다. 사실 이런 생사의 오묘한 이치를 알고 있는 사람이라면 물론 생사를 초월한 경지에 오른 사람으로 철저히 자신을 초월한 사람이기도 하다. 그런 사람은 현대사회에 그렇게 많지 않다. 그렇다고 생사문제의 해법을 전혀 모른다면 그것 역시 안심이 안될 것이다. 이런 마음속의 공포와 불안감과 고독을 해결하기 위해 신앙을 가지거나 혹은 생명의 안돈(安頓)을 위해서 조상에게 제사를 지내고 종교를 찾고 더 나아가 철학적 사유를 하는 것이다. 태어나기 전에는 어디에서 왔고 죽은 후에는 어디로 갈 것인가? 이런 문제 역시 철학과 종교의 영역이다. 죽음의 존재는 내적인 요소로 생명과 함께 이 세상에 온 것이다.

　우리는 자신의 인생을 설계할 때 죽음도 역시 염두에 두어야 할 것이다. 인간은 오직 죽음을 파악할 때 비로소 삶도 진실로 파악할 수 있기 때문이다. 예를 들어 한 톨의 씨앗을 땅에 묻는 죽음이 없다면 싹은 나지 않을 것이며 꽃과 열매를 맺는 결과를 얻지 못할 것이다. 우리는 목전의 삶에 대해, 인생의 선택에 대해, 죽음에 대해 필연적으로 주의와 책임을 면할 수 없다. 만약 눈앞의 죽음을 염두에 두고 있다면 바로 내면의 소리, 양심의 채찍소리를 들을 수 있고 악행보다는 선행을 우선적으로 행하려 할 것이다. 하지만 죽어서 재상을 하는 것보다 살아 빌어먹는 거지가 더 났다는 말처럼, 아무리 힘들어도 죽는 것보다 사는 것을 누구나 더 좋아한다. 그래서 누구나 '죽음'이라는 말조차 하는 것을 꺼려하는 게 현실이다. 동서고금을 막론하고 누구나 오래 장수하기를 좋아하지 죽는 것을 좋아하는 이는 없을 것이다.

동양 삼국에서는 죽음을 큰 일[大事]로 여겨 죽음을 중요하게 생각했다. 『태평경』에 의하면 "세상 사람은 누구든 죽는다. 이것은 작은 일이 아니다. 한번 죽으면 결국 다시 천지의 해와 달을 볼 수 없고 몰골은 흙으로 변한다. 죽는 일은 중요한 것이다. 인간이 천지지간에 사는 것은 사람마다 한 생이요 두 번 다시 살 수가 없다. 인간은 한번 죽으면 다시 살 수가 없다. 고로 응당 죽음을 잘 대비해야 한다"[37]라고 했다. 이처럼 예로부터 인간은 누구나 죽음을 두려워했고 싫어했으며 죽음은 인간에 있어 영원하고 절대적인 문제였다. 그래서 예로부터 어떻게 하면 현세의 수명을 장수할 수 있을까 노심초사하고 장생 불로초를 찾고 연금술을 찾고 했지만 결국 누구든 죽음을 피할 수는 없었다. 따라서 우리에게는 생과 사의 갈림길에서 어떻게 생명을 전환할 것인가, 죽음의 두려움으로부터 어떻게 생의 지혜를 얻을 것인가가 더 중요한 관건이다.

우리들의 생존은 반드시 죽어야 한다는 피할 수 없는 사실을 필연조건으로 하고 있다. 진리의 세계를 깨달은 자가 아닌 범부로서는 누구나 불가시 세계인 사후세계에 대해 공포와 두려움을 갖는 것은 어쩔 수 없는 일이다. 그렇기 때문에 사망에 대한 무지보다는 그것에 대해

---

37) 凡天下人死亡, 非小事也, 一死終古不得復見天地日月也, 脉骨成涂土. 死命重事也. 人居天地之間, 人人得一生, 不得重生也. 凡人一死, 不復得生, 故當大備之.(『태평경』 권72)

이해하고 자연스럽고 편안하게 죽음을 대처할 수 있어야 한다는 것이 현대철학의 과제 가운데 하나이기도 하다. 그러므로 본 제2절에서는 죽음에 대한 정의와 의미, 그리고 죽음의 순간을 어느 선까지 알 수 있으며 어떻게 분류를 하는지 몇 가지 측면에서 알아보기로 하겠다.

평상시 옆에서 누군가 죽는 것을 보아도 대부분의 사람들은 남의 일로 생각하고 자신이 죽는다고는 생각하지 않는다. 그러다 자신이 막상 죽음에 임했을 때에야 비로소 죽음을 느끼고 어쩔 수 없이 자신의 모든 것을 놓고 만다. 누구든 자신의 것에 대한 집착을 놓지 못하다가 생명이 끝날 때 어쩔 수 없이 자신이 무너지고 마는 것이다. 하지만 비록 육체적 생명은 끝난다 해도 마음의 정신적 생명은 영원히 존재하는 것은 아닐까? 사실 인간의 죽음에 대한 정의를 내린다는 것은 어쩌면 어불성설일지도 모른다. 하지만 죽음의 한 찰나에 바로 인간은 시간을 초월하게 될 뿐 아니라 그 순간이 바로 영원으로 바뀌지는 전환점이 아닐까? 여기서는 죽음의 순간을 의학적 측면 · 현대 철학적 측면 · 종교적 측면 등의 각도에서 각각 살펴보고자 한다.

1. 보로스에 의한 사망관

신학자 보로스(Ladislaus Boros)는 『죽음의 신비(The mystery of Death)』에서 "죽음은 시간과 영원 사이의 전환점이다"라고 했다.

그리고 보로스는 죽음의 유형을 셋으로 분류했다. 첫째, 의학상의 죽음(Clinical Death)으로, 즉 육체적으로 중요한 기능이 멈추었을 때를 말하며 임상적으로 사망이라고 진단함을 의미한다. 둘째, 상대적 죽음(Relative Death)으로, 육체기능이 멈추어진 그 순간 인간의 정신체도 이미 육체를 통하여 자기를 표현할 수 없게 된다. 그러나 의학상의 수술이나 혹은 기적에 의해 육체가 다시 살아났을 때, 이전을 상대적 사망이라고 한다. 셋째, 형이상학적 죽음(Metaphysical Death)으로, 인간의 정신체가 육체를 떠나는 한 순간의 찰나에 정신과 육체는 다시 재결합을 할 수가 없다. 이때를 의미한다.

한편 죽음을 시간과 영원 사이의 전환점으로 본 보로스는 인간이 시간을 체험할 수 있음을 세 가지로 분석했다. 첫째, 일상생활 중의 시간의식(ordinary inner time consciousness), 둘째, 인간의 마음 안에서 항상 변동하는 시간의식(extra ordinary inner time consciousness), 셋째, 영원(Eternity)이다. 일상생활 중의 시간의식은 우리가 보통 말하는 시간의식이다. 예를 들면 외부 사물의 유전(流轉) 혹은 생성을 시간에 의해 헤아린다던가 혹은 인간이 시계를 사용하여 사물 변화의 선과 후를 측정하는 등의 시간의식을 말한다. 아리스토텔레스는 『물리학』에서 "시간은 숫자 운동의 선과 후의 관계이다"라고 말했고, 아우구스틴(Augustine)은 『참회록』에서 "시간은 영혼의 연장이다(Time is a distention of the soul)"라고 했다.

사실 사물이 변동을 할 때 변동이 시간과 동일한 것은 아니다. 시간은 우리의 마음 안에 있는 것이다. 우리가 사물의 변동을 선과 후로 계산하지만 사실 우리들의 보통 경험 중의 시간은 기본적으로 마음 안에 있는 시간의식인 것이다. 마음의 변동과 사물의 변동은 감각이 주는 것이다. 인간의 마음 안에서 항상 변동하는 시간의식은 인간의 초월적 경험 중 홀연히 증가하거나 가속되어 아주 많은 체험을 한다.

예를 들면 어떤 작곡가가 베토벤의 교향곡을 듣다가 홀연히 떠오르는 체험의 영감을 작품으로 만들어 냈을 때 이러한 경험은 보통 말하는 시간의식으로는 불가능한 것이다. 바로 영원(Eternity)은 초월적인 경험 중 완전히 영원 자체의 시간을 인출해 내는 시간의식을 말한다.

영원을 두 가지 각도에서 말할 수 있다. 소극적인 각도에서 보면 시간의 소멸이고, 적극적인 각도에서 보면 시간의 원만이라고 할 수 있다. 시간의 소멸을 인간 자신은 그 흐름을 감지할 수 없다. 시간은 원래 멈춰있는 것이지 무한한 연속이 아니다. 시간의 원만은 과거 현재 미래의 정체(整體)를 의미한다. 예를 들면 사물의 실존을 볼 때 사물의 과거 현재 미래가 하나의 현재를 나타내고 있다. 즉 이것은 원만하게 존재 자체를 파악함이다. 또 명상 중에 있는 사람이 초월적인 원만을 느끼면서도 시간의 흐름을 감지하지는 않는 것과 같은 것이다. 여기에서 시간이란 명사는 아무런 의미가 없는 것이다. 이러한 경험은 영원의 단선이거나 혹은 보통시간의 흐름의 멈춤이다. 예를 들면 어느 수행자가 숲 속에서 나는 새의 노래 소리를 듣고 마음의 일체감에 들 때라든가 혹은 스님이 좌선 삼매에 들어 있을 때 이미 시간은 존재하지 않는다. 이와 마찬가지로 죽음의 한 찰나에 인간은 시간을 초월하게 될 뿐 아니라 이것이 바로 영원으로 바꿔지는 전환점이라는 것이다.

다음은 죽음의 순간을 여러 각도에서 살펴보고자 한다.

① 의지(will)의 각도에서 본 죽음의 순간

의지의 행동은 의욕에서부터 출발한다. 인간의 의지는 구체적인 의욕의 실현을 하기 위한 행위와 무한의 본체(신 혹은 진리당체)와 결합하기 위한 무한한 희망의 자유선택이 있다. 그러나 인간은 생명이 있는 그 시간까지 끊임없는 의욕 혹은 욕망을 따라 무엇인가를 갈구한다. 가령 의지의 욕망은 우주만물 전체를 다 갖는다 해도 만족하지 못하고 끊임이 없다. 의지의 욕망이 추구하는 구체적인 사물들은 모두 유한한 성분으로 구성된 유한한 것들이기에 의지는 세상의 것들을 초월해야 함에도 불구하고 욕망은 끊임없이 이어지고 있다. 인간 의지의 기본욕망이 지향하는 최종 목적은 사실 목적이 없고 유한의 사물을 통해 최고의 목적을 지향하고자 생각한다.

의지가 추구하는 목적은 3가지로 분류할 수 있다. ① 유한의 사물(finite things), 즉 의지가 갈구하는 욕망의 것들은 초월적 사물이 아닌 현상계에서 잠시 존재하는 표상(表象)에 불과한 보통 사물들이다. ② 무진수의 사물(infinite things), 즉 의지가 갈구하는 것은 일체 모든 것들을 초월하고자 하지 않는다. 왜냐하면 의지는 인간의 기본욕망에 만족할 수 없다. 그렇기 때문에 욕망을 멈출 수 없다. ③ 무한자(The infinite), 즉 의지가 남길 수 있는 하나의 가능성은 의지가 소유하고자 하는 무한한 본체(infinite Being)와 절대무한의 진선미(Ipsum Esse subsistence, God)이다.

사실 의지의 기본적 욕망은 자연적인 갈구이다. 욕망의 발생을 보면, 자연의 갈구와 결정의 갈구로 구분되고 의지는 철저히 목적을 이루고자 한다. 의지의 끊임없는 욕구를 언제나 달성할 수 있을까? 그 가능성을 셋으로 분류해 볼 수 있다. 첫째 죽기 전이다. 세상에 있을 때 의지는 개별적이고 구체적인 유한의 사물을 갖고자 분투한다. 설령 신비의 경험 안에 있거나 절대자와의 명합(冥合)에도 만족할 줄을 모른다. 신비의 경험 안에서 어느 정도의 경지에 들어갔다 해도, 의지는 만족을 못하고 더 높은 경지를 추구하기 때문이다. 그러나 비록 본체계와의 계합을 증득한다 해도 그 경험을 영원히 연속시키질 못한다. 그러므로 살아생전에 신비의 경험을 얻어도, 인간은 철저하게 목적을 달성할 수 없다. 둘째, 죽음 후이다. 사후란 영원한 곳에 있는 상태를 의미한다. 시간의 유동성(유전)으로부터 초월한 것이다. 그러나 의지행동 자체는 시간상의 연장이다. 그러므로 의지행동의 시간성은 시간을 초월한 영원과 서로 끌어들일 수가 없다. 셋째, 죽음의 찰나, 즉 영혼과 육체가 분리되는 찰나로 이 순간은 세상을 떠나 영원과 맞닿는 찰나의 전환점이다. 시간 안에 처해 있을 때에는 거의가 시간의 연장인 의지의 행동 자신이었으나, 영원과 닿는 순간 의지의 행동은 사망 이전의 일체 의지의 행동을 초월해야 한다. 그러므로 의지는 끝없는 욕망의 목적을 이 찰나 중에 실현하지 않으면 안 된다. 죽음의 찰나는 의지의 개별 행동과 저변에 깔려 있던 기본적 욕망이 피차 서로 맞물려지는 순간이다. 이 순간 일체 모든 것이 무한자(절대자, 神)와 결합되거나(정상인 경우), 혹은 무한자와 완전히 분리되는(비정상인 경우) 것이 결정된다. 의지와 무한자가 완전히 결합될 때 제일 원만한 의지의 행동이라고 한다. 죽음의 찰나, 원만한 의지행동은 반드시 자유의 요소가 있음이다. 예를 들면 무한자와의 결합 혹은 무한자와의 분리를 자유롭게 선택할 수 있다. 이 선택은 최후의 선택이다. 다시 말하면, 의지는 인생 중에 있어서 유일하게 제일 원만한 의지의 행동을 하는 것이다. 즉 살아생전에 한 의지의 기타 행동은 죽음의 찰나에 최후의 선택을 위한 시연인 것이다.

여기에서의 문제점은 의지의 최후 선택에 있어서 왜 무한자와의 결합되지 못하고 분리되는가이다. 이 문제를 보로스는, 만약에 의지가 자연분투에 의지한다면 정상적으로 그의 목적을 달성하지만 특수한 상황에서는 달성을 못한다고 한다. 그러므로 의지가 죽음의 찰나에 무한자와 분리됨을 선택하는 경우는 특수상황이라는 것이다. 그렇다면 어떠한 원인에서 특수상황으로 인도되는 걸까? 그것은 다른 하나의 원인에서 그렇다. 즉 인간의 기본적인 선택을 말한다. 인간은 윤리의 습관으로 형성된 하나의 지배적인 성향이 있다. 인간이 이 세상에 살면서 한 일체의 모든 행위는 모두가 깊은 영향을 미쳐 정체적인 하나의 인격체로 만든다. 다시 말하면 일생 동안 행한 행위들이 집합하여 그 사람의 기본적이고 지배적인 성향을 이루는 것이다. 무엇을 기본적인 선택이라 하는가?

돈씨일(Donceel)에 의하면, 기본적인 선택은 자유의지의 결정에 의한 지난날의 영향이라고 한다. 즉 행위로 인한 습관을 의미한다. 인간은 일상생활 가운데 많은 행위를 습관적으로 형성시켜온 성향의 기질들이 쌓여 있다. 이 성향들은 선행이거나 악행이거나이다. 예를 들면 어린아이가 처음에 물건을 훔치기 시작하였다. 그는 선과 악을 분별할 줄 알고도 지속적으로 훔치는 행위를 할 경우 그의 기본적인 선택은 악행을 형성시킨다. 또한 보로스에 의하면 "만약에 어떤 사람의 기본적인 선택이 선을 지향하는 습관으로 성향이 형성되어 있다면 그는 대부분 무한자(절대자)를 선택한다"고 한다. 만약에 세상에 살면서 행한 행위가 악을 위주로 했다면 그 사람의 기본적인 선택은 위험하다. 철저한 악은 무한자와 분리되어 자아가 고립되기 때문이다. 원래 인간 의지의 본성은 무한자를 찾는 성향이 있다. 왜냐하면 무한자와 완전히 결합이 이루어졌을 때 비로소 인간은 원만한 행복을 찾을 수 있기 때문이다. 그렇지 않으면 절대적인 고통을 느낀다. 무한자는 순수하고 지고한 선[至善]을 의미한다. 그는 사랑과 자비심으로 충만하여 영원히 우리들을 거절하지 않고 함께 한다. 최후의 선택에 있어서 무한자가 우리를 거절하는 것이 아니라 인간이 그를 거절하는 것이다. 내가 태어나기 전에 하나의 악의 개체로 자신을 지었기에 면전에 있는 무한자를 찰나찰나 중에 함께 접해도 그것을 모르고 나와 그를 별개로 여기는 것이다. 종교적으로 말하면 나와 무한자(God, Buddha)와의 원만한 결합으로 진리의 희열감(행복)에 들어감을 천당 혹은 극락이라고 한다. 또한 나와 무한자가 분리되어 받는 고통의 느낌을 지옥이라고 한다. 의지와 죽음의 관계에 있어서 의지가 최후의 선택을 하는 데에는 기본선택의 영향이 지대하다. 의지의 행동이 최후의 선택으로 무한자와의 결합을 이루는 것이 유일하게 원만한 자유의 선택이다.

② 이지(理智)의 각도에서 본 죽음의 순간

이지의 인지행동을 2가지로 볼 수 있다. 하나는 개별적 인지행동(concrete act of knowing)이다. 즉 개별적인 진실을 추구하거나 유한의 진리를 추구함을 의미한다. 다른 하나는 인지의 기본욕구(basic dynamism of knowing)이다. 즉 절대적인 진실을 추구하거나 무한의 진리를 구함을 의미한다. 인지의 기본적 욕구는 자연적으로 실유의 대상을 갈망하거나 정상적으로 목적을 추구함을 의미한다. 인지의 기본적 욕구는 죽음의 한 순간에 실현을 한다. 즉 죽음의 찰나에 철저히 무한의 진실 자체를 인지하려고 하는 것이다.

③ 지각과 기억에서 본 죽음의 순간

감각기관의 지각작용(sense perception)도 2가지의 근본 성질을 갖고 있다. 하나는 일상생활에서의 구체적인 범위 내의 작용이다. 즉 한정된 경계 대상의 범주 내에서의 감각의 인식작용으로 일상생활 가운데의 인식을 의미한다. 다른 하나는 기본적인 무한의 감각작용이다. 즉 일상생활 내에서는 볼 수 없고 우연히 어느 날 갑자기 신경긴장의 이완작용을 일으켜 감각작용의 영역을 넘어 확대된 초월적인 지각작용을 의미한다. 예를 들면 예술가의 영감이나 신비종교가에 의한 천안통·타심통 등이다. 기억력도 2가지의 성격을 갖고 있다. 일상생활 중 기억의 작용은 지난 일들을 기억하기 위한 것이 아니고, 일상생활에 방해가 되는 불필요한 지난 일들을 제거하는 작용이다. 또한 장래에 필요하고 중요한 일들을 기억하여 나타내고, 생명에 관한 중요한 지난 일들을 선택하여 기억하는 작용을 하여 인간 존재의 정체로서 지난 일들을 여과하는 작용이다. 죽음의 한 순간을 동시성(synchronic)에서 볼 때 감관작용 중 완전히 우주만물의 일체가 확연히 드러나 나타난다. 또한 통시성(diachronic)에서 볼 때 전체 인생의 과정을 통하는 매 초마다의 순간도 모두 기억력 중에는 정확하게 파악이 되는 것이다.

④ 사랑의 경험에서 본 죽음의 순간

사랑은 욕망과 구분된다. 사랑은 상대를 위하여 자신을 희생함이며 상대에게 자신을 헌신함이다. 사랑에도 두 가지의 성격이 있다. 하나는 구체적이며 개별적인 사랑의 행동이다. 즉 사랑은 항상 자신에게 이점을 갖기 위해 남겨 놓는 부분이 있다. 모든 사랑이 거의 갖고 있는 성분이 순애이다. 대부분 개별적인 사랑의 행동은 완전한 사랑의 상태가 아니다. 다른 하나는 사랑의 기본 취향이다. 즉 사랑의 기본동력은 순수한 사랑을 위하여 자기를 희생함이다. 사랑의 기본동력 중 영원한 사랑은 곧 죽음 찰나에 함께 하고 있다. 사랑은 죽음 그 자체이다. 오직 죽음 그 순간에 인간은 모든 것들을 포기할 수 있고 진실한 사랑이 가능하며, 오직 죽음에서 우리들을 솔직히 노출할 수 있다. 인간이 행한 행동에는 개별적인 사랑의 행동과 기본적인 잠재력이 함께 하고 있다. 기본의 잠재력이 죽음의 한 찰나에 충분히 발휘되는 것이다. 죽음은 인간에게 최후 유일하게 제일 완전한 인간의 행동을 하게 한다. 이 행동에서 인간은 우주만물의 오묘한 이치를 통찰하여 정확하게 알게 된다. 또한 충분히 자신의 일생을 파악하게 되고, 무한자 자체를 뚜렷하게 인식하게 되며, 무한자를 철저하게 선택함으로써 다시 어떠한 여한도 남기지 않게 된다고 한다.

2. 의학상의 임상적 사망관

현대의학과 정신의학에서는 이미 빈사(瀕死; 죽음까지 간 상태)상태의 환자들을 대상으로 죽음과 생명이 금방 꺼지려는 순간의 임종까지 연구되어 있다. 여기서는 의학적인 입장에서 죽음의 찰나를 살펴보도록 하겠다.

1) 엘리자베스 퀴블러 로스에 의한 죽음의 분류

엘리자베스 퀴블러 로스(Elisabeth Kubler-Ross)는 『죽음과 임종에 관해(On death and dying)』에서 임종에서 사망까지를 5단계로 나누었다.
첫째, 부정과 고립의 단계(Denial and Isolation)이다. 예를 들면 암 환자가 의사로부터 1개월 후에 사망한다는 선고를 받았을 때 갑자기 발생된 절망적인 자신의 상태에 충격과 두려움으로, 왜 나(why me)인가? 왜 지금(why now)인가? 등등 죽음에 임했음을 부인하는 반응의 단계이다. 제일 먼저의 반응은 의사의 오진이 아닌가 의심하고 다른 의사를 찾는다. 그 다음 반응은 자신의 상태를 타인에게 말하지 않고 숨긴다. 남은 짧은 생명의 시간을 살고자 원하며 죽음의 임박을 싫어하는 심리단계이다.

둘째, 분노단계(Anger)이다. 더 이상의 시간을 끌 수 없는 현실에 대해 주변사람들에게 분노하는 심리단계이다. 예를 들면 피를 토한다던가, 머리가 다 빠진다던가, 체력이 감퇴한다던가 할 경우, 죽음이 임박했음에 불안해하는 마음이 주변의 가족이나 의사, 혹은 신에게까지도 분노한다는 것이다.

셋째, 타협단계(Bargaining)이다. 좀더 많은 시간이 자신에게 있어 주기를 바라는 상태이다. 이때 환자는 자신의 현실을 수긍하려고 노력하는 심리상태이다. 좀더 많은 시간이 주어져 생명이 연장되었으면 하는 심리에서 의사의 처방을 잘 따르고 병을 고치려고 적극적으로 치유를 한다. 또한 신앙인이라면 자신의 종교에 의해 기적이라도 일어나 좀더 살았으면 하고 바라는 심리단계이기도 하다.

넷째, 우울단계(Depression)이다. 이 단계에는 2가지 반응현상이 있다. 저조반응과 준비반응이다. 예를 들면 저조반응에서는 자신의 체력감퇴로 하는 일의 능력이 저하된다던가 식욕이 떨어져 많이 먹지 못한다던가 등, 이 반응에서는 자립의 능력이 저하됨을 말한다. 다음의 준비반응에서는 서서히 자신의 생명력이 저하됨을 감지하고 심리적으로 의기소침해진다. 이때에는 자신의 눈앞에 있는 죽음을 다시 부정하지 않는다. 이 단계에서는 자신의 죽음이 가까워졌음을 준비하고, 다만 자기 주변의 친인(親人)들 보기를 희망할 뿐이다.

다섯째, 수긍단계(Acceptance)이다. 이 단계에서는 자신의 현실을 타협해 보았지만 죽음의 엄습이 어쩔 수 없음을 수긍하여 적극적인 마음으로 자신의 사망이 임박함을 받아들이는 단계이다. 이때 본인의 내심에서는 일종의 평안을 유지하고 자신의 처지가 피할 수 없음을 받아들일 뿐 아니라 분노 우울 등이 사라진 상태이다. 그러나 비록 자신과의 갈등의 싸움을 지나 내심의 평안은 얻었으나 오직 자신만 홀로 있다는 생각에 침묵할 뿐이다.

여기에서 우리가 주지해야 할 사항은 죽음에 임한 임종의 단계도 하나의 성장과정이라는 점이다. 물론 이 5단계의 순서가 모든 사람들이 경험을 하는 절대적인 기준은 아니지만 단계 단계가 모두 성장과정임을 긍정 안 할 수는 없다. 인간에 있어서 사망은 하나의 성장과정의 경험이고, 또한 인생에 있어서 최후성장의 경험인 것이다.

한편 임종을 맞이한 환자에게 이 사실을 알려야 하는가 혹은 감추어야 하는가의 문제가 대두된다. 이 문제는 환자의 상황에 따라 결정해야 할 것이다. 즉 환자가 눈앞의 현실적 상황을 알고자 할 때는 사망이 임박했음을 알려야 한다. 또한 다른 한편으로 환자에게 희망의 소식도 겸해 주어야 한다. 이때 절대적인 희망을 임종의 환자에게 전해야 하며, 개인의 인격을 완성하는 데 도움이 될 수 있는 행복의 경험이 되도록 유의해야 한다.

가. 죽음까지 갔다 다시 살아온 근사(近死)의 경우

근사(near-death experience)란 죽음까지 간 후에 다시 살아온 경험을 말한다. 이를 빈사(瀕死) 혹은 가사(假死)라고도 한다. 레이몬드 무디 (Raymond A. Moody)는『삶 이후의 삶(Life after Life)』과『삶 이후 삶의 반성(Reflection on Life after Life)』에서 말하길, 그가 1965년 버지니아대학에서 철학을 공부할 때 정신의학과 교수가 있었다. 그는 아주 온정이 있고 친절하고 정직한 분이었다. 그는 두 번 죽어 본 후에 아주 낙관적이고 정직한 사람으로 바뀌었다고 한다. 그 후 무디가 철학박사 학위를 받고 캘로라인(N. Caroline)대학에서 철학을 가르칠 때였다. 그때 그는 플라톤의 훼도우(Phaedo)상황을 묘사하였는데 마침 학생 가운데 한 학생의 할머니와 아주 흡사한 상황이었다. 이후 무디는 설문조사를 하였고, 학생 30명 중에 한 학생이 근사의 경험을 한 것으로 결과가 나왔다. 그 후 무디는 다시 의학을 공부하여 1972년에 의사가 되어 계속 근사에 관심을 갖고 연구와 조사를 하였고 수집자료들을 3종류로 분류하였다. 즉 첫째, 임상의 죽음(clinical death), 둘째, 근사에 가까운 경우, 셋째, 간접의 조사 등이었다. 하지만 이 근사의 상황에까지 가봤던 사실들을 언어로 묘사한다는 것이 아주 어려웠다고 한다. 시공적(時空的) 언어로 초시공의 이치를 설명한다는 것이 쉽지 않았던 것이다.

나. 근사의 12단계 상황
첫째, 사람의 숨이 끊어지는 사망의 순간에 육체적으로 극도의 고통을 당하는데 의사는 죽었다고 진단을 내린다.
둘째, 육체적 고통이 사라진 후에 아주 편안한 안정감을 느낀다.
셋째, 그 후 어떤 기이한 소리나 음성을 듣게 된다.
넷째, 이때에 자신이 아주 빠른 속도로 하나의 어두운 터널을 지나가는 느낌이 든다.

다섯째, 갑자기 자신의 육체가 이미 자신과 분리되었음을 느끼고, 자신의 육체를 내려다보니 의사와 간호사가 급하게 구조하고 있음을 보게 된다.

여섯째, 그 후 다른 영체(靈體)들이 자신과 접촉하게 됨을 보게 된다. 이미 앞서 사망한 친척이나 친구들을 만나게 된다.

일곱째, 광명의 개체(Being of Light) 하나가 자기 자신의 앞에 나타난다.

여덟째, 무언(無言)의 방식으로, 광명의 개체는 나에게 묻기를, 너는 한 생을 어떻게 지냈느냐고 묻는다. 또한 영화 필름을 돌려주듯이 나의 일생을 보여 주는데 아주 인상이 깊다.

아홉째, 나로 하여금 빨리 생명이 있는 이 세상에 다시 갈 것인지 말 것인지를 결정짓게 한다. 왜냐하면 이 세상에서 내가 해야 할 사명을 다 완료하지 못했기 때문이다.

열째, 영혼과 육체가 다시 결합되어 이 세상에 온 것을 발견하게 된다. 즉 깨어나게 된다.

열한 번째, 깨어난 후 자신이 경험한 근사의 사실을 타인에게 알릴 수가 없다. 그 이유는 ㉠ 우리의 언어로는 적합하게 묘사할 수 없기 때문이다. ㉡ 타인에게 말할 경우 믿지 않고 조소하기 때문에 침묵으로 지킨다.

열두 번째, 근사의 경험으로 본인의 생명에 대한 삶의 태도가 전환된다는 것이다. 즉 ㉠ 생사에 대한 관념이 변하여, 다시 죽음에 대해 두려워하거나 무서워하지 않는다. ㉡ 이전보다 생명에 대해 더 소중히 여기는 마음을 갖고 자신의 생명에는 어떤 사명의식이 있다는 것을 직시한다. 또한 자살에 대해 적극적으로 반대를 한다. ㉢ 근사 이후에

2가지 적극적으로 행하는 실행이 있는데, 우선 모든 타인을 진실로 사랑하고 정직해진다는 점과 생명에 관한 학문을 배우고 탐구한다는 점이다. 예를 들면 철학·심령학·종교학 등등 정체적(整體的)인 생명학에 관심을 갖고 추구한다는 것이다. 또한 세상의 명예나 재산, 지위, 권력 등등을 중요하게 여기지 않고, 오직 사랑과 생명을 존중한다는 것이다. ㉣ 자신이 경험한 근사에 대해 절대 환상이 아니었다고 확고한 신념을 갖는다. 그 예로 자신의 영혼과 육체의 분리됨을 보았을 때 자신의 육체를 내려다보았던 순간 의사와 간호사가 서로 나누던 대화와 그때 주변사람들의 상황 등을 자세히 알고 있다는 사실이다.

이상의 임상실험에 응한 사람들 가운데 자살을 제외하고 근사를 경험했던 모든 사람들이 유쾌한 경험을 했다고 말한다. 한편 고통의 지옥을 경험한 사람은 없는가에 대해 조사한 결과, 고통의 지옥을 경험한 사람은 발견하질 못했다고 한다. 무디는 근사 경험의 자료를 제공한 모든 사람들이 지옥을 가보지 않은 선량한 사람들 혹은 좋은 사람들이었다고 한다.

2) 라우링스 분석에 의한 죽음의 분류

라우링스(M. Rawlings)는 어느 날 의식불명의 환자를 응급치료 하던 중 갑자기 환자가 깨어나 말하길 '선생님, 저를 응급 치료하는 것을 중단하지 말고 계속하여 주십시오!' 하고 간청을 하는 것이었다. 라우링스는 환자에게 '무엇 때문에 그러냐?'고 물었다. 그러자 환자는, '나는 지금 지옥에 있습니다. 죽음(근사)에 머물러 있는 가운데 갑자기 어두움과 고통에 시달리게 되었다'는 것이었다. 이 일은 1977년의 일이었다.(『죽음의 문 저편에서(Beyond death's door)』) 여기에서 우리는 근사를 경험한 곳, 즉 인간의 사후세계는 과연 어떠한 곳인가를 알 수 있다. 무디와 라우링스의 임상실험 결과 나타난 사후의 세계는 2가지의 가능성을 갖고 있다는 점이다. 하나는 복락(福樂)의 경계, 즉 일반적으로 기독교가 말하는 천당이나 불교가 말하는 극락이고, 다른 하나는 고통의 경계, 즉 모든 종교가 말하는 지옥이다.

그렇다면 근사를 경험한 사람들이 본 경계는 사실인가 아니면 환각인가?

이 문제에 대해 1961년에 칼리스 오시스(Kalis Osis)가 분석한 설문조사에 의한 견해를 보면 첫째, 만약에 근사 경험을 한 사람들이 환각제를 먹고 경험을 했다면 사망에 가본 경험이 아니다라는 관점이다. 환각제를 복용했을 경우 그 환상은 현세의 사물이지 사망이거나 또 다른 어떠한 세계가 아니라는 것이다. 둘째, 환상을 일으킬 수 있는 질병들, 예를 들면 뇌의 손상 혹은 화학약물 중독이다. 그러나 환상적 혹은 정신적 질병인들이 사망을 경험한 경우는 극히 드물다. 사망을 경험해 본 대부분의 사람들은 이러한 질병을 갖고 있지 않았다. 셋째, 사망을 경험한 사람들이 본 경계는 개인들의 종교적 배경에 의해 꼭 이해한 것만은 아니고, 그들이 생각하지 못했던 것도 봤다는 것이다. 넷째, 이 근사 경험의 순서에 있어서 문화와 종교의 다름에서 큰 차이가 있었다. 예를 들면 어두움의 터널, 광명의 사자, 이미 사망한 친척들을 만남 등등이다. 다섯째, 각자가 본 경지는 개인 종교의 영향에 의해 인식되어진 것이다. 예를 들면 만약에 이슬람교도이면 마호메트 선지자를 보고, 만약에 기독교인이면 그리스도를 만나고, 만약에 불교도이면 부처님을 뵙는다고 한다. 즉 힌두교인인 경우 그리스도를 보았다는 사람이 없고 기독교인인 경우 힌두신을 보았다는 사람은 없다는 것이다. 각자의 종교관에 따라 광명의 사자를 본 것이다. 칼리스의 결론은 사망의 경험 중 만난 어떠한 인물, 즉 사자라든가 어떤 인솔자는 자신의 신분을 드러내 놓지를 않으나 다만 죽음에 가본 본인이 그(He)를 확정 짓는다는 것이다.

3. 현대철학에서의 사망관

현대철학의 주류 가운데 하나인 존재주의(실존주의)의 대표자 하이데거의 관점을 보로스는 『진실의 순간(The moment truth)』에서 인간의 실존에 대해 세 가지 관점으로 논했다. 첫째 인간은 일시적인 존재이다. 둘째 존재에서 죽음까지, 셋째 죽음을 향한 존재로써 살펴보았다. 여기에서는 현대철학의 존재주의 입장에서 죽음의 찰나를 살펴보도록 하겠다.

① 인간의 존재, 즉 인간의 삶은 일시적인 존재

인간의 존재는 시간성을 갖고 있는 존재로써 인간의 삶은, 즉 인간은 여기에 현재 존재하는 자로써 자기 존재 자체인 개체와 같다는 것이다. 시간성을 갖고 있는 존재란 과거 현재 미래에 의해 존재적 삶을 나타내 표현한다는 의미다. 인간은 과거 현재 미래 이 3가지의 삶의 방식으로 시간성을 갖고 인간의 삶을 나타낸다. 인간의 삶의 방식인 세 가지 시간성을 도표로 보면 다음과 같다.

인간의 생명 중 시간성을 갖고 있는 3가지 삶의 방식

time of 3 modes / 3 focus Dasine Existence	Past (과거)	Present (현재)	Future (미래)
1. Indifferent mode (일반적인 삶의 방식)	factuality (현실성)	fallen-ness (수락성隨落性)	possibilities (가능성)
2. Inauthentic mode (비성실한 삶의 방식)	forgetting (망각)	making-present (하루살이의 삶)	awaiting (피동적 막연한 기대)
3. Authentic mode (성실한 삶의 방식)	repetition (반복)	moment of vision (비전의 순간)	anticipation (능동적 가능의 기대)

도표에서 볼 수 있듯이 첫째, 인간은 시간성을 갖는 일시적인 삶을 사는 존재로써, 일반적인 삶의 방식 가운데 현실성을 보면, 과거로부터 인간으로 이 세상에 태어남에 있어 의지와는 관계없이 어디로부터 왜 왔는지도 모르고 우리들은 태어났다는 것이다. 즉 우리에게는 출생의 선택권한이 없다는 말이다. 또한 선택권한이 없이 태어난 인간에게는 실존에 있어서도 4가지 유한성의 조건을 갖고 있다. 즉 ① 고통 ② 투쟁 ③ 죄의식 ④ 죽음은 인간이 피할 수 없는 현실성이다. 현실의 수락성을 보면 현재로써 범부들의 일상생활의 현상은 하루하루의 바쁜 생활 중 자신의 진정한 발전의 가능성이 무엇인지도 모르고 안일함에 안주하고 있고 개성 없이 살아가고 있다. 이러한 생존 방식은 진정한 자기생명의 형태가 아니지만, 가능성을 보면, 즉 미래로써 인간은 능히 자신의 무한한 가능성을 발견할 수 있다는 것이다. 우리들 자신 안에 무수한 자기 발전의 가능성을 내포하고 있지만 보편적으로 일반인들은 겨우 한두 가지의 가능성을 선택하여 목적을 정하고 있다고 한다.

둘째, 비성실한 삶의 방식 가운데 망각을 보면, 지난 일들을 잃어버리고 눈앞의 일에 급급하여 자신의 과거를 잃어버린 삶의 상태이다. 그러나 자신의 생활 속에는 여전히 과거가 존재하고 있다. 만약에 과거의 삶이 없었다면 현재의 삶은 불가능한 것이다. 일반적으로 보통사람들은 현실의 하루살이의 삶(making-present) 속에서 눈앞의 현재의 입장에서만 삶의 방향도 없이 무관심과 공허감 속에서 흘러가는 삶의 방식을 취하고 있다는 의미이다. 이러한 현재의 삶 속에서 피동적으로 막연한 기대를 하는, 즉 미래에 대한 어떠한 능동적 의지의 삶을 설계하는 삶이 아니고 막연히 내일을 희망하거나 장래를 기대하는 삶의 방식을 취하고 있다고 한다.

셋째, 성실한 삶의 방식 가운데 반복을 보면, 현재의 삶은 지난날의 공로가 쌓여 오늘을 이룩한 실존이다. 즉 과거가 현재를 지배하고 있고, 또한 오늘 이후의 내일의 발전 가능성을 갖고 있다. 과거에 의한 오늘 비전의 한 순간, 한 찰나까지도 방일하지 않으므로 현재를 기초로 미래를 발전시킬 수 있는 가능성의 도약이 있다는 말이다. 가능의 도약 속에서 능동적으로 장래 자기 발전의 가능성을 보고, 능동적으로 하나의 가능성을 선택하는데 이때의 가능성이 바로 자신의 목적인 것이다.

이와 같은 삶의 방식을 취하고 있는 인간은 시간성 가운데 가장 중요한 초점이 바로 미래이다. 그 다음 인간은 눈앞의 장래를 선택함에 있어 지난날이 가장 중요하다. 왜냐하면 오늘이 있기까지 오늘의 결과는 어제의 원인이 있었기 때문이다. 그러나 과거, 현재, 미래, 이 3가지 초점은 하나의 정체(整體)를 이룬다. 즉 현재는 과거에 의해 구성되어졌고 미래는 현재에 의해 구성되어진다. 우리는 현재 한 순간의 찰나 가운데에서 인생의 세 가지 초점을 내포하고 있는 것이다.

② 존재에서 죽음까지(Being-unto Death)
인간은 시간성을 갖고 있는 존재다. 바로 인간은 죽음을 향한 존재인 것이다.(『Being and time』, pp.279~311) 다시 말하면, 인간(Dasein)의 생명 자체는 일시적인 존재이다. 즉 죽음을 향한 존재이다. 우선 일반적인 삶의 방식으로 인간의 존재에서 사망까지 가능성을 보면, 인간은 앞으로 나아가기 위한 많은 가능성을 갖고 있고 그것은 죽음까지도 포함을 한다. 즉 죽음 자체는 최후에 있는 최후의 가능성이다. 사망의 가능성 자체는 순수한 나에 속한다. 이러한 인간의 현실성을 보면, 즉 인간은 과거의 자신을 스스로 선택할 수 없다. 즉 인간으로 태어난 생명 안에는 필연적으로 죽어야 할 원치 않는 사망을 갖고 있는 것이다. 다시 말하면 인간은 태어나면서부터 죽음의 생명 안에 있는 것이다. 현재의 수락성을 보면 인간은 면전에 있는 자신의 죽음으로부터 도망치려고 한다. 사실 일반인들은 죽음의 진정한 의미를 이해하지 못하고 있다. 오로지 자신의 바쁜 일상생활 가운데 직업의 종사에 자신을 잃어버리고 있을 뿐이다. 그러나 인간은 능히 비성실한 삶의 방식과 성실한 삶의 방식을 통하여 생명도 사망도 열어 보일 수 있는 것이다.
그럼 비성실한 삶의 방식(Inauthentic mode)과 성실한 삶의 방식(Authentic mode)을 대비하여 죽음을 살펴보자.

가. 사실과 가능성의 대비(Actuality VS possibility)
우선 비성실한 삶의 방식 입장에서 죽음을 보면 하나의 사실이다. 그러나 자신의 죽음을 영원히 생각해 보지 않는다. 나의 것이 아닌 다른 사람의 사실로만 죽음을 본다. 허나 성실한 삶의 방식에서 죽음을 보면, 그것은 나에게 다가올 하나의 가능성이다. 죽음을 다른 사람에게 일어난 하나의 사실로만 보는 것이 아니라 아직 나에게 발생되지 않은 가능성으로 받아들이고, 또한 죽음을 통해 인간의 생명은 유한한 존재임을 알 뿐만 아니라 죽음도 인간의 생명 중 중요한 하나의 요소로 본다.

나. 피동적 기대와 능동적 기대의 대비(Awaiting VS Anticipating)

비성실한 삶의 방식에서는 죽음을 언제인가 다가올 것으로 피동적으로 받아들인다. 그러나 성실한 삶의 방식에서는 죽음을 능동적으로 생각하고 받아들인다.

다. 공포와 불안의 대비(Fear VS Anxiety)

여기서 말하는 공포는 죽음이라는 하나의 구체적인 대상에 나를 두려움 속으로 집어넣는다는 의미다. 그리고 불안은 하나의 고정된 대상은 아니지만 죽음이란 사실이 내심에서 불안한 상태를 만드는 것이다. 비성실한 삶의 방식에서 죽음은 하나의 구체적인 사실로써 공포를 불러일으킨다. 그러나 성실한 삶의 방식에서 죽음은 불안하게 만들 뿐이다. 왜냐하면 반드시 자신에게 일어날 죽음의 필연성을 알고 있기 때문이다.

③ 필연성의 죽음(Death)

죽음은 기본적인 삶의 구체적인 존재방식이다. 죽음은 시간이 흘러갈수록 다가온다. 즉 우리가 생존하고 있다면 이미 죽음을 향한 충분조건을 갖춘 것이다. 죽음은 우리의 생명 밖에 있는 것이 아니라 생명 안에 내재해 있다. 그러므로 우리의 생명은 죽음을 갖고 있는 삶인 것이다. 생명의 일초 매시간 안에 혹은 행동 하나 하나에도 이미 사망의 그림자를 내포하고 있는 것이다.

　또한 사망은 생명을 가능하게 하는 선험조건이다. 비록 내가 아직 사망은 하지 않았고 죽음이 아직 도착하지도 않았지만 그러나 이미 나의 생명 안에는 죽음의 가능성이 임해져 있다. 막스 쉘러(Max Scheler)도 역시 우리의 생명 안에서 이루어지는 모든 경험 속에 죽음은 임해져 있다고 했다. 우리들의 모든 경험 속에 사망 자체는 선험적인 근거이다. 왜냐하면 우리들의 모든 의식 안에서 이루어지는 경험 속에서 사망의 구조를 찾을 수 있기 때문이다. 다시 말하면 만약에 우리들 개인에게 죽음이 시작하였다면 죽음은 죽음의 찰나에서 사망에 이르는 것이다. 즉 죽음은 생명의 쇠퇴로부터 시작하여 개체의 마지막 찰나 지점에서 영원에 다다르기 때문이다. 그러므로 죽음은 생명의 가장 기본적인 구성요소이다. 이 기본이란 쉽게 찾을 수는 없지만 예를 들면 마음이 두근거린다거나 혹은 호흡에서도 볼 수 있다. 만약에 우리가 호흡을 멈춘다면 바로 죽음인 것이다. 이때 우리는 사망의 체험 속에 있는 것이다. 결론적으로 보로스에 의하면 우리의 생명 안에서 어떠한 경험을 하든 우리는 사망을 연구할 수 있다고 한다. 그건 사망과 생명이 서로 불이(不二)의 관계성이기 때문이다.

4. 종교에서의 사망관

　사망의 개념 혹은 죽음의 관념은 어느 종교이든 아주 중요한 과제

가운데 하나이다. 왜냐하면 보편적으로 "종교의 궁극적 목적은 죽음을 위한 것이다"라고 정의를 내릴 정도이기 때문이다. 대체로 신본주의의 대표적인 종교로써 기독교·천주교·이슬람교에서 말하는 인생은 유일하게 일생일사(一生一死)뿐이다. 종교 가운데 비교적 죽음에 관한 분류가 다양한 종교는 바로 불교라고 말할 수 있다. 불교는 인본주의의 대표적인 종교로써 죽음에 대한 관점이 매우 특이하다.

불교에서는 인간은 구경의 해탈을 하지 못하면 끊임없이 태어나고 끊임없이 죽어야 하는 무한한 생명의 순환 속에 갇혀 있다고 본다. 그러므로 인간이 한 생을 마쳐 죽는다 해도 생과 사는 똑같이 중요하기 때문에 생사일여(生死一如)·생사사대(生死事大)라고 말한다. 이 관점은 바로 생사윤회의 입장에서 인간은 단 한번 살고 한번 죽는 일생일사가 아니고 생과 마찬가지로 죽음 역시 사문사대(死門事大)라고 하여 중요하게 보고 있다. '사문(死門)'하면 생명의 단절을 의미한다. 그러나 불교에서 말하는 사문사대는 비록 인간이 죽음을 한 생으로 맞이한다 해도 생사윤회의 관점에서 볼 것 같으면 한 생 혹은 일기(一期)의 생명을 마치고 육신의 옷을 바꿔 다시 전생윤회(轉生輪廻)하여 다른 생의 생명이 시작하는 문이란 의미이다. 그러므로 죽음의 분류와 의미도 매우 다양하다. 그럼 종교적 관점에서 죽음에 대한 다양한 의미와 분류를 살펴보도록 하자.

1) 기독교·천주교 및 이슬람교의 사망관

유일신사상의 기독교와 천주교에서는 공통적으로 인간이 존재하는 시공(時空)을 현세와 사후세계로 나누고 있다. 이 세상에 여러 생을 왔다갔다 사는 것이 아니라 한번 살다 가는 것으로 일생일사(一生一死)의 시간과 공간을 말한다. 다만 이슬람교는 시공을 선천과 현세, 사후세계로 나누지만 삶과 죽음은 역시 일생이사이다. 인간이 이 세상에 사는 현세는 사망의 조건이 있어 인간의 사망은 필연적이다. 이 말은 인간의 육체는 유한성이라는 의미이다. 하지만 전지전능한 유일신이 인간을 흙으로 빚어 코에다 생기를 불어넣어 만든 인간의 생명은 유한하면서도 무한성을 지니고 있다. 즉 인간을 처음 창조했을 당시 인간에게 죽음은 없었다. 그러나 태초의 인간 아담과 하와가 사탄(Satan; 악마)의 유혹에 빠져 신의 의지를 배반한 죄로 인류는 누구든 태어나면서부터 원죄를 지니게 되어 죽음이라는 구속을 받는 것이다. 어떠한 사람이든 이 유한성을 피할 수 없어 각자의 시간이 다가오면 인간은 한번은 누워서 쉬어야 한다. 이처럼 인간의 죽음을 기독교와 천주교에서는 원죄론에서 비롯되었다고 보지만 이슬람교는 원죄론을 부정하고 있는 점이 특색이다.

　인간의 생명이 유한하고 죽음을 부르게 된 원인을 이슬람교에서는 원죄가 아니라 신의 계시에 복종하지 않고 의무를 다하지 않음에 있다고 한다. 즉 신이 인간을 창조했을 당시의 상황은 선(善)만이 아니라 악(惡)도 있었다고 한다. 허나 신은 인간을 사랑하기 때문에 인간을 선하게 만들었다. 그렇지만 인간은 쉽게 사탄의 유혹에 빠져 스스로 악을 향하고 이 세상에서 죄를 짓는다. 즉 태어나면서 선천적으로 원죄를 지닌 게 아니라 후천적으로 지은 악행이라고 한다. 특히 죄 가운데 다신신앙(多神信仰, Shirk)을 가장 큰 죄로 치고, 그들은 모두 불구덩이의 지옥에 떨어진다고 한다.

　인간은 세계의 마지막 심판일에 죽은 자는 물론 그때에 산 자도 역시 함께 심판을 받고 모두 새롭게 다시 태어난다고 한다. 그렇기 때문에 기독교나 천주교, 이슬람교에 있어 인간이 죽는다는 것이 그렇게 슬픈 일만은 아니다. 죽음은 바로 새로운 여정의 시작인 것이다. 즉 심판을 받은 후 유한성의 인간은 전지전능하신 신에 의해 무한성으로 바뀌게 된다. 다시 말해 인간으로서 현세에서 한 생을 살고 한번 죽은 후 마지막 심판일에 심판을 받아 천국과 지옥에 보내져 영원히 영생을 하거나 지옥에서 영원한 형벌을 받아야 한다. 기독교나 이슬람교의 사후세계는 천당과 지옥뿐이기 때문에 인간은 죽은 후 최후의 심판을 받아 천국을 가던지 아니면 지옥으로 가 영원한 삶을 산다는 것이다. 특히 하나님을 믿는 자는 비록 죽는다 해도 심판 후 반드시 부활을 하여 천국에서 하나님과 영생의 행복을 누린다. 하지만 하나님을 믿지 않은 자는 지옥에 떨어져 영원히 형벌을 받는다. 간단히 말해 심판일에 산 자든 죽은 자든 간에 신 앞에 선 인간들은 모두 생전에 신을 믿은 자와 불신한 자들을 가려 심판을 하고, 혹은 설령 믿은 자라도 거짓된 믿음을 가졌던 자를 가려서 심판을 한다. 또한 생전의 선과 악의 행위로 심판을 받아 영원한 형벌의 지옥에 보내던지 영원한 영생의 천국에 보내던지 한다.

하지만 사후세계에 대해 천주교에는 천국과 지옥 그리고 연옥이 하나 더 있다. 이 연옥은 천당과 지옥의 중간단계로써 연옥에 간 사람은 한번 더 구원의 기회가 있다.

어찌되었건 죽음과 사후세계의 문제에 있어 기독교이든 천주교이든 이슬람교이든 유일신사상을 갖는 이들의 공통점은 우선 무엇보다도 유일신을 믿었느냐가 으뜸이고 주로 믿음에 의해 천당과 지옥이 결정되어진다는 점이다. 다시 말해 윤리적·도덕적 삶이 이들의 궁극적 관심이 아니라 가장 중요한 것은 인간은 신의 피조물이기 때문에 응당 신을 숭배하는 믿음이 궁극적 관심이라는 점이다. 하지만 여기서 짚고 넘어가야 할 중요한 점은, 믿음은 맹신적으로 단순히 믿는 그 자체가 아니라 세속적 물욕에 빠지지 않고 사랑과 희생과 신의(信義)로 사는 것이 바로 참된 믿음을 상징한 점이다. 이런 정신(正信)의 믿음을 갖은 신앙인은 정신적으로 현세의 행복뿐만 아니라 죽음 후 사후의 세계에서도 역시 하나님과 함께 행복을 누리는 영생을 할 수 있다는 것이다. 믿음을 통한 죽음은 바로 천국에 올라가 하나님을 상봉하는 길이다. 그러므로 신자나 교우에게 육신의 흙집을 벗는 죽음을 두려워하지 말라고 한다. 이는 죽음 자체를 초월하는 태도로 죽음은 끝이 아니라 믿음과 죽음을 통한 새로운 생명(영생)의 시작을 의미하고 있다.

2) 불교의 사망관

첫째, 죽음의 정의

불교에서는 죽음을 "의식(意識)이 육심(肉心)을 떠남이다"라고 한다. 『유가론기(瑜伽論記)』권1에 의하면 "아라야식[38]이 처음 생길 때 최초

---

[38] 아라야식(阿梨耶識): 범어 Ālaya의 음과 vijñāna의 뜻을 합한 의역이고, 유식학에서 장식(藏識)·종자식(種子識)이라 한다. 아라야식의 이명(異名)으로 여러 가지가 있다. ① 장식 혹은 종자식: 우주 만물의 종자를 함장(含藏)하고 있어 만물의 근원이다. ② 이로 말미암아 무량무변의 종자가 일체 차별의 만물을 발생시키므로 이를 일러 무몰식(無沒識)이라고 한다. ③ 이숙(異熟)은 과보의 뜻이다. 즉 아라야식이 능히 생사(生死)와 선악(善惡)을 일으키는 이숙과(異熟果)이므로 범부의 계위를 아라야식이라 하고 육도(六道)의 범부와 이승(二乘)·보살계위를 총망라함을 일러 이숙식이라 한다. ④ 아타나식(阿陀那識): 집지(執持)의 뜻이다. ⑤ 현식(現識): 우주 만물이 모두 아라야식에서 실현하기 때문이다. ⑥ 본식(本識): 우주 만물의 근본이기 때문이다. ⑦ 택식(宅識): 아라야식이 집처럼 종자를 담고 있다는 뜻이다. ⑧ 제일식(第一識): 본(本)에

로 생김을 일러 육심(肉心)이라고 한다. 만약 의식이 육심을 떠나면 이를 일러 죽음이라 한다"고 했다. 육심이라고 한 말은 아라야식이 처음으로 수태되어 오장육부를 갖춘 물질(肉身)의 심령으로 태어남을 가리킨 것이다. 우리의 의식(意識)이 오장육부의 육신을 떠나 수명을 다한 것을 일러 죽음이라고 칭한다.

 산스크리트어로 죽음을 마라나(maraṇa)라고 한다. 즉 수명을 다 마친 생명의 단절을 의미한다. 『잡아함경』에서는 인간의 생명은 ① 수명(命) · ② 체온의 온기(煖) · ③ 식(識) 혹은 심령(心靈, 心識, 意識)으로 구성되어 있다고 한다. 바꿔 말해 죽음은 바로 이 세 가지 생명의 요소를 다 잃어버려 신체가 변괴(變壞)되기 시작한 형상을 뜻한다.

 또한 『아비달마대비바사론』에서는 죽음의 형태를 신수(身受)와 심수(心受)로 나눈다. 즉 신수는 물질로 구성된 육신 혹은 색신(色身)이 변괴되기 시작하여 우선 호흡 · 심장 · 혈액순환 · 뇌 세포의 작용이 완전히 멈추어 신체의 체온과 온기가 완전히 소멸되었음을 말한다. 하지만 신수가 완전히 단절되었다 해도 여전히 심수의 정신작용인 의식은 남아 있다는 것이다. 즉 심수는 정신작용의 심식(心識, 意識)이 완전히 육신을 떠났을 때를 말한다. 우선 신수의 명근(命根)이 단멸되고 난 후 마지막으로 심수가 완전히 단절된 상태를 일러 죽음(사망), 혹은 임종이라고 한다. 이처럼 신수가 완전히 멈춰진 상태에서 심수가 다시 완전히 떨

서 말(末)에 이르기까지 아라야식이 첫 번째라는 뜻이다. ⑨ 제팔식(第八識): 안이비설신의 전오식(前五識), 의식(意識)의 제육식(第六識), 제칠식(第七識)의 말라식(末那識), 제팔(第八)의 아라야식을 제팔식(第八識)이라 하고 구경의 아라야식이란 뜻이다. ⑩ 소지의(所知依): 염과 정(染淨)의 일체 제법이 모두 아라야식에 의거한다는 뜻이다. ⑪ 궁생사음(窮生死陰): 소승불교에서 칭하는 별명이다. 일체심(一切心) · 일체물(一切物)의 종자인 아라야식은 단절되지 않는다는 뜻이다. ⑫ 근본식(根本識): 소승불교에서 칭하는 아라야식의 별명이다. ⑬ 무구식(無垢識): 아라야식이 여래 계위상 제일 청정하다는 뜻이다.

어져나가는 시간을 중국불교에서는 대략 8~12시간으로 보고 있다.
　이와 같이 불교와 현대의학에서 바라보는 죽음의 찰나, 임종을 결정짓는 데 약간의 차이점이 있다. 의학상으로는 호흡·심장박동·혈액순환·뇌 세포의 작용 등등이 완전히 멈추었을 때, 즉 육신의 신진대사작용이 완전히 멈추었을 때를 일러 임종했다고 단정하지만, 불교는 육신의 작용뿐만이 아니라 의식(심령)이 완전히 육신을 떠난 상태까지 갔을 때를 일러 죽음·임종이라고 규정하는 점이다. 그렇기 때문에 죽음의 정의를 "의식(意識)이 육심(肉心)을 떠남이다"라고 말한 것이다.

둘째, 죽음의 분류
① 이종사(二種死)
　일반적인 보통 죽음을 크게 두 종류로 본다. ㉠ 명진사(命盡死): 보통 타고난 수명대로 다 살고[天年] 목숨을 마치는 자연스런 죽음을 말한다. ㉡ 외연사(外緣死): 외부의 인연에 의해 명대로 다 살지 못하고 가는 죽음을 말한다.
　다음으로 죽음을 육신의 신사(身死)와 심사(心死)로 보는 관점이다. 이는 마음의 죽음(정신적 죽음)과 육체적 죽음을 뜻한다. 즉 불교에서는 죽음 가운데 마음의 절망을 육신의 병사(病死)나 노사(老死)보다 더 크게 보고 있다. 『선행법상경』에서 이르길 "만약 손가락을 퉁기는 찰나지간에 죽을 생각을 한다면 온 몸은 죽는다"라고 했다. 이 말을 현대어로 표현한다면 "마음으로 죽을 생각을 하는 순간에 온 몸의 세포는 곧바로 죽는다"는 말이다. 즉 마음의 절망이 바로 죽음에 이르는 길이라는 말이다. 왜냐하면 마음이 바로 인생의 삶과 죽음의 주인이기 때문이다. 이 마음의 죽음이란 바로 인간의 좌절·절망·실의·무기력·무의미·무가치 등등을 일컫는 말이다. 키에르케고르 역시 이런 좌절과 절망들을 죽음에 이르는 병이라고 했다. 이처럼 고금동서를 막론하고 인간의 좌절과 절망을 인간의 가장 큰 죽음으로 보았다.

다음으로 보통 사람들과 성인(聖人)의 죽음을 다르게 보는 관점이다. ㉠ 분단사(分段死): 중생마다 전생의 업보에 의해 금생에 받는 수명이 길고 짧고의 차별이 있고 잘나고 못나고 어리석고 총명하고의 차별의 상이 있게 되고, 그 타고난 수명대로 살다가 한 생을 마치는 죽음을 일러 분단사라고 한다. ㉡ 불사의변이사(不思議變易死): 이는 성인들, 즉 불교에서 말하는 아라한이나 성문·연각·벽지불·초지보살 이상은 의생신(意生身)의 몸으로 중생처럼 삼계의 분단사(分段死)를 당하여 한 생 한 생 육신의 옷을 바꿔 윤회를 하지 않고, 삼계 외의 변이신(變易身)을 받아 자신이 수명과 육체를 자유자재하게 바꿀 수 있어 이를 변이신이라고 한다. 또한 생과 죽음에 자유자재하여 이를 변이생사(變易生死)라고도 한다.

② 삼종사(三種死)

죽음을 세 종류로 분류하여 ㉠ 수진사(壽盡死): 타고난 수명대로 다 살고 가는 죽음을 말한다. ㉡ 복진사(福盡死): 태어날 때 갖고 나온 복을 다 쓰고 나면 죽음을 맞게 되는 것을 말한다. ㉢ 비시사(非時死): 타고난 수명대로 살지 못하고 죽음을 당하게 되는 것을 말한다. 이를 또 횡사(橫死)·불피불평등(不避不平等)이라고도 칭한다.

③ 사종사(四種死)

전생업에 의한 목숨과 재물로 본 네 종류의 죽음이다. ㉠ 수진재불진사(壽盡財不盡死): 타고난 수명이 단명한 자로 살면서 적선(積善)을 하여 선업(善業)을 행하고 음덕(陰德)을 지어야 함에도 불구하고 다만 재물을 벌 줄만 알아 죽을 때 재물을 많이 남기고 죽는 죽음이다. ⓒ 재진수불진사(財盡壽不盡死): 타고난 재물이 적어 타고난 명(命)을 다 살기도 전에 재물이 다 끝나 기근이나 동사로 죽음에 이르는 죽음이다. ⓒ 수진재진사(壽盡財盡死): 단명과 재물과 복이 없는 명을 타고나 죽을 때 역시 재산도 없이 죽는 죽음이다. ② 수부진재부진사(壽不盡財不盡死): 재물도 있고 타고난 수명이 긴 데도 불구하고 악연을 만나 죽는 비명(非命)의 죽음이다.

④ 육종사(六種死)

광의의 죽음을 말한 것으로 현세의 한 생만이 아니라 과거세의 업력까지 포함하여 다생(多生)의 생사(生死)를 관통해 말한 것이다. ㉠ 과거사(過去死), ⓒ 현재사(現在死), ⓒ 조복사(調伏死), ② 부조복사(不調伏死), ⓜ 동분사(同分死) 혹은 상사사(相似死), ㉥ 부동분사(不同分死)이다.

㉠ 과거사란 현세의 이 육신은 각자 과거세의 업력에 의한 결과이므로 전생의 모든 행업을 갖고 현세에 태어난다. 전생에 뿌린 업의 과보가 현세에 다 끝나면 동시에 수명도 끝나게 되는 것을 말한다. 전생의 과보가 언제 끝나느냐에 따라 죽음도 동시에 오기 때문에 죽음은 언제 올지 불확실한 것이다. ⓒ 현재사란 현생에 행한 업의 과보가 내세까지 가지 않고 현세에 그 과보까지 다 끝내고 수명도 역시 끝나게 되는 것을 말한다. ⓒ 조복사란 전생부터 갖고 나온 어떠한 습성을 현세에 조복하여 끊어버리고 난 후 금생을 마치는 것을 말한다. ② 부조복사란 과거 전생부터 행해오던 어떠한 습성을 조복하여 끊지 못하고 금생에서도 역시 그 습성을 갖고 나와 끊지 못하고 여전히 행하며 죽을 때까지 끊지 못하고 다시 다음 생까지 이어지는 것을 말한다. ⓜ 동분사란 과거 전생에도 자신을 조복하지 못하고 역시 현세의 몸도 똑같은

행업을 갖고 있다가 생을 끝내는 것을 말한다. ㅂ 부동분사란 비록 전생에는 자신을 조복하지 못했어도 현세에 와서는 전생과 달리 자신을 조복하고 잘 수행하여 자신을 바꾼 업신(業身)으로 생을 마치는 것을 말한다.

⑤ 구종횡사(九種橫死)

앞서 말한 외연사(外緣死) 혹은 악연을 만난 비명사(非命死)를 일명 횡사(橫死) 혹은 요명(夭命)·사고사(事故死)·죽을 때가 아닌데 죽어서 비시사(非時死)·생각지도 못한 죽음이라서 불려사(不慮死)라고 칭한다. 횡사란 정해진 목숨이 완전하지 못하거나 아니면 정해진 목숨대로 살지 못하고 의외의 재난을 당하여 중도에 죽음을 당하는 것을 말한다. 불교에서는 타살·피살·자살 등을 모두 횡사로 보고 있고, 횡사를 당하는 자는 '무기한 지옥'에 떨어져 나오기 힘들다고 한다. 또한 정해진 목숨을 완전하게 갖고 태어났어도 정해진 명대로 살지 못하고 요절해 죽는 자를 일러 비업사(非業死)라고 한다. 이 죽음은 전생에 행한 악업에 의해 받는 과보이지만, 만약 선행을 행한다면 악업의 과보를 능히 전환하여 수명을 증장시킬 수도 있다고 한다.

불교에서는 횡사의 종류가 무량하다고 보지만 대표적으로 아홉 종류로 분류하여 구종횡사(九種橫死)를 말한다. 아홉 가지 횡사는 다음과 같다. ㉠ 득병무의(得病無醫): 비록 대수롭지 않은 병을 얻고도 의사나 약·간병자가 없거나 아니면 설령 의사를 만나도 오진이나 맞지 않는 약을 받아 실로 죽지 않아야 함에도 불구하고 죽음을 당하는 것을 말한다. ㉡ 왕법주육(王法誅戮): 억울하게 누명을 쓰고 국법에 의해 사형을 당해 죽는 것을 말한다. ㉢ 비인탈정기(非人奪精氣): 남을 약탈하거나 살생하기를 좋아하거나 혹은 주색과 술에 빠져 방일하여 잡귀들이 그런 자의 정기를 빼앗아 죽음을 당하는 것을 말한다. ㉣ 화분(火焚): 불에 타 죽음을 당하는 것을 말한다. ㉤ 수익(水溺): 물에 빠져 죽음을 당하는 것을 말한다. ㉥ 악수담(惡獸啖): 여러 가지 동물이나 악한 짐승에 물려 죽음을 당하는 것을 말한다. ㉦ 타애(墮崖): 산의 벼랑이나 혹은 높은 곳에서 떨어져 죽음을 당하는 것을 말한다. ㉧ 독약주저(毒藥呪咀): 독약 혹은 나쁜 주술에 의해 죽은 악령을 불러 일으켜 해를 당하여 죽음을 당하는 것을 말한다. ㉨ 기갈소인(饑渴所因): 먹을 것을 구하지 못하여 기근으로 죽음을 당하는 것을 말한다.

셋째, 죽음의 찰나, 임종의 상황
『유가사지론』에 의하면 우선 죽음의 찰나 망자의 심리상태로 인해 다섯 가지 죽음의 고통인 사고(死苦)가 있다. 이때 망자는 대개 고통스러워한다. 그 다섯 가지는 다음과 같다. ① 자신이 소유하고 있던 재물 보배를 놓아야 함을 고통스러워함이요, ② 사랑하는 가족을 떠나야 함이요, ③ 사랑하는 친구나 도반(道伴)을 떠나야 함이요, ④ 사랑하는 자신의 육신을 떠나야 함이요, ⑤ 생전의 모든 것을 떠나야 함으로 생기는 근심의 고통이다.
사람이 죽을 때는 신심(身心)이 혼미한 상태이다. 경우에 따라서는 마치 잠을 자는 것 같기도 하고 꿈을 꾸는 것 같기도 하다. 또 숨이 끊기는 순간 모든 감각기관의 명근(命根)이 혼미해진다. 숨이 끊기는 찰나에는 아직 의식은 명료하지만 신심이 혼미한 상태라서 그 의식을 밖으로 표출할 수가 없다고 한다. 이때에 살아서 행한 선악의 행위(몸·입·생각으로 지은 행위)에 의해 몸의 상하에서부터 온기가 식어 싸늘하게 되고 사람이 죽은 지 8~12시간이 되면 그 온기가 다 식어지는 것을 나타내기 시작한다.

　불교에서는 숨이 끊긴 최후에 몸의 어느 부위에서부터 싸늘해졌고, 특별히 온기가 남아 있는 부위는 어디인가에 따라 그 사람이 어느 곳으로 갔는지 판단을 한다.「유식학송」에 의하면 "정성안생천(頂聖眼生天), 인심아귀복(人心餓鬼腹),　방생슬개이(旁生膝蓋離),　지옥각반출(地獄脚板出)"이라고 했다. 즉 머리 위는 여전히 온기가 있는 듯하나 그 나머지 부분은 모두 체온이 식어 싸늘하고 냉(冷)해졌을 때 성인(聖人)으로 태어난다. 눈에는 여전히 온기가 있는 듯하나 그 나머지 부분은 모두 싸늘하고 냉해졌을 때 천상에 태어난다. 가슴에는 체온의 온기가 있으나 그 나머지는 싸늘하고 냉해졌을 때 인간으로 태어난다. 복부는 여전히 온기가 있는 듯하나 그 나머지 부분은 모두 싸늘하고 냉해졌을 때 아귀도(餓鬼道)에 태어난다. 무릎은 여전히 온기가 있는 듯하나 그 나머지 부분은 모두 싸늘하고 냉해졌을 때 축생도에 태어난다. 다리는 여전히 온기가 있는 듯하나 그 나머지 부분은 모두 싸늘하고 냉해졌을 때 지옥에 태어난다고 한다.

　또한 죽을 때 다섯 종류의 안색으로 변하는데 그것으로도 간 곳을 알 수 있다고 한다. ① 얼굴이 검은색[黑色]으로 변하면 지옥상(地獄相)이고, ② 푸른색[靑色]으로 변하면 축생상(畜生相)이고, ③ 누런색으로 변하면 아귀상(餓鬼相)이고, ④ 평상시의 안색이면 인상(人相)이고, ⑤ 화사한 선화색(鮮花色)으로 변하면 천상(天相)이라고 한다.

　그렇다면 어떻게 신심(身心)이 정말 사망했는지 알 수 있는가?

　① 눈의 정기가 없고 눈동자가 커지고, ② 호흡이 완전히 멈추고, ③ 또한 혈맥의 박동이 완전히 멈추고, ④ 전신이 완전히 식어 싸늘해졌을 때 이때를 일러 사망(임종)했다고 한다. 그리고 임종의 순간 제일

중요한 점은 죽음의 찰나, 바로 숨이 막 끊어지는 일념(一念)지간에 선우(진실한 친구)라든가 보이지 않는 음덕을 비교적 많이 쌓은 사람이 옆에서 아미타염불을 염송해 줘 임종자로 하여금 마음이 산란하지 않게 하여 극락정토에 들게 해야 한다는 것이다. 또 중요한 것은 임종 때 일체 어떤 일이라든가 유언을 하게 하여 마음을 산란하게 해서는 안 된다는 점도 유의해야 한다. 또한 염을 마치고 장례를 치르고 난 후 그것으로 끝나는 것이 아니라 49일간 임종한 자를 위해 지극한 마음으로 극락정토 왕생기원을 해야 하는 것도 유의해야 할 점이다.

넷째, 죽음의 찰나에서 다음 생을 받기까지 이 과정을 사유(四有)라고 한다.
① 사유(死有): 전생의 업력 인(因)에 의해 현세의 삶의 과(果)가 다 끝난 죽음의 순간으로, 즉 임종의 찰나를 말한다.
② 중유(中有): 임종의 순간 사유(死有)에서 다음 생의 생명을 받을 생유(生有) 전까지의 몸을 말하고, 이를 중음(中陰) 혹은 중음신(中陰身)이라고도 칭한다. 이 중음의 기간은 칠칠일(49일)로써 인간이 죽으면 빠를 경우 7일 이내에 사후가 결정되기도 하지만, 어떤 경우는 바로 결정되는 것이 아니다. 즉 이 중음의 49일간 내에서 칠일을 일기(一期)로 하여 첫 번째 칠일에 결정되는 경우도 있고, 두 번째 칠일에 결정되는 경우도 있고, 제일 마지막인 일곱 번째 칠일인 49일에 마지막으로 결정되기도 한다. 왜냐하면 중음 중생의 수명기간은 7일이기 때문이다. 그래서 이 중음기간에 일곱 번 태어나고 일곱 번 죽는다 하여 칠생칠사(七生七死)라고 말한다.
③ 생유(生有): 중유에서 벗어나 다음 생을 받는 순간으로, 모태에

안착하려는 찰나, 즉 정자와 난자가 결합하는 찰나를 생유라고 한다.

④ 본유(本有): 모태에서 나와 영아·아동·소년·청년·장년·노년 내지 죽음에 이르는 순간까지, 그리고 근사(近死)까지 포함한 일생일기의 생애의 전 과정을 말한다. 이 본유의 과정을 다시 태내오위(胎內五位)39)와 태외오위(胎外五位)40)로 나눈다.

밀교에서는 중음을 생중음(生中陰)과 사중음(死中陰)으로 분류하는데, 또한 이를 종합하면 육종(六種)중음이 된다. 즉 출생에서 죽음까지를 생사(生死)중음이라고 하고, 임종의 마지막 순간을 사망중음 혹은 임종중음이라고 하고, 심식(心識)이 임종 후 첫 7일 이내에 육체를 떠나는 해탈을 결정짓는 순간을 법성(法性)중음이라 하고, 모태에 안착하여 출생하기까지를 내생(來生)중음 혹은 투생(投生)중음이라 하고, 선정수행에서 마침까지를 선정(禪定)중음이라 하고, 수면에서 깨어나기까지를 수몽(睡夢)중음이라고 한다. 법성중음을 또한 실성(實性)중음·실상(實相)중음이라고 칭한다. 왜냐하면 대승원교(大乘圓敎)와 밀교에서 말하는 본존(本尊)은 외부의 부처님, 즉 고타마(Gautama)부처님의 육신인 색신(色身, rūpa-kāya)을 말한 것이 아니다. 바로 우리들의 청정한 의식(意

---

39) 태내오위(胎內五位): 정자와 난자가 만난 결정체가 모태 내에서 266일간 성장하는 다섯 단계를 말한다. ① 羯羅蘭位(kalala, 凝滑·和合): 수태 후 첫 번째 7일간을 일컫는다. 즉 정자와 난자가 처음 만나 응결된 것을 말한다. ② 頞部曇位(arībuda, 皰): 두 번째 7일간을 일컫는다. 살로 응결되어 성장함을 말한다. ③ 閉尸位(peś, 血肉): 세 번째 7일간을 일컫는다. 피와 살이 하나로 응결되어 성장함을 말한다. ④ 健南位(ghana, 堅肉): 네 번째 7일간을 일컫는다. 즉 피와 살이 견실하게 성장함을 말한다. ⑤ 鉢羅奢佉位(praśākhā): 다섯 번째 7일간부터 출생에 이르기까지를 일컫는다. 즉 인간의 형상을 완전히 갖추고 점점 성장하여 출생하기까지를 말한다.
40) 태외오위(胎外五位): 인간의 일생을 다섯 단계로 말한 것이다. 『구사론』에 의하면 ① 영아기: 출생-6세까지 ② 아동기: 7-15세까지, ③ 소년기: 16-30세까지, ④ 중년기: 31-40세까지, ⑤ 노년기: 41세 이후부터 죽음까지를 일컫는다.

識), 혹은 청정한 심식(心識)에 의한 화현의 법신(法身)⁴¹⁾을 뜻한다. 만약 사망중음의 첫 7일 내에 우리의 심식이 능히 진리의 당체[法身]와 계합이 이루어진다면 바로 자성본성의 상응의 기회로써 중음의 본존과 상응이 되어 바로 열반이나 불국토(아미타불세계)로 가는 것이다. 그러므로 이런 중음의 단계를 법성중음이라고 한다. 중음단계에서 이 법성중음의 기회는 2-3회 정도 있다고 한다. 하지만 만약 중음의 기간에 이 법성중음의 기회를 놓치게 되면 다음 단계인 내생중음에 들어가는 것이다. 그리고 내생중음을 또한 출생중음이라고 칭한다. 이처럼 출생중음을 내생중음이라고 부르는 이유는 양쪽의 상황에 처해 있기 때문이다. 즉 전생과 내생의 중간이므로 이는 생의 중음에 속한 것이다.

티벳『중음제도경』에 의한 중음의 3단계에서 육신과 의식(意識, 心識)의 현상을 살펴보면, 우선 사망 후 육체 내의 생명원소가 분해되기 시작한다. 즉 지·수·화·풍의 사대(四大: 네 종류의 물질 구성 요소)로 구성되었던 육신은 바로 징조를 나타낸다. 즉 사대가 서로 분해되는 현상이 제일 먼저 나타나 바로 임종이 시작되면 육신의 지대(地大)가 융입하기 시작하여 마치 몸이 깊은 수렁으로 빠져들어 가는 느낌을 받게 된다. 그 다음 수대(水大)가 융입이 되어 신체 내에 있던 원기가 빠져나가

---

41) 법신(Dharma-kāya): 법을 산스크리트어로 다르마(Dharma), 몸을 카야(kāya)라고 하며 법과 신(身)이 합성되어 이루어진 불교용어이다. 즉 법신은 부처의 근본본성으로 우주통일의 원리로써 궁극적 실재(Ultimate Reality)로 절대자를 의미한다. 법신의 개념은 추상적인 철학의 개념이 아니라 종교의식(宗敎意識)의 대상이다. 바꿔 말해 법성(Dharmatā)을 궁극적·비인격의 원리라고 한다면, 법신은 궁극적·보편적인 인격을 말한다. 그래서 법신을 자성신(自性身)·법성신(法性身)·보신(寶佛)·법불(法佛)·법신불(法身佛)이라고도 칭하며 이는 불법의 신체(身體)를 성취함을 뜻하지만 물질적인 색신(色身)이 아니라 정신의 의의(精神意義)를 말한 것이다. 즉 여래장이 현현(顯現)해 드러남을 법신이라고 한다. 그러므로 은명(隱名)을 여래장이라고 하고, 현명(顯名)을 법신이라고 한다.

면서 수분이 마르는 현상이 일어나 눈·코·입이 모두 마르는 것이다. 물론 이때 임종자의 몸은 냉해지고 온기도 상실하게 되는데 이것이 바로 화대(火大)가 융입되는 현상이다. 그리고 마지막 목숨이 넘어가게 되어 풍대(風大)가 융입되어 목숨이 끊어지고, 의식은 추의식(粗意識)으로 감각의 지각이 끊어진다.

이때에 의식(意識)은 3단계의 과정을 거친다고 한다. 바로 체내에 있던 기맥(氣脈: 생명의 氣)이 각기 융입이 된다. 신체의 상단 부분인 정륜(頂輪), 즉 이마에서부터 머리의 정점에 있던 투명한 흰빛의 백명점(白明點, white illumination)이 서서히 아래로 하강을 하기 시작하고, 배꼽 아래 단전부분인 제륜(臍輪)의 붉은빛의 홍명점(紅明點, red illumination)이 서서히 위로 상승하기 시작하여 두 명점이 가슴 부분의 심륜(心輪)에서 교차하여 합일이 되면서 무한한 희열과 자비와 지혜 광명이 나온다고 한다. 바로 백명점은 무한한 자비와 지혜를 드러내고, 홍명점은 무한한 에너지, 즉 공성(空性)을 나타내 이루어진 합일점이다. 이때가 바로 임종 후 첫 중음단계로 법성중음(실상중음)의 단계이다. 즉 법신의 광명을 만나지만 이때 정신적 수행을 하지 않은 일반인들은 혼미한 상태로 지각을 잃어버려 2-3회의 법성중음의 기회를 상실한다고 한다.

이 법성중음에 머물 경우, 임종 후 망자가 광명의 빛과 함께 하고 있어 육신이 썩지 않는다. 달라이 라마에 의하면 실제로 어떤 임종자의 시신을 22일이나 놓아두었는데도 그대로 육신에 변화가 없었다고 한다. 또한 인도에서 실제로 달라이 라마의 스승인 갑지 링 린포체(Kyabje Ling Rinpoche)의 경우 임종 후 그대로 놓아두었는데 광명의 빛(법성중음의 단계)과 함께 있어 13일 동안 시신에 아무런 변화가 없었다고 한다. 그리고 이렇게 두 기맥(氣脈)의 합일이 이루어졌을 때가 바로 심

(心)과 신(身)이 완전히 사망을 한 것이다. 또한 이때가 바로 두 번째 중음단계의 사망중음의 단계로 넘어가는 경계이기도 한다.

그리고 세 번째 단계로 내생중음을 맞이하는데 빠르게는 7일 이내에, 늦게는 칠칠일(49일)의 중음과정을 거치게 되어 전생윤회를 하는 것이다. 그러므로 모든 중생 혹은 유정(有情: 감정을 갖고 있는 생명체)의 생명은 사유에서 중음(중유)으로 들어가고, 중음(중유)에서 생유로 들어가고, 생유에서 본유에 이르고, 다시 본유에서 사유, 사유에서 중음(중유), 중음(중유)에서 생유, 생유에서 본유, 이렇게 다생(多生)을 통하여 생(生)과 사(死)를 반복하면서 생사를 벗어나지 못하고 끊임없는 윤회전생을 하는 것이다. 인간의 죽음은 이생과 저생 사이에 있다. 그래서 받아야 할 육신의 형상을 이름하여 중음(중유)이라고 한 것이다.

그럼 육도윤회(六道輪廻)의 입장에서 임종 후 전생(轉生)을 살펴보자. 만약 정신적 수행을 잘해 생사해탈한 수행자라면 바로 법성중음에 의해 열반을 하거나 화장세계 혹은 정토의 극락세계로 갈 것이다. 만약 금생에 완전히 선행만을 했다면 곧바로 천상에 태어나고, 살아생전에 완전히 악행만 했다면 곧바로 지옥으로 간다고 한다. 만약 선행을 많이 하고 악행을 적게 했다면 아수라도에 떨어지고, 선행을 적게 하고 악행을 많이 했다면 축생도에 떨어진다고 한다. 그리고 악행보다 비교적 선행을 많이 했다면 인간계에 다시 온다고 한다. 만약 세상의 필부로 청정행을 행하지 않고 성행(聖行)과 범행(梵行: 청정한 행)을 행하지 않았다면, 또한 모든 천상의 보살세계나 화장세계로 들어 갈 수 없다고 한다. 하지만 선행과 염불을 했다면 죽은 후 정토 극락세계에 들어갈 수 있다고 한다. 중음의 기간은 칠일을 일기(一期)로 해서 제일 많게는 칠칠일(49일)로, 일기의 기한이 다 차면 반드시 한 곳으로 전생(轉生)을 한다. 하지만 살아생전에 완전히 선행을 한 사람과 완전히 악행만을 한 사람은 임종 후 중음 없이 곧바로 전생을 한다는 것이다. 그래서 전생인을 알고자 하면 금생의 자신을 보면 알 수 있고 내세를 알고자 하면 금생에 자신이 한 일을 보라고 한다. 그렇기 때문에 금생의 선행은 내세의 공덕이 된다는 이치이다. 그리고 중음기간 동안 복과 죄가 결정되기 전에 응당 가족이나 친지는 임종자를 위해 생사해탈의 경지에 오른 성승(聖僧)들에게 공양을 올리고 자선행의 복을 닦으라고 한다. 만약 평상시 염불 수행자라면 염불의 의미를 잘 알고 해야 할 것이다.

『감산대사선집』에 의하면 "극락정토를 찾는 염불의 문은 원래 생사대사를 알기 위함이다. 그렇기 때문에 '염불은 생사를 아는 것이다'라고 했다. …… 만약 생사의 근본을 모른다면 필경 어디로 갈 것인가? 만약 염불의 마음으로 생사의 뿌리를 단절하지 못한다면 어떻게 생사를 알 것인가? 그럼 생사의 근본이란 무엇인가? 옛 어른들의 말씀이 '업이 중하지 않으면 사바세계에 태어나지 않을 것이요, 애욕을 끊지 못하면 극락정토에 태어나지 못하니라'라고 하셨다. 애욕이 바로 생사의 뿌리이니라! 일체 중생의 생사의 고통은 모두 애욕의 허물이니라! 이 애욕의 뿌리는 금생에만 있는 것이 아니고 일생(一生) 이생 삼생 사생 등등 무한하다. 바로 무시 이래로 처음부터 있었으므로 세세생생 몸을 버리고 몸을 받고 모두 애욕으로 유전을 하였고, 지금에 이르러 예전을 거슬러 생각하여 어찌 잠시 일념에 이 애욕의 뿌리를 여의지 못하는고! 이처럼 애욕의 뿌리와 씨가 두텁게 쌓인 고로 생사가 무궁하니라! 생사의 근본을 모르면서 한편으로 염불을 하지만 생사의 뿌리에 대해 다만 오랫동안 들었을 뿐이고 이처럼 염불을 한다면 생사와 서로 상관이 없는 것이다. 이런 책임은 너희가 어떻게 염불을 했던지

간에 임종 때에는 다만 생사의 뿌리가 바로 눈앞에 나타나 그때서야 부처님의 힘으로도 어찌할 수 없음을 알 것이다. 바로 염불을 했는데도 영험하지 않다고 원망을 하며 후회를 해도 때는 늦으리라! 그러므로 염불하는 사람은 우선 생사의 근본이 애욕임을 알고 지금 염불을 하면서 생각 생각마다 이 애욕의 뿌리를 끊어야 하느니라! 즉 매일 눈앞에 나타나는 것이 재가불자의 눈에는 자녀와 손자, 집안의 재산만이 보이므로 하나도 애욕이 아닌 게 없느니라! 생사의 계산이 하나도 아닌 게 없음이 마치 전신이 불구덩이에 있음과 같구나! 바로 염불을 하는 순간의 일념간에도 마음에서는 애욕의 뿌리를 놓지 못하고 있구나!……그런고로 염불하는 사람에게 권하노니, 첫째 마음으로 생사를 끊어야 함을 알라. 생사의 뿌리에서 생각생각 끊어야 하고, 생각생각 생사를 끊는 시간이어야 하니라! …… 그런고로 재가자든 출가자든 다만 생사의 마음을 알면 바로 생사로부터 나오는 시절이니라! 어찌 다른 묘법이 있으리요?"라고 염불의 근본을 바로 알고 하라고 일깨우고 있다.

더욱이 감산대사는 출가인에게 경고하기를 "출가인은 큰일[大事]을 확실히 알아야 한다. ① 진실로 생사를 끊고자 하는 마음이 있어야 하고, ② 생사로부터 나오고자 하는 의지가 있어야 하고, ③ 죽음에 이르러도 일생 변하지 않는 지조가 있어야 하고, ④ 참으로 세상은 고통임을 알고 생의 애착을 여의어야 하고, ⑤ 생사를 끊는 수승한 선지식(참된 스승이나 친구)을 가까이 해야만 정지견(正知見)을 갖추게 된다. 수시로 선지식의 가르침을 따라 나태함이 없고 오욕의 번뇌를 끊고 악습에 걸리지 않아 바로 악지식을 따르지 않으며 악연에 떨어지지 않고 어리석은 근기로 떨어지지 않는다"라고 각성시키고 있다.

다섯째, 임종이 확실해졌을 때는 어떻게 해야 할 것인가?

앞서 살펴본 대로 죽음 순간의 현상들은 모두 인간이 살아생전에 행한 선악에 의해 나타나는 것으로 권력이나 금전으로 절대로 바꿀 수 없는 현실이다. 그렇다고 죽음의 순간에 나타나는 상황만을 바라볼 것이 아니라 가족 혹은 선우(진실한 친구)가 임종시에 극락왕생을 하도록 염불 기도하는 것도 중요한 일이다. 필연적인 죽음을 갖고 태어난 인생의 측면에서 볼 때 죽는다고 슬퍼할 것도, 태어난다고 좋아할 것도 없는 것이다. 불교의 윤회설에 의한다면 태어남이나 죽음이나 모두 같은 입장이다. 태어남으로 인해서 죽음이 있는 것이고 죽음으로 인해서 다시 태어남이 있기 때문이다. 즉 생과 사를 해탈하거나 열반하거나 성불을 하지 못한다면 끊임없는 생사의 윤회 전생을 해야 하므로 죽음이 슬픈 것도 아니고 그렇다고 태어남이 기쁜 일만도 아니다. 태어남과 죽음은 서로 인과의 관계이기 때문이다. 더더욱 중요한 것은 임종을 맞이할 때 어떻게 준비할 것인가가 아니라 살아생전 평상시 우리는 항상 언제든 죽음을 맞이할 수 있는 여유 있는 마음의 자세와 용기를 가질 수 있도록 죽음에 대한 인식과 준비가 필요한 것이다.

여섯째, 사망 후 어디로 갈 것인가의 결정적 원인

인간이 사망 후 어디로 갈 것인가를 결정짓는 요인은 바로 살아생전에 행한 업력이다. 결정적인 요인의 업을 크게 세 종류로 볼 수 있다. ① 수중수생(隨重受生): 생전에 행한 크고 작은 수많은 업 가운데 우선 제일 큰 악업으로, 사후를 결정짓는 첫 번째 요인이 된다. ② 수습수생(隨習受生): 살아생전 평상시 행하던 습관 가운데 가장 버리지 못했던 악습들이 두 번째로 사후를 결정짓는 작용을 하고, 임종 때 사망중음에서 나타나는 같은 동류의 무리들이 인도하는 환경으로 따라가 태어난다고 한다. ③ 수의수생(隨意受生): 평상시 사유의 생각과 임종하는 순간의 일념(한 생각)에 따라서 육도에 전생(轉生)을 하거나 아니면 천당이나 극락정토에 태어난다고 한다. 이런 요인들로 인하여 사후의 세계가 결정지어지므로 살아생전의 일체 선악의 행업이 아주 중요하다. 그리고 임종의 순간 선념(善念)의 편안한 마음의 상태가 사후세계를 결정짓는 아주 중요한 요인인 것을 한번 더 주지하는 바이다.

일곱째, 죽은 다음 악도(惡道), 즉 지옥·축생·아귀에 떨어지지 않는 구제방법은 있는 것인가?
크게 임종 전과 임종 후의 두 가지 중음구제법이 있다.
① 임종 전 망자(亡者)의 중음구제법
인간이 죽은 다음 모두 지옥이나 아귀, 축생에 떨어지는 것만은 아니다. 그러나 인생 육십·칠십·팔십 년 동안 누가 죄를 한번도 짓지 않을 수 있단 말인가! 요즘처럼 가치관이 혼란한 시대에 사는 우리로써는 사회적 비리풍토 속에서 기만과 쟁탈·원한과 질투·탐욕과 이기심 등등 누구도 죄를 짓지 않고 살기가 어렵다. 더욱이 현대의 불교인들은 죽은 후의 천도재법에 더 비중을 두고 있는 것이 현실이다. 하지만 죽은 후의 구제방법보다는 살아서 자신이 구제하는 방법이 더욱 이상적이다. 구제의 방법으로 무주상 보시와 삼보 전에 독송과 부처님 명호를 염불하는 공덕을 짓는 것 등이 있다. 예를 들면 암 환자가 빈사(瀕死) 혹은 근사(近死)까지 가려 한다면 그가 생전에 가장 아끼던 것들을 빨리 모두 남에게 베풀어주어 자신의 탐심을 없애는 것이다. 혹은 자신이 가장 소중히 하는 재물들을 모두 필요한 사람들에게 베풀어준

다면 마음의 모든 집착으로부터 해방되고 마음의 안정을 얻고 복덕(福德)과 공덕을 얻을 것이다. 왜냐하면 임종할 때 마음의 상태가 사후를 선택하는 가장 중요한 요소이기 때문이다. 환자나 임종자는 임종 전후로 마음의 상태가 극도로 고통스럽고 불안 초조하기 때문에 삼악도(지옥, 아귀, 축생도)에 떨어지기 쉽다고 한다. 때문에 위의 구제법들은 불교에서의 기본적인 방법이기도 하지만 불자(佛子)만이 아니라 종교를 초월하여 비불자들도 할 수 있는 이상적인 방법이기도 하다. 그리고 임종 전에 삼보 전에 죄업을 참회하고 염불로써 신심(身心)을 안정시키고 임종을 맞이한다면 이 또한 삼보의 가피력에 의해 공덕을 짓고 구제받는 길이기도 하다.

② 임종 후의 중음구제법

『지장보살본원경』에 보면 "육신이 죽은 후 칠칠일(49일) 내에 널리 선행을 지으면 모든 중생들은 영원히 악취(악도)를 벗어날 수 있고 인간 세상이나 천상(천당)에 태어나 수승한 행복의 묘락을 받을 수 있다"고 했다. 여기에서 왜 49일 내에 그 가족들이 죽은 자를 위해 널리 선행을 베풀어준다면 영원히 악취를 벗어날 수 있다고 했을까? 중음신인 이 과도기의 시기는 아직 죽은 자의 업보가 나타나기 전으로, 어디로 갈 것인지 사후의 세계가 결정되기 전이기 때문이다. 이때 죽은 자를 위해 빨리 선업을 행하여 복을 지어준다면 사후의 방향을 바꿀 수 있는 계기가 된다. 『지장보살본원경』에 의하면 "목숨을 마친 자가 칠칠일 내에 아직 갈 곳이 정해지지 않아 그때에 혈육의 식구들이 복덕을 지어주어 그 힘으로 구해주기를 끊임없이 희망을 한다"고 했다. 이처럼 중음의 기간인 49일 동안 죽은 자에게는 아무런 힘이 없어 단지 식구들이 자신을 위해 복덕을 짓고 삼보님의 가피력을 얻어 자신이 중음기간에 악도에서 구제되기를 끊임없이 바라고 있다는 것이다. 즉 가족이나 친척, 친우가 죽은 자를 대신해서 빨리 선업을 닦아 복을 지어주는 방법으로 부처님 당시에는 죽은 자를 위해 보시를 베풀어 복을 짓거나 혹은 삼보님께 공양을 올리거나 혹은 빈궁한 자를 돕거나 하는 선행을 한 공덕을 죽은 자에게 되돌리는 회향(回向)의 방법이었다. 필자가 여기에서 짚고 넘어가고 싶은 점은 임종을 맞거나 죽은 자를 위해 가족 모두 순수하게 지극한 정성으로 천도재를 지낸 공덕을 회향하는 것은 문제가 안 되지만, 돈만으로 치르는 상업적 천도재라면 이미 보시 선행의 의미를 잃어 보시의 공덕을 얻을 수도 없을 뿐만 아니라 이미 방편적 불교의 의미를 상실했고, 더 나아가 부처님의 근본사상에 위배 될 뿐만 아니라 본질적 불교의 의미도 모두 상실했다는 점을 주지하고 싶다. 또한 죽은 자를 위해 한 일이 반대로 죽은 자를 위해 하나도 이로운 점이 없다는 것도 문제이다. 원래 부처님 당시 인도에서 재공(齋供)의 의미는 부처님과 깨달음을 얻은 스님들[聖僧]에게 공양을 올리는 뜻이었다. 하지만 요즘은 죽은 자를 위해 재를 지낼 경우 사원에다 재(齋)값을 얼마 내고 가족들은 모두 스님들에게 떠맡기고 만다. 이렇게 하는 천도재라면 산 자나 죽은 자에게 아무런 이익이 없다.

『화엄경』에서 신만성불(信滿成佛)이라고 했다. 이 뜻은 지극한 믿음의 정신(正信)으로 충만하면 그 자리가 바로 성불이라는 의미이다. 유가(儒家)에서도 지성이면 감천이다라고 했다. 지극한 정성의 효행에 하늘도 감동을 한다는 말이다. 『지장보살본원경』에 보면 "장자가 합장 공경을 하고 지장보살님에게 여쭙기를 …… 사바세계의 중생이 목숨을 마친 후 적든 크든 식구들이 공덕을 짓고 내지 재공을 올려 선행의 인(因)을 만들면 목숨을 마친 사람이 큰 이득과 해탈을 하지 않습니까?

지장보살이 대답하시길, 장자야! …… 만약 남자든 여인이든 생전에 착한 인을 닦지 않고 많은 죄를 짓고 목숨을 마친 후 식구들이 작든 크든 복리(福利)를 지으면 일체 성스러운 성사(聖事) 가운데 칠분의 일은 죽은 자에게 돌아가고 칠분의 육의 공덕은 산 자에게 돌아간다"고 했다. 또한 "재공을 지음에 …… 부처님이나 스님들이 아직 음식을 드시지도 않았는데 먼저 먹어 무례하거나 정진을 하지 않는다면 죽은 자는 힘을 얻지 못한다. …… 사바세계의 중생들이 만약 그들의 부모 내지 식구들이 목숨을 마친 후 재공을 하여 공양을 올리고 정진과 지극한 정성을 마음에 두면 그런 사람은 산 자나 죽은 자나 이익을 얻는다"라고 했다. 그러므로 중요한 것은 유족은 49일 동안 정진과 지극한 정성으로 독경과 참회, 예배와 염불에 임해야 한다는 것이다. 단지 돈으로 재(齋)값을 계산해 스님을 모시고 재를 지내는 것만으로 한정짓는다면 산 자나 죽은 자에게나 진정한 공덕의 의미가 상실됨을 상기하고 불법의 참된 의미를 되새겨야 할 것이다. 『아미타경』에 의하면 "만약 누군가 선근(善根)을 심었다해도 미혹(어리석음)하다면 연화는 개화를 하지 못할 것이다. 오직 신심(信心)이 청정한 자는 개화를 할 것이다. 즉 부처님을 친견하고 불법을 들을 것이다"라고 했다. 무엇보다도 중요한 것은 확고한 신념의 신심(信心)을 갖고 정토에 태어나고자 난행도(難行道)를 하든 이행도(易行道)를 하든 오직 정신적 수행을 정진하는 것이다.

다음은 정토사상에 의한 사후세계로, 살아생전에 행한 행위의 인과로 태어나는 극락정토에 대해 살펴보겠다. 『관무량수경』에 의하면 인간의 품격을 세 종류로 분류를 한다. 즉 상품·중품·하품으로 나누고 상중하에 또 다시 상중하로 나누어 구품의 품성으로 나눈다. 이를 일러 삼배왕생(三輩往生) 혹은 구품정토(九品淨土)·구품왕생(九品往生)이라고 한다. 즉 사후에 극락정토에 태어남이 동일한 것이 아니고 아홉 가지 단계로 나눠지고, 극락정토를 원하는 원력과 정신적 수행의 차이에 따라서 차별이 있게 된 것이다. 천태 지자(智者)대사에 의하면 상품은 십주(十住) 이상의 보살들이고, 중품은 십신위(十信位)의 외범부들이고, 하품은 일체 범부들이라고 한다. 정영사(淨影寺) 혜원(慧遠)대사에 의하면 상품상생(上品上生)은 제사지(第四地)와 제육지(第六地)의 보살들이고, 상품중생(上品中生)은 초지(初地)에서 삼지(三地)보살들이다. 즉 상품상생과 상품중생은 모두 성인(聖人)들이다. 상품하생(上品下生)은 십신위 이전의 선행의 모든 범부가 가는 곳이다. 중품상생(中品上生)은 소승의 삼과(三果, 阿那含果)의 경지 혹은 오정심관(五停心觀)의 경지에 이른 단계이고, 중품중생(中品中生)은 견도(見道) 이전의 내・외범부의 단계이다. 중품하생(中品下生)은 대승을 배우기 시작하여 대승 수행의 오십이계위(五十二階位)에 아직 들지 못한 중생들이다. 그러므로 상품하생과 중품하생은 모두 범부의 단계이고, 하품의 상・중・하생은 악을 행했던 모든 범부들이다. 『관무량수경』에서는 상배(上輩) 즉 상품은 탐진치의 삼독과 세간의 8풍42)을 완전히 끊어버리고 도를 찾고 일심으로 아미타불을 염송한 사람이고, 중배(中輩) 즉 중품은 대공덕을 짓지 못하고 다만 발보리심으로 전념하여 아미타불을 염송한 사람이고, 하배(下輩) 즉 하품은 다만 신심으로 아미타불만을 염송한 사람이라고 했다.

그럼 『관무량수경』에 의한 구품 왕생론을 도표로 요약해 보자.

---

42) 8풍: 사람의 마음을 요동치게 하는 8종류의 정경(情境)으로 ① 이익 ② 쇠망 ③ 훼멸 ④ 명예 ⑤ 칭찬 ⑥ 비난 ⑦ 고통 ⑧ 즐거움이다.

9품	살아생전의 행위	임종의 상황	극락왕생의 상황
상품 상생	자비심을 항상 잃지 않고 모든 계행을 지니고 대승의 경전을 능히 섭렵하고 육념(六念: 念佛·念法·念僧·念戒·念施·念天)을 수행하여 회향(자신의 복덕과 공덕을 남에게 되돌려 환원함)하고 극락왕생을 발원하며 공덕을 쌓는다.	임종할 때 아미타불과 관음·대세지보살 등 무량한 보살님들이 오셔서 임종자의 손을 잡고 영접하시고 공덕을 찬탄하시며 금강대(金剛臺)에 오르게 하고 부처님의 뒤를 따르게 하는데 찰나지간에 극락에 왕생한다.	극락에 왕생하여 부처님과 보살들을 친견하고 바로 그런 몸을 구족하고 묘법의 설법을 듣고 무생법인을 깨닫고 찰나에 시방의 모든 불사를 이루고 수기를 받고 무량총지(dharani: 眞言)를 얻는다.
상품 중생	대승을 비방하지 않으며 방등경전 등을 공부하지 않고도 인과법을 믿고 마음을 다스리고 이런 공덕을 회향하며 극락왕생을 발원한다.	임종할 때 아미타불과 관음 대세지 등 무량한 보살님들이 에워싸 임종자의 공덕을 찬탄하고 영접하며 자금색대에 오르게 하여 일념지간에 극락왕생을 한다.	자금색대(紫金色台)에 올라 바로 자금색의 몸을 갖추게 되고 칠일 동안 묘법의 제일의(第一義)의 설법을 듣고 보리심에서 물러나지 아니하고 시방의 모든 부처에게 예를 올리고 모든 삼매를 닦고 1겁을 지나 무생인을 얻고 바로 수기를 받는다.
상품 하생	대승을 비방하지 않고 역시 인과법을 믿는다. 단 무상심(無相心: 차별상이 없고 상대에 대한 차별의 집착심이 없는 평등심)을 발심하고 이런 공덕을 회향하며 극락왕생을 염원한다.	임종할 때 아미타불과 관음·대세지보살들과 오백 화신의 부처님이 오셔서 무상심의 발심을 찬탄해주고 영접하며 금연화대에 앉게 하고 부처님을 따르게 하여 칠보지(七寶池)에 왕생한다.	왕생하여 하루가 지나 꽃이 피고 7일간 부처님을 친견하나 그 상호를 확실히 보지 못한다. 37일이 지나서야 확실히 보게 되고 설법을 듣고 시방의 부처님에게서 미묘한 설법을 듣는데 3소겁을 지나 백법(百法/善法)을 깨닫고 환희지(제1지 보살위)에 머문다.

9품	살아생전의 행위	임종의 상황	극락왕생의 상황
중품 상생	5계(살생하지 말고, 도둑질하지 말고, 사음하지 말고, 거짓말하지 말고, 술 마시지 말라)와 팔재계(八齋戒: 재가불자는 매월 8, 14, 15, 23, 29, 30일에는 절에 가 출가인의 생활을 하는데, 즉 오계와 몸에 장식을 하지 않고 가무를 즐기지 않고·높은 침상에 앉거나 눕지 않고·오후불식을 함) 등 모든 계행을 지니고 5역죄(부친을 살인한 죄, 모친을 살인한 죄, 아라한을 살인한 죄, 부처님을 상해한 죄, 승단을 파괴한 죄)를 짓지 않고 어떠한 과실도 행하지 않고 이런 선근을 회향하고 극락왕생을 염원한다.	임종할 때 아미타불과 권속의 보살님들이 오셔서 금색의 광명을 놓아주시고 임종자에게 공·무상·무아에 대한 설법을 해주며 출가를 찬탄하며, 임종자는 환희심으로 연화대 앉아 부처님께 예경을 드리고 머리를 드는 순간에 극락왕생을 한다.	연꽃이 피면 묘음(妙音)의 법문을 듣고 사성제를 찬탄하고 아라한과(소승의 최고 경지로써 성인의 경지)를 얻고 삼명(三明. 숙명명; 과거세의 모든 행을 다 알아 상견을 끊음. 천안명; 능히 미래세의 일을 다 내다봐 단견을 끊음. 누진명; 일체 번뇌를 다 끊고 지혜를 얻어 사견을 끊음)과 육신통(여섯 가지 신통력; 신족통·천안통·천이통·타심통·숙명통·누진통)을 갖추고 8해탈(일체 탐욕을 버려 얻는 8가지 定力)을 구족한다.
중품 중생	하루동안 팔재계를 지켰거나 혹은 하루동안 사미계·구족계를 지켜 위의에 결함이 없고 이런 공덕을 회향하며 극락왕생을 염원한다.	임종할 때 아미타불과 권속의 보살님들을 친견하고 그 분들이 놓은 금색광명과 칠보연화지에서 모든 부처님의 가르침을 따랐기 때문에 내가 너를 영접한다는 말씀과 칭찬을 받고 연꽃에 앉게 되는데 연꽃이 바로 오므라지면 극락왕생을 한다.	칠보연화지에서 7일만에 연꽃이 피면 눈이 떠지고 합장을 하고 부처님을 찬탄하며 묘법을 듣고 환희심에서 수타항과(소승의 수행단계에서 첫 번째 경지로 預流果라고 함)를 얻고 반 겁을 지나서 아라한과를 증득한다.
중품 하생	부모님께 지극한 효행을 하고 세상의 선행을 행한다.	임종을 할 무렵에 선지식을 만나게 되어 아미타불과 극락세계에 대한 설명을 듣고 나면 바로 임종을 하게 되며 팔을 피는 것 같은 찰나 지간에 극락왕생을 한다.	왕생 후 7일이 지나서야 관음과 대세지보살의 법문을 듣고 환희심에서 수타항과를 얻고 1소겁이 지나 아라한과를 얻게 된다.

9품	살아생전의 행위	임종의 상황	극락왕생의 상황
하품 상생	비록 대승경전을 비방하지는 않았지만 악행을 지은 이런 어리석은 자는 많은 악업을 짓고도 참회를 모른다.	임종을 맞이할 때에 선지식을 만나 대승경전의 법문을 듣고 또 부처님 명호를 염송하게 되어 억겁의 생사죄를 면하게 된다. 임종할 때 화신의 부처님과 화신의 관음·대세지보살님이 부처님 명호를 염송했기 때문에 모든 죄업이 소멸되어 우리가 너를 영접한다고 말해 주면 임종자는 환희심에서 임종을 하고 부처님을 따라 연화지에 태어난다.	칠칠일(49일)을 지나 연꽃이 피고 연꽃이 필 때 바로 관음·대세지로부터 광명이 비취지고 십이부 경전의 설법을 듣고 심신으로 무상도심(無上道心)을 발하고 십 소겁을 지나 백법의 법문을 구족하고 초지위(初地位/환희지)에 이른다.
하품 중생	5계·7계·구족계를 다 범하고 승려의 재물을 훔쳐 부정(不淨)법문을 들어도 참회를 모른다. 이런 죄인은 응당 지옥에 떨어진다.	임종을 맞이할 때 지옥의 불이 일시에 생긴다. 허나 선지식을 만나 아미타불 염송 십력의 공덕을 듣게 되어 억겁의 생사 죄를 면하게 되며 그때 지옥 불이 시원한 바람으로 변화하여 천상의 꽃을 날리게 하고 그 꽃들이 모두 불보살님으로 화현하여 임종자를 영접한다. 이때 일념지간에 극락의 칠보지에 있는 연꽃 속으로 들어가게 된다.	6겁을 지나서야 연꽃이 피면 관음·대세지보살님이 그 사람을 위해 대승의 깊은 묘법을 설해 주고 그때 이 법문을 듣고 나면 무상도심(無上道心)을 발한다.
하품 하생	5역10악(五逆十惡)의 모든 죄악을 지었으므로 응당 무수한 억겁동안 한량없는 고통을 당해야 한다.	임종할 무렵 선지식을 만나 법문을 듣고 염불을 하라 해도 염불을 하지 않는다. 또 다시 선우가 지극한 마음으로 아미타불을 열 번만 염송해도 억겁의 죄업이 소멸된다는 말을 듣고 염송을 하므로 그 인연 공덕으로 임종을 할 때 금색연꽃이 마치 뜬 해처럼 그 임종자 앞에 나타나는 일념지간에 바로 극락에 왕생한다.	칠보지 연꽃 속에서 12대겁이 지나서야 연꽃이 피고 그때 관음과 대세지보살님의 제법실상의 법문을 듣고나서 죄업이 소멸되고 환희심에서 보리심을 발한다.

이상 『관무량수경』의 구품왕생론에 의하면 살아생전에 불법을 몰랐던 사람이든 악행을 했던 사람이든 그 죄업이 어떻든 간에 임종의 순간 선지식이나 친우의 권고에 의해 일념으로 아미타불을 염송하고 참회를 하면 임종의 순간 일념지간에 중품하생부터 하품의 상·중·하생 모두 아미타불의 불가사의한 가피력을 얻게 되어 연화대에 앉게 되고 극락에 태어난다는 점이 중요한 특색이다. 살아생전에 어떤 수행을 했든 안 했든 죄업을 지었든 안 지었든지 간에 불문에 부치고 다만 임종의 순간 오직 일심의 일념으로 아미타불 염송을 열 번만 한다면 누구든지 모두 극락왕생을 한다는 점이 매우 중요한 구제론이다.
　바꿔 말하면 임종의 순간이 누구에게든 매우 중요하다는 것이다. 특히 임종의 순간에 평온한 마음으로 세상의 모든 근심과 걱정 등 모두 집착하지 말고 놓아버리고 오로지 일념으로 아미타불을 염송한다면 극락왕생을 할 수 있는 기회가 있다는 뜻이다. 단 그렇다고 평생 이기심으로 자기 중심적으로 살면서 이득을 위해 남을 속이고 손해를 입히고 사기를 치는 악행을 일삼고 임종의 순간에만 일념으로 아미타불 염송을 열 번하여 극락에 가야지 한다면 그건 대단히 잘못된 생각이다. 왜냐하면 평생 어떤 행위로 살아왔느냐에 따라 임종의 순간이 각각 다 다르게 전개되기 때문이다.
　임종의 순간 어떤 사람은 편안히 잠을 자다 임종을 맞는가 하면, 어떤 이는 병으로 앓다 맞이하고, 어떤 이는 물에 빠지는 순간이거나, 불에 타는 순간이거나, 매맞다 죽는 순간이거나, 약물의 부작용에 의해 죽는 순간이거나, 어떤 이는 천재지변에 의해 죽는 순간 등등 다양하게 차별이 있다. 즉 고통스럽고 두려운 상황으로 임종을 맞이한다면 혼란스럽지 않고 청정한 일념의 생각을 갖기가 어렵다. 그러므로 일념으로 아미타불을 열 번 염송하기란 매우 어려운 것이다. 물론 생전에 어떤 짓을 했든 임종의 순간에 일심불란(一心不亂)한 일념으로 아미타불을 열 번 염송을 할 수 있다면 누구든 극락왕생을 한다. 하지만 일심이 그렇게 간단하지 않은 게 문제이다. 그렇기 때문에 역시 살아생전에 열심히 선행을 하고 남에게 겸양할 줄 알고 베풀고 마음을 정화하는 정신적 수행을 해야만이 그런 습력(習力)에 의해 임종의 찰나에도 일심의 마음으로 부처님의 명호를 염송할 수 있는 것이다. 그러므로 평상시 보리심(지혜의 마음)을 발하고 선업을 닦고 음덕을 쌓는 일이 역시 중요하며 이는 또한 극락왕생의 첩경이기도 하다.

제3장. 동양의 생사관

생사(生死)문제는 모든 종교와 인생철학에서 모두 중하게 다루는 문제이다. 이는 바로 인간의 생명과 직접 상관된 문제이기 때문이다. 생사관이란 간단히 말하자면 인간의 삶과 죽음에 대한 근본적인 관점과 태도를 일컫는다. 삶과 죽음은 일체 모든 생명에게 생기는 과정으로 존재와 소멸의 자연적인 현상, 혹은 자연적인 과정이라고 할 수 있다. 생사관은 바로 인간의 현실적 삶에 있어 생명에 대한 기본적이며 구체적인 태도로써 삶과 죽음, 혹은 존재와 소멸에 대한 표현이다. 그러므로 생사관을 넓은 의미의 인생관이라고도 볼 수 있다.

인생에 있어 생의 삶은 누구나 관심을 갖는 중요한 초점이지만 죽음은 더 중요한 과제라고 할 수 있다. 죽음의 문제는 단순히 하나의 과제가 아니다. 죽음의 문제가 바로 삶의 문제이기 때문이고, 죽음과 삶이 일체(一體)이기 때문이다. 그래서 동서고금을 막론하고 성인들은 대체로 생과 죽음을 하나로 보았고 인생을 한 마디로 생사일여(生死一如)라고들 했다. 또한 현실적 존재에서 볼 때 "인생은 생사투쟁(生死鬪爭)의 전쟁터이다"라고도 했다. 인간은 누구든지 현실적 삶에 주로 치중을 하고 서로 다른 삶을 살아가고 있기 때문에 서로 다른 인생관을 갖게 되고 또한 서로 다른 생사관을 갖게 된다.

또한 생(삶)과 사(죽음)의 문제는 종교와 아주 밀접한 관계가 있다. 우주만물의 근원은 무엇인가? 인간은 어디로부터 왔는가? 인생의 목적은 무엇인가(인간은 왜 살아야 하는가)? 인간은 죽으면 어디로 가는가? 사후의 세계는 어디인가? 피안과 구경의 경지는 무엇인가? 이 모든 문제가 바로 인생철학의 문제이면서 동시에 종교의 근본문제이기도 하다.

여기서 우리는 생사관에 대한 다섯 가지 기본적인 유형을 살펴 볼 수 있다. 첫째, 사망도피형(死亡逃避型)으로 현실적 삶만을 중히 여기고 수명장수하기를 원하는 형이다. 둘째, 생사단계형(生死段階型)으로 삶뿐만이 아니라 죽음을 생명의 다른 한 차원으로 생각하는 형으로 생명을 생과 사(죽음)의 끊임없는 과정으로 보는 형이다. 셋째, 생명연속형(生命連續型)으로 피할 수 없는 죽음을 이성적으로 이해하고 현실적 삶에 충실하면서 조상의 대를 잇는 일이 바로 생명을 이어가는 것으로 생각하는 형이다. 넷째, 생사종합형(生死綜合型) 혹은 생사초월형(生死超越型)으로 생명과 죽음을 하나로 달관하여 죽음이 바로 삶이고 삶이 바로 죽음으로 보는 형이다. 다섯째, 생사회의형(生死懷疑型)으로 삶과 죽음을 자연의 현상으로 보지만 죽음에 대해 민감한 반응으로 의학적 측면 혹은 철학적·종교적 측면에서 죽음에 대해 알려고 노력하는 형이다.[43]

본 제3장에서는 이 다섯 가지 유형에 따라서 동양의 종교적 측면과 철학적 측면에 의한 서로 다른 생사관을 통하여 죽음에 대한 인식과 삶의 지혜를 얻고자 한다. 즉 각기 다른 생사관의 배경사상을 통하여

---

43) 임기현 저, 李卓吾的佛學與世學, p.98. 대만 문진출판사, 1992년.

생사관의 내적 함의와 그들이 제시하는 삶과 죽음에 대한 태도와 사상의 의미를 살펴보고자 한다.

제1절. 종교적 측면의 생사관

1. 힌두교 및 불교의 생사관

　힌두교와 인도불교의 생사관을 말한다면 양자 모두 한편으로는 종교적 측면을 내포하면서 또 다른 한편으로는 인도철학의 측면을 내포하고 있는 점이 특색이기도 하다. 힌두이즘(Hinduism)하면 힌두교로 통용된다. 힌두교는 한편으로 인도의 정통종교를 의미하고, 다른 한편으로는 인도의 전통문화와 사상을 의미하기도 한다. 특히 중국 근대불교사의 한 획을 그었던 유식학의 대가 오우양징우(歐陽竟無, 1871~1944) 선생은 불교를 일러 "불교는 종교도 아니며 역시 철학도 아니다"라는 유명한 말을 했다. 이 말은 바로 불교는 단순한 종교의 형식이 아니라 인생의 각종 원리를 다 포함한 독특한 사상체계를 확립한 것이라는 인식에서 비롯된 말이다. 역으로 말하면 불교는 종교이면서 동시에 철학이라는 의미이다. 어찌되었거나 양자 모두 종교적 측면과 철학적 측면을 다 포함하고 있어 그 사상체계가 단순하지 않아 양자의 생사관은 생사단계형(生死段階型)이면서 동시에 생사초월형(生死超越型)을 복합적으로 함의하고 있다.

생사(生死)는 산스크리트어로 쌈사라(saṃsāra)라고 한다. 또한 윤회라고도 한다. 이 뜻은 우주론적인 입장에서 우리들 자신이 행한 선악의 행업에 의해서 천상(천당)·인간계·아수라·아귀·축생·지옥으로 돌면서 태어나고 죽고를 반복하여 생사를 끊임없이 돈다는 말이다. 특히 불교에서는 이런 생사윤회의 인생을 비유하여 생사고해라고 말한다. 하지만 생사 혹은 윤회의 의미는 불교만의 전문용어가 아니라 해탈·업장(業障) 등의 용어와 함께 인도의 각종 종교와 철학이 함께 공유하는 공용어들이다.

힌두교의 생사관에 의하면 인간의 출생은 다만 죽음을 지니고 있는 생물의 필연적인 현상에 불과한 것이다. 다시 말하면 전생의 업력에 의해 태어난 현상에 불과한 것이다. 윤회에 의해 선업이든 악업이든 모두 내세에 받아야 할 과보이다. 이 과보는 누구든 도망을 할 수 없는 인과응보이다. 즉 생사란 바로 전생의 선악업(善惡業)에 의해 결정지어진 과보에 불과한 것이다. 태어남·죽음·재사(再死) 혹은 재생(再生)은 모두 하나의 생사과정의 순환사이클이다. 개인의 모든 행업(行業)에 의해 내세가 있고, 내세의 죽음에 의해 다시 태어남의 재생이 이어진다. 이처럼 태어남은 바로 전생에 자신이 행한 업에 의한 하나의 생명과정이다. 이 생명과정이 다시 재생의 과정을 겪어야 하고 생사를 해탈하기 전까지는 끊임없는 생사의 과정인 것이다. 이처럼 전생윤회하는 주체로 영원불멸한 영혼의 생(生)·사(死)·재생(윤회)·해탈의 과정을 『바가바드-기타(Bhagavad-gitā)』에서 잘 말해주고 있다. 힌두교에서는 생과 재생의 윤회를 모두 다 영혼의 업론(業論)으로 말하고 있다. 물론 생사를 업론으로 설명하고 있지만 진정한 개체의 자아(Ātman)는 범아(梵我)가 결합이 되었을 때이다. 이는 바로 생사윤회를 해탈했을 때의 경지이며 인생의 궁극적인 목표이기도 하다.

특히 중세 힌두교의 철학자 상카라(Śaṅkara, 788~820)는 인도 대승불교의 교리로 베다의 학설을 해석하여 범아불이론(梵我不二論)을 주장하고 힌두교를 다시 부흥시켜 신바라문교를 정립하였다. 이 진보파의 생사관은 경험세계(현상계)와 개체의 자아를 모두 허깨비에 불과하다고 본다. 인간이 살고 있는 현상계의 세상은 범신(梵神) 혹은 범천(梵天; Brahman)이 공(空)·풍(風)·수(水)·화(火)·지(地)의 다섯 가지 기본 원소로 세상을 창조한 것이다. 그러므로 세상의 모든 존재는 결국 다시 범신에게 환원되어져 범아일여(梵我一如)가 되어야 하기 때문에 이 세상의 존재는 허깨비와 같고 물거품처럼 잠시 존재하므로 생사의 순환을 반복한다는 논리이다. 유정(有情)을 동물로 보았고, 인간을 동물의 일종으로 보았다. 인간은 육체의 자아와 정신의 자아로 구성되어져 있어 이 세상에서의 활동은 모두 업(業)을 만들고, 이 업은 자업자득이기 때문에 윤회의 고를 당해야 한다고 한다. 인간이 죽은 후 생명원기, 즉 사대(四大) 가운데 풍(風)의 원소가 육체의 자아로부터 정신의 자아를 이탈하게 하여 자아로부터 전세(轉世)하게 한다.

힌두교의 종교적 측면에서 보면 이 세상의 존재가 무의미한 것은 아니다. 즉 비록 이 세상의 존재는 허깨비·물거품처럼 일시적인 존재의 현상이지만 그렇다고 인생 삶의 의미가 전혀 없다는 말은 아니다. 교육으로 인간을 교화하고 수행케 하여 이 세상에서 윤회를 벗어나 해탈하고 범신에게 되돌아가야 하기 때문이다. 그 방법에는 두 종류의 수행법이 있다. 하나는 세속사람들의 낮은 차원의 지혜[下智]에 의한 ① 절제(節制), ② 금욕(禁慾), ③ 인내(忍耐), ④ 정심(定心), ⑤ 신앙(信仰), ⑥ 적정(寂靜) 등 여섯 가지 수행을 통해 세상에 물들지 않고 상주불변의 실체에 도달하는 방법이다. 이를 잠정적 해탈이라고 한다. 다른 하나는 진제(진리세계)의 높은 차원의 지혜[上智]를 갖춘 사람들이 자아가 바로 범신인 것을 깨닫는 방법이다. 이를 근본해탈이라고 한다. 이 두 종류의 방법은 종교적으로 서로 다른 성격을 지니고 있다. 전자는 세속사람들 누구나 선택할 수 있는 방법으로 공개적으로 가르치지만, 후자는 최고의 실체를 참으로 인식하는 것이므로 일반사람들이 누구나 알 수 있는 방법이 아니다. 소수의 사람만이 이해를 할 수 있으므로 비밀로 전수를 한다.

힌두교의 생사관에 있어서 인생의 궁극적 목적 역시 생사해탈이다. 『바가바드-기타』에서 영혼의 해탈을 위한 인생의 목적을 ① 이(利, artha), ② 욕(慾, kama), ③ 법(法, dharma), ④ 해탈(解脫, mokṣa)로 말하고 있다. 이에 영향을 받아 힌두교에서는 사성계급 가운데 바라문(brahmana, 바라문계급의 승려)·크샤트리아(ksatriya, 왕족계급)·바이샤(vaiśya, 상인계급), 이 3종류의 계급을 재생족(再生族, vdi-ja)이라고 칭했다. 이들은 모두 베다경전을 공부하고 신에게 제사를 드릴 수 있는 권리와 종교적 생명을 부여받아 죽은 후 다시 세상에 태어나는 특권을 얻어 수행과 생활의 과정을 겸할 수 있는데, 인생의 네 단계[四行期]의 과정을 밟는다. 하지만 마지막 계급인 수드라(śūdra, 농민계급 및 천민)는 일생족(一生族, eka-jati)이라고 칭하여, 어떠한 종교적 생명이나 권리를 부여받지 못한 천민계급이라 이들은 일생일사(一生一死)로 끝나며 죽은 후에 다시 이 세상에 태어나지 못한다고 한다.

『아스라마(Asrama)』법전에 의한 4행기(四行期)를 보면, 첫째 범행기(梵行期, Brahmaćarīn, 梵志期라고도 한다)로 이 시기는 아동기를 벗어나 어느 정도의 청년이 되면 부모를 떠나 대략 12년 동안 스승으로부터 베다나 우파니샤드 등등의 성전을 배우고 제사의 규정 등을 학습한다. 둘째, 가주기(家住期, Grhasthu)로 범행기의 학습을 마치고 나면 세속적 사회생활을 하는 시기로써 결혼을 하여 가정을 꾸미고 자녀를 양육하는 등 가장으로써의 본분과 사회 구성원으로서의 책무를 다한다. 단 어떠한 업종에 종사를 하든 반드시 계율과 제사를 실행해야 한다. 셋째, 임서기(林栖期, Vanaprastha)로 가주기가 끝나면 반드시 가정을 떠나 산림에서 고행으로 심신수련을 해야 하고 영혼해탈의 준비를 해야 한다. 넷째, 둔세기(遁世期, Samnyāsin)로 생사해탈을 위해 완전히 일체 세속생활을 버리고 걸식으로 연명을 하며 고행으로 심신의 죄업을 닦고 명상법으로 범아일여의 깨달음의 경지를 추구하여 완전한 자아를 완성하여 해탈하고자 노력한다. 그러므로 반드시 5계(① 不殺生; 살생하지 말 것, ② 不妄語; 거짓말하지 말 것, ③ 不偸盜도둑질하지 말 것, ④ 忍耐; 인내할 것, ⑤ 離欲; 욕심을 버릴 것)를 엄수해야 하며 영혼으로 하여금 생사윤회를 해탈하여 영생을 추구하는 것이 인생의 궁극적 목적이다.

이에 대해 불교의 윤회론은 윤회의 주체가 무자성(無自性)의 무(無) 혹은 공(空)의 관점인, 즉 무아론의 입장에서 출발한 윤회사상과 인과론인 점이 특색이다. 불교의 생사관은 인생이란 생·노·병·사로 말미암아 이루어지는 여러 가지 고통의 변화에 불과한 것이다라는 관점에 기초한다. 이런 인생 고통의 가장 큰 원인은, 끊임없이 변하는 무상한 변화를 영원한 자성의 실체로 집착함에 있는 것이다. 그러므로 인간의 생존이란 영원한 존재가 아니며 생(生)과 멸(滅)의 순환을 반복 윤회하는 것에 지나지 않는다. 일체 모든 생명체는 생사변화에 의해 태어남과 죽음을 반복 순환하는 것에 불과하므로 이 현상의 세상에는 고정불변의 실체 혹은 자아(Ātman)는 없는 것이다.

인도의 전통사상과 차이점으로 불교에서는 죽음과 재생(윤회) 사이에 중음신(혹은 중유, antarābhāva)을 말하고 있다. 불전(佛典)에 의하면 일곱 가지의 생사(七種生死)가 있다. 이 일곱 가지 생사를 보면, ① 분단생사(分段生死)로서 수명이 길고 짧고의 차별이 있고, 또 몸이 크고 작고의 차별이 있으며 한 생을 일기로 태어나고 죽는 윤회유전(輪廻流轉)을 다생의 겁을 통하여 하는 것을 말한다. ② 유입생사(流入生死)로서 최초에 중생이 무명의식으로 인해 생사고해에 표류하게 되는 찰나를 말한다. ③ 반출생사(反出生死)로서 잘못된 인생을 깨닫고 진리에 귀의하고 발심수행(發心修行)을 하여 생사로부터 해탈하는 최초의 찰나를 말한다. ④ 변이생사(變易生死) 혹은 방편생사(方便生死)로서 이는 불교에서 말하는 이승인(二乘人)들로 아라한・벽지불보살이 이미 생사윤회의 무명원인(有漏의 분별)을 끊어버리고 과(果)를 증득했을 때 분단생사의 윤회는 벗어나지만 다만 무루(無漏)의 분별을 완전히 버리지 못하여 수승한 과보의 몸을 받아 삼계에서 보살행을 수행하며 불과(佛果)에 도달함을 말한다. 이때의 몸을 의생신(意生身)이라고 하며 대비력(大悲力)을 갖고 있기 때문에 자신의 수명을 자유자재하게 바꿀 수 있어서, 또한 변이신(變易身)・불사의변이생사(不思議變易生死)라고도 칭한다. ⑤ 인연생사(因緣生死)로서 초지(初地) 이상의 성인(聖人)보살이 중생을 구제하기 위해 방편상 삼계에 화신의 몸으로 하강함을 말한다. ⑥ 유후생사(有後生死)로서 십지(법운지)보살에게 마지막으로 한번 더 있는 변이생사를 말한다. ⑦ 무후생사(無後生死)로서 등각(等覺)보살이 묘각지위(妙覺之位)

에 오름으로써 완전히 변이생사가 없는 것을 말한다.

　이와 같이 힌두교이든 불교이든 생사유전에 있어 죽음은 생명의 끝이 아니며 또 다른 차원의 생명의 시작이다. 보통 우리들이 생각하는 상식으로는 우리의 생명은 태어나 죽기까지 온 건지 가는 건지 알 수 없고 태어났으니 살다 죽는다라고 막연히 생각들을 한다. 하지만 불교『중론(中論)』의 관점에서 볼 것 같으면 인생이 만약 이러하다면 우리의 출생은 우연하게 떨어져 이 세상에 온 것에 지나지 않는다. 그렇다면 그것은 바로 원인이 없는 무인론(無因論)이고, 만약 죽으면 그것으로 끝장이고 아무 것도 없다고 본다면 그것은 바로 단멸론(斷滅論)이다. 그래서 불교는 이 두 가지 관점에 대해 합리적이지 못하다고 보기 때문에 이 두 극단적인 생각들을 모두 타파하고 부정한다. 즉 무자성의 공의 입장에서 삼세인과(三世因果)와 육도윤회(六道輪廻)의 해탈·열반을 말하고 극락세계를 말한 것이다.

　불교의 생사관은 무시 이래로부터 시작된 생명의 유전을 기점으로 하여 과거와 현재, 미래의 삼생(三生) 생사로부터 해탈하고자 하여 개인의 수행을 통해 삼세인과와 육도윤회를 해탈하고 열반에 이르는 것을 구경의 목적으로 한다. 그러므로 불교의 생사관을 유형별로 본다면 두 번째 유형인 '생사단계형'에 속한다고 볼 수 있다. 또한 불교의 생사관을 세 가지 측면으로 나눌 수 있는데, 첫째, 생사의 고를 두려워함이다. 이 단계는 생과 죽음의 고통을 두려워하기 때문에 생사를 여의고 윤회를 벗어나고자 생사해탈의 수도(修道)를 추구하는 층이다. 둘째는 자신의 생사의 고통만을 보는 것이 아니라 타인의 생사 윤회의 고통을 애민(哀愍)이 생각하고 자타의 고통을 벗어나게 하고자 구경의 목적을 두는 층이다. 셋째 생과 사의 대립적 관념을 초월하고 생과 사를 고통으로 생각하지 않을 뿐만 아니라 생사의 고통을 당하지도 않는다. 능히 생사의 고통을 초월할 수 있는 능력을 갖고 있는 층이다. 이 세 가지 측면은 소승(小乘)·대승(大乘)·일불승(一佛乘)의 함의(含意)이다.44)

물론 대승불교 소승불교를 통틀어 구경의 목적은 생사 해탈에 있다. 그럼 불교의 세상(世間) 생사의 관건은 무엇일까? 인간의 고뇌는 무엇이고 그 원인은 무엇이기에 생사 해탈을 하려고 하는 것인가? 그 해법은 무엇인가? 간단히 말해 세상 사람들의 생존을 위한 의지는 바로 살기 위해서이다. 무엇을 위한 것인가? 실존을 위한 인간의 가장 기본적인 것은 인류에게 식욕이 있는 것이다. 이것은 신체의 배고픔을 여의기 위한 생존이다. 만약 배부르고 등 따듯하다면 그 다음은 색욕(성욕)이다. 바로 인류의 종족을 보존하고 번영하기 위해서이고, 또한 생존의 목적을 달성하기 위해서일 것이다. 그렇다면 식욕과 색욕은 인류의 생존을 위한 기본적인 수단이다. 하지만 지금 우리의 현실을 보면 꼭 그렇지만은 않다. 생존을 위한 식욕이 아니라 식욕이 식욕을 불러 더 맛있는 미식을 찾고 식도락가가 되고, 생존을 위한 수단을 벗어나 역으로 생존을 장애하는 역류현상이 되어가고 있다. 색욕도 마찬가지로 원래는 종족번영을 위한 방법이었던 것이 개인적 성욕을 만족하기 위한 것이지 대를 잇고 인류의 종족을 보존하고자 하는 생명의 경이로움이 아니다. 예를 들면 1960년대만 해도 한국의 자녀 출산율은 대략 한 가구 당 5-6명 정도였다. 그 당시 유럽은, 특히 불란서의 경우 출산율이 한 명 정도에 미치는 상황이었다. 2003년 8월 통계청의 발표에 의하면 우리는 1.17명 꼴로 이미 유럽의 수준을 넘어 최저의 출산율이 되었다. 앞으로 이렇게 가다보면 인구 부족은 물론 재원 부족으로 국

---

44) 상게서, p.100.

가경쟁력을 상실, 경제성장 둔화 및 사회활력 저하 등 심각한 부작용을 낳을 수밖에 없다. 더욱이 100년 후에는 인구가 현재의 3분의 1로 감소해 구한말과 비슷한 1천 6백만 명 수준으로 크게 줄어들 것이라는 통계까지 나오고 있어 매우 심각한 상황임을 말해주고 있다.

이러한 우리 현실의 내면의 심리상태를 들여다보면, 세상 사람들의 생존 의지라는 게 단지 개개인의 성욕·식욕·부귀영화를 위한 것으로, 한낱 이기심에 지나지 않는다. 하지만 매일 부귀영화를 위해 허덕이다 그만 어느 날 자신도 모르게 늙고 병들고 훌쩍 육십이 되고 칠팔십이 되어 북망산에 가야 할 신세가 된다면 그때는 어떻게 할 것인가? 갈 곳도 모르면서 그 동안 무엇을 위한 투쟁의 나날이었던가? 과연 이것이 인생의 목적일까? 그래서 인생의 세상살이를 옛 선사들은 "인간이 황천에 가는 것을 이름하여 세속인(재가자)이다[人去黃泉名在家]"라고 했다. 또한 인생의 덧없음을 표현하길 "몇 생을 살고 죽었던가! 생사가 유유히 무작정 가는구나!"라고 했다. 『법화경』에서는 "너희들은 삼계의 불타는 집에서 사는 것을 즐거워 마라! 별것도 아닌 물질·소리·향기·맛·감촉·만물에 탐착을 하지 마라! 만약 사는 걸 탐착할 것 같으면 바로 그 불에 타버릴 것이다"라고 했다. 그리고 『금강경』에서는 "모든 현상적 존재는 모두 다 허망한 것이다"라고 했다. 이 말은 바로 인간 세상의 생사(生死)를 말한 것이다. 우리의 생사가 눈 깜짝하는 순간처럼 무상하게 빠름을 일깨운 것이다. 그렇다고 불교가 염세주의이거나 현실도피를 목적으로 하는 것은 아니다. 만약 우리의 인생이 무의미하다면 결국 그런 삶은 공허한 것이 자명한 이치임을 깨우쳐주고 각성시키는 것이다. 지금 우리의 현실을 보라! 얼마나 많은 사람들이 이기적이고 타산적이고 자신은 물론 남을 속이고 속고 악순환을 반복하는가! 참된 자신을 정당하지 못한 명예에 팔고 돈에 치부하고 부귀영화를 위해 남을 상해하고 자신을 상해하고 가정을 상해하고 사회와 국가를 상해하지 않는가! 더 나아가 온 세상을 해치지 아니 하는가! 그래서 옛 선사들은 "의로운 일을 하면 마음을 깨침이요, 의롭지 못한 일을 하면 마음이 산란함이다"라고 했다. 『육조단경』에서는 단호하게 "불법(佛法)은 세상(세간)에 있다. 세상을 떠나서 깨우칠 수 없다"라고 했다. 또한 "일체 만법(萬法)은 단지 자신의 신심(身心)에 있건만 어찌하여 자신의 마음에서 진여(眞如) 본성을 깨우쳐 나타내지 못하는가!"라고 했다.

불교는 바로 인간불교이고 인본주의이다. 종교 가운데 유일하게 인간 중심의 인생관·세계관의 가치로써 인간으로 하여금 거짓이나 가식의 삶에서 벗어나 참으로 진실한 인간으로서 인생을 살라고 가르친다. 특히 '천상천하 유아독존(天上天下唯我獨存)'이라는 명제는 "천상으로 보나 천하의 세상으로 보나 오직 보편적인 인간만이 최고의 가치를 지닌 존재이다"라고 천명하여 우주만물 가운데 인간을 중심으로 하는 인본주의를 근본사상으로 하고 있다.

세계란 바로 인간이며, 인간은 곧 세계이다. 왜냐하면 세계는 인간의 의식에서부터 비롯되기 때문이다. 즉 인간의 가능성[潛在力]이 이미 세계를 세 가지 측면에서 실현하고 있다. 즉 ① 존유의 실현(Actus of Being)이고, ② 본질의 실현(Actus of Essence)이고, ③ 존재의 실현(Actus of Exist)이다. 다만 삼자는 서로 상통하는 관계성에서 우주만물을 현현(顯見)해 드러내 보이고 있다. 이 세상 만물의 존재는 모두 인간의 인생에 속한다. 인간의 인생을 떠난 우주만물은 없다. 그렇다고 우주만물이 인간을 위해 존재한다는 것은 아니며 인간과 더불어 함께 병존하여 조화의 세계를 이룬다는 말이다. 그러므로 불교 생사관의 본질은 인간으로 하여금 정신적 깨달음, 즉 자각(自覺)의 가치를 중히 알고 심성의 통찰력을 통하여 심성·오성(悟性) 위주의 인격적 생명력을 성취하거나, 혹은 정신적·심령적 승화로 생존의 본질을 깨닫고 삶의 인격적 승화를 할 것인가에 있다.

　이상 살펴보았듯이 인도에서 힌두교이든 불교이든 그들의 생사관에 있어 생사윤회사상은 아주 중요한 관념이다. 우리들이 살고 있는 현상계는 바로 윤회계의 일부분으로 구경의 세계가 아니다. 선악업의 업장에 의해 잠시 존재하는 과도기에 불과하다. 구경의 세계란 바로 업장을 벗어나고 윤회를 해탈하여 다시는 윤회를 하지 않는 경지에 올라야 하기 때문이다. 특히 여기서 필자가 가장 주지하고 싶은 것은 어떤 종교를 믿느냐는 것이 중요한 것이 아니라는 점이다. 왜냐하면 이 세상에 인간으로 생존함은 인간이 목적이지 수단이 될 수 없기 때문이다. 예를 들면 힌두교다 불교다 천주교다 기독교다 등등 어떤 종교를 믿든지 간에 만약 종교에 대한 맹신·광신·미신이 아닌 올바른 믿음, 즉 정신(正信)과 종교적 사유를 한다면 바로 우리에게 살아 있는 활력의 힘이 될 것이다. 인생의 여정에 있어서 어떻게 살아야 한다는 삶의 가치를 제시해주는 동시에 사후세계는 어디로 간다는 방향을 제시해 주기 때문에 무신론자보다 훨씬 삶의 지혜를 얻을 수 있는 것이다.

2. 이슬람교의 생사관

  이슬람교는 아랍어로 알 이슬람(al-Islam)이며, 평화·복종·순종을 뜻하고, 7세기경에 모하메드(Mohammed, 570~632)에 의해 창립이 되었다. 이슬람은 신도를 무슬림(moslems)이라고 칭하는데 이는 "귀의한 자", 즉 "하나님께 순종한 자"라는 의미이다. 이슬람교의 성경을 꾸란(al-Quran, Koran)이라고 칭하는데 모하메드가 가브리엘 천사로부터 받은 모든 계시가 수록되어 있고, 또한 이슬람교도(무슬림) 신앙의 근원이기도 하다. 꾸란은 아랍어로 암송을 의미한다.

  이슬람교의 창립자 모하메드는 서기 570년경에 메카에서 유복자(遺腹子)로 태어났는데, 6세 때에 어머니마저 돌아가 백부에게 맡겨졌고 아동기에는 목동으로 지내며 빈궁하게 성장을 하여 교육을 제대로 받지 못했다. 그 후 여러 곳을 전전하다 25세 때에 15살 연상인 여주인 카디아(Khadijah)와 결혼을 함으로써 그의 운명은 바뀌게 된다. 그리고 40세에 이르러 천사 가브리엘(Gabriel)로부터 계시를 받았고 자신은 유일신 알라(Allah, 하나님)가 이 세상의 구원을 위해 보낸 최후의 사도라고 전도를 시작한다. 초기에 그의 전도 요지는 죽은 후 부활과 최후의 심판에 대한 메시지였다. 인간은 죽은 후 최후의 심판일에 혈통과 민족을 가리지 않고 각자 현세의 도덕적 죄악의 행위에 대해 신 앞에 평등한 심판을 받는다는 것이다. 죄악의 중요한 의미는 약자나 가난한 자를 능멸하고 배척하고 남을 속이고 사기를 치고 남에게 베풀 줄 모르고 인색하며 자신의 이익과 영달만을 위한 이기적인 행위이다. 그리고 알라를 찾지 않고 물질과 재산을 만능으로 믿는 행위는 신에 대한 망은

(忘恩)이다. 응당 알라의 은혜에 감사를 해야 하고 각자 모두 자신을 정화해야 한다고 주장을 한다.

　모하메드에 의해 이렇게 탄생된 이슬람교 교의에 의한 생사관은 생사단계형과 생명연속형에 속한다고 볼 수 있다. 이슬람교의 기본생활은 우선 유일신 알라를 믿고 순종해야 하며 이외에 다른 신을 절대로 믿어서는 안 된다. 또한 절대로 유일신 이외에 우상숭배를 해서도 안 된다. 이것이 이슬람교도들의 가장 중요한 신앙의 조건이다. 모하메드는 임종의 순간에도 "알라 이외에 절대로 다른 신을 숭배하지 말라"고 당부했다고 한다. 알라는 유일신으로 전지전능하신 창조주 하나님이며 사랑과 자비가 충만한 절대신이다. 알라는 인간을 창조했으며 인간은 그를 숭배해야만 한다. 알라는 인간을 구원하기 위해 많은 사도들을 이 세상에 보냈고 최후의 선지자로 모하메드를 보냈다고 한다. 그래서 이슬람교도들은 모하메드를 알라가 보낸 최후의 선지자로 숭배를 해야 한다. 알라는 최초의 인간으로 아담과 하와를 창조하셨다. 물론 꾸란은 천주교·기독교의 구약과 신약의 창세기와 마찬가지로 인류의 조상을 아담과 하와로 본다. 그렇지만 아담과 하와에 의한 원죄론(유전죄)을 인정하지 않으며, 또한 천주교에서 말하는 성부·성자·성신의 삼위일체설을 부정하여 예수를 하나님의 아들로 보지 않는다. 예수는 하나님이 이 세상에 보낸 선지자들 가운데 한 분의 사도에 지나지 않다. 꾸란에 의한 무슬림의 도덕론은 개인의 도덕적 책임과 의무를 중요시한다. 그러므로 마지막 심판일에 모든 사람은 알라에 의해 최후의 절대 공평한 심판을 받는다. 선은 선대로 악은 악대로의 상벌을 받는 것이다. 이처럼 인간의 운명은 살아생전이든 죽어서이든 모두 다 알라의 손에 달려 있다. 그렇다고 그 운명이 절대불변의 숙명은 아닌데, 알라에 대한 경건한 기도생활과 순종만이 인간 자신의 운명을 바꿀 수 있다고 한다.

이슬람교에 있어 시간의 개념은 선천(先天)·현세·내세의 3단계이다. 예를 들면 인간은 영육(靈肉)합일로 구성되어 있다. 인간의 영혼이 아직 육신과 결합이 되지 않았을 때를 선천이라고 한다. 지상에 영혼이 내려와 영육이 결합이 되었을 때는 현세의 단계이다. 인간이 죽어 영혼과 육체가 서로 분리되었다가 영육이 다시 결합되어 재생이 된 후 최후의 심판을 받는다고 한다. 이때 생전에 행한 선악에 따라 천당에 가던지 지옥에 떨어지던지 한다. 단 죄악의 문제에 있어서 기독교·천주교의 유일신처럼 "나 이외의 다른 신을 믿지 말라"는 유일신 사상과 일치하여 비록 살아생전에 선행으로 살았다 하더라도 알라를 섬기지 않았다면 그 사람은 죽어 불구덩이의 지옥에 떨어진다고 한다. 즉 개인의 윤리도덕상의 죄악이 아니라 불경죄(不敬罪)·불신죄(不信罪)에 속한 죄악이다. 이렇게 결정된 최후의 과정이 바로 내세에 해당된다. 비록 육신은 이 세상에 태어나 죽고 소멸되지만 인간의 영혼은 영원불멸로 처음 알라가 창조했을 당시에는 하나의 정체(整體)로써 절대적인 사람이었다고 한다. 그러다 이 하나의 정체로서 절대적인 인간의 성질이 점차 이질화(異質化)되면서 분열되어 최후에는 개개인의 영혼으로 분리되었다. 인간의 영혼은 본래 자유의 정신체로 허공에 표류하다 후에 우주의 영혼을 통해 지상에 내려와 육신과 결합을 하여 제3자의 성격을 띤 인간들이 되었다. 영혼의 입장에서 보면 영혼은 육체의 구속을 받게 된다. 즉 영혼이 육신의 지배를 받게 되어 물욕에 걸리게 되면 진리를 찾지 않는다는 것이다. 인간이란 바로 영혼을 가리키고, 육체는 단지 영혼의 도구에 불과한 것이다. 그러므로 이슬람교에 있어 죽음이란 바로 영육결합의 끝남을 의미하며, 또한 영혼이 자유를 회복하는 기회이기도 하다. 영혼이 육체를 떠난 후 점점 높이 상승하여 일곱 층의 하늘을 통과하여 우주만물의 제한을 벗어나게 되려 할 때 그 영혼의 성질에 의해 다시 같은 부류의 영혼과 결합을 하거나 아니면 본래의 절대적인 인간과 결합하여 유일신의 광명으로 돌아간다고 한다. 단 인간이 죽은 후 비록 육신은 썩어 자연으로 돌아가지만 알라의 전지전능에 의해 최후에 육신과 영혼을 새롭게 결합시켜 살아생전의 선악에 의해 상벌을 받게 된다. 영혼이 이처럼 지상에 내려와 육신과 결합하여 살고 죽는 이러한 인생의 과정을 이슬람교에서는 삼생(三生)이라고 칭한다. 또한 죽은 후 영혼이 같은 부류의 영혼들과 결합하기 전에 다시 지상의 집에 돌아와 가족들과 함께 축하의 밤을 보내고 가는데 이 날이 9월 27일이다. 그러므로 무슬림은 9월 27일날 일출에서 일몰까지 의무적으로 금식을 행한다.

그리고 무슬림으로서의 삶의 방식에 다섯 가지 기본 의무가 있다. 첫째, 샤하다(Shahadah)이다. 즉 신앙의 선언으로 매일 기도할 때마다 "알라 이외에 다른 신은 없으며 오직 모하메드는 알라의 사도이다(La Ilaha illal lahu Muhammadur rasulu lah)"라고 예경하는 일이다. 둘째, 살랏(Salah)이다. 즉 예배생활로써 무슬림이라면 어느 곳에 있든지 메카를 향해 하루에 꼭 다섯 차례 알라께 예배드리는 신앙생활을 아주 중요하게 본다. 즉 ① 파즈르(Fajr): 새벽 해 뜨기 전의 예배, ② 주흐르(Zuhr): 정오 전의 예배, ③ 아스르(Asr): 오후 중반에서 일몰 전의 예배, ④ 마그립(Maghrib): 일몰 직후의 예배, ⑤ 이샤(Isha): 밤의 예배이다. 그리고 매주 금요일 정오에 사원에서 드리는 예배가 정식예배로 메카를 향해 예배를 한다. 모든 성인(成人) 무슬림은 금요일 정오예배에 참석을 해야 하고 여자는 참석을 금한다. 셋째, 싸움(Sawm)이다. 즉 일년 가운데 아홉 번째 달인 9월 한 달은 이슬람교도에게 있어 일년에 한번씩 계율을 지키는 금식의 달이다. 이슬람력(曆)으로 9월은 '더운 달'을 뜻하며, 또한 신성한 달로써 9월 한 달 동안을 라마단(Ramadan)이라고 칭한다. 이 라마단 기간의 금식일에는 일출에서 일몰까지 마시지도 먹지도 말아야 하며 금연을 해야 하고 그리고 부부생활도 금해야 한다. 다만 군인·여행자·임산부·병자일 경우에는 면제되지만 후일에 별도로 금식을 해야 한다. 또 이때는 예배 이외에 모든 일을 쉬어야 하고 다만 사원이나 집에서 알라를 행한 영성적 기도생활을 해야 한다. 요즘은 라마단을 금식의 용어로 사용하기도 한다. 넷째, 자캇(Zakah)이다. 즉 일종에 희사·헌금으로 무슬림은 각자 총소득에서 의무적으로 오분의 일, 혹은 십분의 일, 혹은 2.5%를 사원이나 가난한 사람을 위해 헌납을 해야 한다. 그러나 요즘은 자율적으로 한다고 한다. 다섯째, 하지(Hajj)이다. 즉 성지순례로써 무슬림이라면 적어도 한 번 정도는 메카 성지순례를 해야 한다. 이슬람력으로 일년 가운데 열두 번째 달(둘 히자, Dhul Hijjah)에 우선 메카 성지순례를 해야 하고 그 다음은 메디나에 있는 모하메드의 묘를 참배해야 한다. 이 기간에는 화를 낸다거나 폭설·폭행을 해서는 안 되며, 또 부부생활도 금한다. 성지순례는 유일신 앞에 만인은 평등하고 한 형제임을 보이는 종교활동이다.

그리고 개인과 사회관계에 있어서 무슬림은 응당 부모에게 효도를 해야 하고 부부가 화합을 해야 하고 친척과 이웃을 존중해야 하고 항상 어려운 사람들에게 인색하지 말고 베풀어야 할 의무가 있다. 이처럼 개인과 사회의 관계에서 인류형제애의 실천을 상징하고 있다.

이상 간략히 살펴보았듯이 이슬람교의 생사관은 현세의 삶뿐만이 아니라 죽음을 생명의 다른 한 차원으로 생각하는 형으로, 생명을 생과 사(죽음)의 과정으로 보는 생사단계형(生死段階型)이면서 동시에 피할 수 없는 죽음을 이성적으로 이해하고 현실적 삶에 충실한 생명연속형(生命連續型)에 속한다고 볼 수 있다. 그러므로 무슬림으로서의 가장 중요한 삶의 정신적 자세는 무엇보다도 알라와 선지자 모하메드에 대한 경건한 믿음, 그리고 일체 모든 무슬림 교우를 진정한 형제로 응당 생각하고 나보다 못한 가난한 이들을 위해 반드시 자선을 실천해야 하고 형제애를 실천하여 현세에서 참사람이 되는 것이다. 이는 또한 죽은 후 신 앞에 떳떳이 심판을 받기 위한 부활의 길이기도 하다.

제2절. 철학적 측면의 생사관

1. 인도철학의 생사관

세계 4대문명지의 하나이면서 특이한 정신문화를 갖고 있는 민족 가운데 하나인 인도인의 생사관의 변천사 역시 유구한 역사를 지니고 있다. 위에서 말한 다섯 가지 유형에 의해 본다면 인도의 생사관을 간단히 어느 형이다 단정적으로 말하기는 힘들다. 하지만 넓은 의미로 본다면 삶뿐만이 아니라 죽음을 생명의 다른 한 차원으로써 생각하는 유형으로 생명을 생과 죽음의 끊임없는 과정으로 보는 '생사단계형(生死段階型)'과 생명과 죽음을 하나로 달관하여 죽음이 바로 삶이고 삶을 바로 죽음으로 보는 '생사종합형(生死綜合型)' 혹은 '생사초월형'을 복합적으로 함의하고 있는 점이 특색이기도 하다.

고대 인도사상의 생사관의 변천사를 살펴보면, 우선 기원전 1500년에서 1000년 전 사이를 베다시대로 볼 수 있다. 『리그베다』에 의하면 인도인들은 인간은 썩는(martya) 부분과 썩지 않는(amartya) 부분으로 구성되어 있다고 믿었다. 인간이 죽으면 썩는 부분은 지·수·화·풍의 기본원소로 대자연으로 돌아간다. 썩지 않는 부분은 죽은 인간의 의식(manas)[45]으로 조상의 영계(靈界)로 가거나 혹은 야마천(耶摩天)의 천계(天界)로 가서 존재한다고 생각을 하였다. 이때에는 사후의 문제에 있어 단순하게 죽음의 문제만을 생각했고 인간이 죽으면 대부분 야마천에 가서 향락을 즐기는 삶을 산다고 생각했다. 이 당시 인도인들은 태양신(Vivasvat)의 아들로써 야마(Yama)신이 살아생전에 지극 정성으로 조상과 신들에게 제사를 잘 지낸 사람들을 사후에 야마천당의 천계로 인도하거나 혹은 선행을 한 사람들을 가려서 조상들의 영계로 보낸다고 믿었다. 이 당시에는 죽음을 고통이라고 생각하지는 않았고, 죽음은 바로 조상들이 계시는 고향으로 돌아감을 의미했다. 또한 죽은 후에는 다른 세계로 가서 계속해서 영원히 존재한다고 믿었다. 지옥의 개념은 없었고, 다만 흉악하거나 위선자 그리고 악행을 한 사람들은

---

45) 마나스(manas): 본래 뜻은 의식(意識)을 말한다. 처음 『리그베다』에서는 죽은 사람의 의식을 마나스라고 칭했다. 이 당시에는 영혼이라는 용어가 없었고 마나스라는 말로 사용을 했었다. 하지만 어떤 학자들은 마나스를 영혼이라고 해석하기도 한다. (참고, 이지부 저, 인도사상문화사)

죽은 후 조상들의 영계나 야마천당의 천계(天堂)에 가지 못하고 무한히 깊은 곳에 떨어진다고만 알고 있었다. 그러다 『아타르바—베다』에 이르러 야마천을 지하의 세계, 혹은 암흑의 깊은 곳이라고 칭하기 시작한다. 그리고 야마(Yama)는 죽음의 사신(死神)으로, 비사카(Piśāca)는 유귀신(幽鬼神)으로, 나찰(Rākṣasa)은 마신(魔神)으로, 아수라(Asura)는 악신(惡神)으로 불리게 된다.

그 후 대략 기원전 1000년에서 700년 전인 범서(Brāhmaṇas)시대에 와서는 바라문교의 성립으로 바라문 제사장의 지위가 높아졌고, 제사의식이 『범서』에 의해 제사만능주의로 행해졌다. 또한 『범서』에 의하면 이때는 생사문제가 좀더 구체적으로 발전되어 인간의 사후문제로 지옥의 문제가 제기되었다. 즉 천계나 영계 이외에 지하세계(지옥) 혹은 유혼계(幽魂界)가 있다고 생각을 했다. 그리고 사후에 계속 존재하는 주체가 무엇인가를 구체적으로 다루었다. 즉 인간이 죽으면 영혼인 아수(Asu, 生氣, 活力) 혹은 마나스(Manas, 意識)가 야마천에 간다고 믿은 것이다. 또한 인간의 영혼은 현생의 도덕적 가치에 의해 내세의 삶이 결정되는 것이 아니냐는 문제까지도 사유하게 되었고, 이런 경향으로 업보론(業報論)이나 재사(再死) 등 새로운 생사 개념들이 생겨났다. 더불어 제사를 지성으로 잘 지내느냐 못 지내느냐에 따라 좋은 과보를 받기도 하고 징벌을 받기도 한다고 하였다. 『백단범서(百段梵書, Satapatha Brāhmaṇa)』에서는 인간이 죽은 후 영혼은 천칭(天秤)에 매달려 그의 현세 선악의 업을 보고 상벌이 결정된다고 한다. 바로 선인은 선과를 받고 악인은 악과를 받는다는 말이다. 그리고 재사(再死)의 개념은 인간이 죽은 후 영혼이 영계에 가든 천계에 가든 그곳에서 계속해서 영원히 존재하는 것이 아니라 그곳에서도 역시 다시 죽는다고 한다. 그리고 영계와 천계에 들어가는 문도 서로 달라서 영계는 서남방으로 들어가는 문이 있고, 천계는 동북방으로 문이 있다고 한다. 영계에는 또 다시 죽어야 할 보통사람들이 가는 곳이고, 천계는 성자들이 가는 곳이다. 이처럼 범서시대에는 아직 완전하게 윤회사상이 성립되지 않았지만 재사의 개념은 윤회사상의 태동이라고 볼 수 있다. 즉『범서』에 의한 새로운 생사개념의 영향은 후에 인과사상과 윤회사상의 체계로 발전되는 근원이 된다.

　그 다음 기원전 700년에서 500년 전인 우파니샤드(Upanisad)시대 때에는 좀더 많은 인생의 문제를 철학적으로 사유하기 시작한다. 사상적으로는 여전히 베다시대와 범서시대의 형식을 계승하면서도 상당히 수준 높은 사상으로 발전되었고 윤회와 해탈의 사상이 주류를 이루게 된다. 바로 업력(業力, Karma)·해탈(Mokṣa)·윤회(saṃsāra)사상이 인도인의 공통사상으로서, 인도사회의 공동신앙으로서 자리 매김을 한 것도 바로 우파니샤드시대이다.『우파니샤드』가운데『부라하다란-야카-우파니샤드』와『찬도야-우파니샤드』그리고『아이타르야-우파니샤드』에 의하면 이 당시 윤회사상의 형식은 크게 두 종류로 구분된다. 첫째 오화이도(五火二道), 둘째 삼도사생(三道四生)이다. 첫째의 오화이도(五火二道)에서 오화는 생사윤회의 순서이다. 인간이 죽은 후 화장을 하면 영혼이 ① 저 세상의 소마(Soma, 酒神)한테로 보내지고 ② 그 다음 다시 영혼은 비와 구름에 섞여서 ③ 이 세상에 다시 떨어지면 곡물들이 흡수하게 되고 ④ 영혼을 흡수한 곡물을 남자가 먹어 정액으로 바꿔져 ⑤ 여자로 인해 다시 인간으로 다시 태어난다는 순서이다. 다시 말해 인간이 죽은 후 화장을 하면 ① 공(空), ② 풍우(風雨), ③ 지(地)양식(糧食), ④ 정자, ⑤ 모태의 순서로 들어가 다시 인간으로 태어나는 것이다. 이도(二道)는 조상들의 영계와 천상의 천계(신계)이다. 즉 조상의 영계에 간 영혼들은 오화의 순서로 윤회를 하여 이 세상과 저 세상을 끊임없이 왔다갔다하면서 해탈하기 전까지 윤회를 하는 것이다. 하지만 천계 혹은 범계(梵界)에 간 영혼들은 윤회가 이미 끝난 경지이다. 둘째 삼도사생(三道四生)에서 삼도는 ① 천도(天道) 혹은 천계, ② 조도(祖道) 혹은 조상들의 영계, ③ 제삼도(第三道) 혹은 축생도(畜生道)·악도(惡道)이다. 사생은 ① 태생(胎生), ② 난생(卵生), ③ 습생(濕生), ④ 아생(芽生)이다. 이처럼 삼도와 사생의 몸으로 끊임없는 윤회를 한다는 것이다. 여기서는 대략 이와 같이 윤회사상에 대해 간략히 살펴보았지만 사실『우파니샤드』사상 가운데는 서로 모순되는 부분도 많고 아주 복잡하다. 이후『바가바드-기타』에 와서야 비교적 정리되고 일치된 사상으로 발전되고 그 후대에 내려갈수록 점점 더 완전한 체계를 확립하게 된다.

그 후 기원전 600년에서 200년 전인 경서시대(經書, Sūtra)의 인도사회에 있어서 일반적인 생사의 관념은, 인간이 죽으면 생전 삶의 선악의 결과에 의해 영계에 가든지 아니면 천계에 가는 길이 결정되거나 혹은 지옥에 떨어지게 된다는 것이다. 그러다 보니 생사의 고통으로부터 해탈을 위한 종교화·도덕화가 가속화되어 수행론이 제시된다. 예를 들면 인간은 어디로 와서 어디로 가는가? 왜 죽어야 하는가? 죽는 것은 슬픔이고 고통이다. 어떤 방법으로 이 생사의 고통을 면할 수 있는가? 어떻게 개체의 영혼과 우주의 영혼이 동체로써 범아일여(梵我一如)가 될 수 있는가? 브라만 범신의 영원하고 불변인 그 경지는 어떻게 해야 갈 수 있는 것인가 등등이다. 하지만 이 당시 인도인들은 생사를 해탈할 수 있는 그런 경지는 그냥 막연히 누구든 다 갈 수 있는 것이 아니고, 깨달음의 정신적 수행과 덕행에 의해서 갈 수 있다고 생각했다. 처음 베다시대에는 선행(善行), 즉 신이나 조상에게 제사만 잘 지내면 그 과보로 야마천궁이나 천계에 갈 수 있다고 생각을 했지만, 우파니샤드시대에 이르러서는 좀더 고차원적으로 발전되어 범행(梵行), 혹은 청정행(淸淨行)으로 바뀌었다. 왜냐하면 선행의 제사만으로는 진리를 깨닫지 못하며 범지(梵智) 혹은 깨달음의 일체지(一切智)를 증득할 수 없기 때문에 범계(梵界)와 계합하여 범아일여 혹은 만물과 하나가 될 수 없으므로 범계에 들어갈 수 없다는 논리였다. 그래서 고행주의라든가 정신적인 선정(禪定)같은 종교적인 수행이 시작되었다고 한다. 물론 체계적이고 조직적이지는 못했지만 불교보다 앞서 자이나교 같은 고행종교의 수행이 시작되었다.

그리고 불교에 와서는 사후 문제에 대해 석가모니부처님은 그 당시 사회의 전통적 관념으로 베다시대로부터 범서시대, 우파니샤드시대에 걸쳐 전해온 사상에다 새롭게 더 부가 설명을 하였다. 즉 야마천·지옥·인과론·윤회론은 물론 새롭게 서방극락세계설을 주장한다. 그는 야마천궁은 누구든 얼마든지 갈 수 있는 곳으로 삼계 내에 소재해 있다고 말한다. 하지만 야마천궁은 생사문제를 근본적으로 해결하는 구경의 좋은 곳이라고는 볼 수 없어서 최상의 좋은 곳으로 극락세계를 말한 것이다.[46]

경서시대와 맞물려 기원전 400년에서 기원후 200년까지의 베단타경(Vedanta-sūtra)시대에 이르러서는 가장 완벽한 베다사상을 주석해낸다. 특히 베다사상으로 우파니샤드와 범서사상을 회통하여 최고의 사상체계를 확립한다. 즉 범신의 관점에서부터 종교실천의 관점 등을 모

---

[46] 장만도 주편, 원시불교연구, pp.309-310, 대만 대승문화출판사, 민국67년.

두 분석·종합하여 그 동안의 논리적 모순을 탈피하고 자이나교 및 불교를 포함한 다른 학파의 사상들까지도 비판을 가한다. 인간의 생사 문제에 대한 관점을 살펴보면, 우선 범신(梵神; 만물의 창조주이신 至上神)과 지혜 및 심령의 관계는 서로 상응한다고 한다. 그렇기 때문에 지능과 심령과 인간의 감각기관은 모두 만물의 5원소인 에테르(Ether)·공(空)·화(火)·수(水)·토(土)로 구성되어 있으므로 생(生)과 사(死)의 경계도 이와 마찬가지라는 것이다. 즉 영혼이 새로운 물질(육신)과 접촉을 하면 태어남[生]이고, 영혼이 살던 육신과 이별을 하면 그것을 죽음이라고 한다. 그러므로 생과 사란 단지 물질적 육체의 존망(存亡)에 불과한 것으로, 영혼 자체는 생과 사가 없다고 한다. 지혜는 영혼의 밖에 존재하지만, 또한 영혼 내에 존재하기도 하여, 지혜는 영혼의 속성이면서 전신(全身)에 존재한다고 한다. 이 영혼의 주재자는 범신이며 각 개체의 영혼은 범신의 그림자라고 본다. 그리고 인간이 죽을 때 육신과 마음의 상호관계의 설명으로써 우선 육신의 다섯 감각기관은 모두 심령에 따르며 동시에 심령에 속한다. 심령은 생기에 속하고 생기는 영혼에 속한다. 바로 인간이 죽으면 명(지혜)과 무명(어리석음)에 의한 개인의 업력에 따라서 왕생을 하게 되고 다시 전생(轉生)을 한다. 그때 생기의 원소가 범천으로 돌아가면 분별과 부분이 없기 때문에 육체를 떠난 영혼은 다만 빛(광명)으로써 범신의 빛과 접촉을 하여 범아일여가 된다. 이때 개인의 영혼은 지혜의 빛으로 되어 범신과 구분이 없는 순수의식의 본질이 된다. 이렇게 해탈한 영혼은 단지 범천의 향락을 즐길 뿐 다시는 윤회를 하지 않는다고 한다. 이와 같은 경지에 도달하기 위해 지행(知行)이 일치되어야 하며, 자아절제(自我節制)의 수행은 필수이고 선과 악 그리고 자신의 공덕과 선행에 집착하지 말아야 하며, 반드시 세속적 소유를 버려야 한다. 또한 인간은 반드시 최선을 다하여 선행을 해야만 다시 인간 세상에 태어날 수 있고, 희생의 봉사가 없다면 지옥의 염라대왕이 있는 곳으로 떨어지고 여기에 7종류의 지옥이 있다고 한다.

 이상 대략 살펴본 인도사상의 생사관 가운데 가장 중요한 요지는 바로 윤회사상과 인과사상이다. 고대 인도인들이 인간이 죽은 후 사후세계는 어떠한가의 의문점에서 발단하여 나온 사상이 천당과 지옥의 개념 그리고 윤회사상과 인과론의 확립이다. 지금의 인도사회는 물론이고 아시아의 많은 불교도들은 윤회사상과 인과론을 지금도 믿고 있고 정신적인 수행을 하고 있다. 하지만 요즘 현대인들은 윤회사상이나 인과론을 이해하기도 쉽지 않을 뿐만 아니라 이해하려고 하지도 않고 더 나아가 부정을 하거나 미신화 하거나 비하시키는 사례가 왕왕 있다. 물론 믿든 안 믿든 그것이 중요한 것은 아니다. 특히 여기서 주지하고 싶은 것은 인도사회의 생사의식(生死意識) 가운데 인도인들은 비교적 사망의식에 대한 비중이 아주 깊은 범위를 차지하고 있다는 점이다. 그것은 물질적 쾌락의 삶보다는 정신적 깨달음의 삶을 더 중요시하는 디딤돌이 되고 있다. 그들은 정신적 깨달음을 얻기 위한 선정·명상·요가와 생사의식을 융화시켜 무한한 정신세계를 창출한 것이다.

2. 중국철학의 생사관

1) 유가의 생사관

　중국철학에 있어 유가(儒家)의 생사관은 생명연속형(生命連續型)을 제시하고 있다. 특히 유가의 생사관은 죽음보다 현실적 삶을 중하게 여기며 자손만대의 대를 잇는 종묘사직을 중하게 여기므로 앞서 말한 다섯 가지 유형 가운데 세 번째 유형인 '생명연속형'에 속한다. 여기에서는 전통유가 즉 선진유가와 송대신유가(宋代新儒家)를 통틀어 생사와 명(命)에 대한 관점으로 생사관을 살펴보고자 한다.

　선진유가의 대표적인 예로 공자(B.C.551~479)의 관점을 보면, "계로가 공자에게 귀신의 일을 묻자, 공자가 답하길, 인간의 일도 모르는데 어찌 귀신의 일을 알랴? 또한 말하길, 감히 어찌 죽음에 대해 묻는가? 생(生)에 대해서도 모르는데 어찌 죽음을 알겠느냐?"47)라고 했다. 이처럼 공자는 다만 실질적인 현실에 중점을 두었고 현학(玄學)이나 초월적인 형이상학의 문제를 중요시하지 않았음을 알 수 있다. 특히『논어・안연(顔淵)』에 보면 "죽음과 삶은 명(命)에 달렸고, 부귀는 천(天)에 달렸다"고 했다. 바로 인간 생명의 유한성을 말하고 있고, 수많은 인간사들이 하늘의 뜻, 천의(天意)에 달렸음을 의미하고 있다. 인간은 외적인 조건이 수반되어야만 비로소 무엇이든 이룰 수 있는 유한한 존재라서 수명과 부귀가 천명에 달렸다고 공자는 말한 것이다. 하지만 공자

---

47) 季路問事鬼神, 子曰 未能事人, 焉能事鬼? 曰敢問死. 曰未知生, 焉知死?(『논어・선진(先進)』)

의 생사관에서 보면 세상에서 물러남이 없이 도를 행하고 하늘을 원망하지 않고 남에게 책임을 전가하지 않고 역경을 이겨낼 수 있는 내적인 창조력의 개발과 자각이 바로 무한한 생명으로 돌아가게 되고 진정으로 자신을 안신입명할 수 있다는 것이다. 그래서 "인간만이 능히 도를 널리 펼 수 있는 것이지, 도가 널리 사람에게 펴는 것이 아니다"[48]라고 말한다. 이것은 바로 인간의 자각의식을 고취시키는 것이며 내적인 삶의 사명감을 제시한 것이다. 이런 뜻에서 공자는 나이 오십에 천명(天命)을 알았다고 말한 것이고, 이는 바로 자신이 갖고 타고난 인생의 운명을 알고 컨트롤하여 자아의 목적을 실현해야 함을 강조한 말이다. 그래서 군자라면 적어도 천명을 알아야 한다는 것이다. 즉 "천명을 알지 못하면 군자라고 할 수 없다"[49]라고 했다.

유가의 이상적인 인간은 바로 군자이다. 군자는 바로 유가의 성인(聖人)을 상징하기도 한다. 군자는 우선 자아의식을 고취하고 자아의식으로부터 남을 사랑[愛人][50]하고 도덕적 자아의 수양을 쌓아 내적인 지선(至善)을 이루어 정신세계를 함양한 도덕적 인격체로써, 더 나아가 사회에 대한 책임의식을 고취시켜 사회에 환원할 때 비로소 사회에 유용한 사람으로 능히 도를 펼 수 있는 도덕생명·지성생명(知性生命)의 가치를 성립함으로써 인생의 의미가 있다는 말이다. 즉 천하의 대도를 성취함이 바로 선진유가의 안신입명이다.

---

48) 人能弘道, 非道弘人.(『논어·위영공(衛靈公)』)
49) 不知命無以爲君子.(『논어·효왈(堯曰)』)
50) 애인(愛人): 공자가 말하는 애인은 요즘처럼 남녀간에 사랑하는 연인을 말한 것이 아니다. 공자는 사람을 사랑하는 것을 칭하여 애인이라고 했고, 모든 사람을 사랑하는 사랑을 가장 숭고한 도덕으로 보았으며 누구나 응당 남을 사랑해야 함을 아주 중하게 여겼기 때문에 애인을 도덕 가운데 가장 높게 평가한 것이다.

또한 맹자도 역시 인간의 생명은 천(天)으로부터 왔고 인간의 삶은 태어날 때부터 이미 한정지어져 각자의 기질을 부여받았고 생명을 받았다고 규정짓고 있다. 하지만 비록 인간의 생명이 유한하다 해도 누구든 자신의 천부적이고 선천적인 고유(固有)의 사단지심(四端之心)을 개발하고 발휘하면 사람마다 모두 요·순의 성인이 될 수 있다고 보았다. 이와 같은 수신입명(修身立命)이 바로 맹자의 이상적인 생사관이다.『맹자』에 보면 "자신의 본 마음을 충분히 발휘할 수 있으면 곧 자신의 본성을 아는 것이다. 자신의 본성을 다 아는 것이 바로 천(天)의 일을 아는 것이다. 자신의 본심을 지키고 자신의 본성을 함양하면 바로 그게 천을 받드는 법이다. 요절을 하든 장수를 하든 의심하지 않고 다만 덕행을 함양하여 천명을 기다리는 것이다. 이게 바로 수신입명의 근본이다"51)라고 했다. 물론 맹자도 부귀 및 남녀의 색욕, 식욕의 명을 부정하지는 않았지만, 가장 중요한 것은 도덕적인 명(命)이었다. 인생의 생애에 있어서 부귀하든 비천하든, 살든 죽든, 요절을 하든 장수를 하든, 색욕이든 식욕이든 태연하게 초월할 수 있고 진심과 본성의 함양에 의해 자신의 명을 찾는 것을 입명(立命) 혹은 정명(正命)이라고 했다. 그러므로 맹자의 입장에서 명(命)의 개념은 두 가지 의미이다.『맹자』에 의하면 "찾아 구함에 있어 자신을 버리고 잃음으로써 유익함을 구하는 것은 자신을 찾는 자이다. 도에서 찾고 명에서 얻어도 무익함을 구하는 것은 외적으로 찾는 자이다"52)라고 했다. 즉 하나는 내적으로 자신을 찾는 자요, 다른 하나는 외적으로 구하는 자이다. 내적으로 찾는다

---

51) 盡其心者知其性者也. 知其性則知天矣. 存其心養其性所以事天也. 殀壽不貳修身以俟之 所以立命也.(『맹자·진심상(盡心上)』)
52) 求則得之, 捨得失之, 是求有益於得也, 求在我者也. 求之有道, 得之有命, 是求無益於得也, 求在外者也.(『맹자·진심상(孟子·盡心上)』)

는 것은 인간의 도덕적 인격을 말함이다. 즉 사단지심(四端之心)인 인의예지의 수양을 일컫는다. 외적으로 찾는다는 것은 인간의 삶과 죽음·요절과 장수·남자와 여자·음식·부귀·명예 등을 찾는 것을 말한다. 유가에서 말하는 명의 개념은 객관적인 자연환경과 사회환경이 인간의 운명을 지배하고 결정짓는 작용을 한다고 본 것이다. 맹자는 인생의 명을 정명과 비정명(非正命)으로 나눴다. 『맹자·진심상』에 보면 "명 아닌 게 없다. 자신의 정명을 따르고 받아들이기 때문에 명을 아는 자는 암벽이나 담장(위태로운 곳) 밑에 서지 않는다. 정신적 도를 충분히 발휘하고 죽는 자는 정명이요, 물질적 속박에 매여 살다 죽는 자는 비정명이다"53)라고 했다. 즉 인생의 길흉화복은 명 아닌 게 없지만, 다만 정명자(正命者)는 인륜의 도와 덕을 성실히 닦으며 순리대로 살다 가는 자이다. 허나 순리를 역행하며 외적인 물질에 집착하고 단지 자신의 이익과 명예를 위한 삶과 죽음을 맞는 자를 비정명자(非正命者)라고 했다. 한대 유가(漢代 儒家) 가운데 조기(趙歧)에 의하면 "명에는 세 가지가 있다. 선행을 하여 선한 결과를 얻음을 일러 수명(受命)이라 하고, 선행을 하여 악한 결과를 얻음을 일러 조명(遭命)이라 하고, 악행을 하여 악한 결과를 얻음을 일러 수명(隨命)이라고 한다"54)라고 했다. 여기에서 수명(受命)과 수명(隨命)은 자신이 스스로 행한 행의 결과이지만, 조명(遭命)은 자신이 아닌 외적인 영향으로 이어진 결과를 말한 것이다.

순자(荀子)도 역시 『순자·정명(正名)편』에서 "우연하게 발생됨을 일러 명이라 한다(節遇之謂命)"라고 했다. 이처럼 전통유가의 주장은 우연

---

53) 莫非命也, 順受其正, 是故知命者, 不立乎岩牆之下. 盡其道而死者 正命也. 桎梏死者, 非正命也.(『맹자·진심상(盡心上)』)
54) 命有三名, 行善得善曰受命, 行善得惡曰遭命, 行惡得惡曰隨命.(『맹자장구(孟子章句)·진심편』)

이든 필연이든 인간의 삶과 죽음·흥성과 쇠망 모두 인간 자신의 힘 이외의 어떠한 운명이 발생 작용을 하는데, 그 불가항력의 힘을 명(命) 이라고 보았다. 이 명을 일종의 천의(天意)로 보았고 사명(俟命)·청명 (聽命)·순명(順命)·조명(造命)·안명(安命) 등등으로 표현하고 있다. 물론 인간이 살아가면서 인간의 힘으로 어쩔 수 없는 운명적인 불가항력의 작용이 발생될 때도 있지만 만물의 영장인 인간에게는 맹자가 말하는 양지(良知) 양능(良能)이 있어 인간과 자연의 관계·인간 사이의 모순 관계 등 역경을 능히 헤쳐나갈 수 있는 지혜의 힘이 있고, 도와 덕의 힘이 있어 가만히 앉아서 운명을 받아들이는 것이 아니라 개척하고 개발함으로써 자신의 향상과 발전을 꾀하는 데 삶의 의미가 있다고 보고 있다. 즉 이 세상은 공짜가 하나도 없다. 물론 때에 따라서는 요행도 간혹 있을지 몰라도 자신의 노력에 의한 외적·내적인 성취의 결과를 얻는 것이 더 중요하다. 그래서 선진유가에서는 인간과 금수가 다른 점을 양지, 즉 인간에게는 이지(理智)와 의지가 있기 때문에 능히 자신의 목숨까지도 버려 살신성인(殺身成仁)·사생취의(捨生取義)의 삶을 선택하는 것을 더 중요하게 볼 수 있는 것이고, 인간이 왜 인간인가의 가치이기도 한 것이다. 그래서『대학』에서도 인간의 근본을 "천자 (임금)에서 서민에 이르기까지 모두 수신이 근본이다"55)라고 했다. 즉 인간의 근본은 수신(修身)이며 수신의 근본은 덕이다. 덕은 바로 자신을 윤택하게 한다. 선진유가에서는 인생의 목적을 크게 두 가지로 보았다. 하나는 도덕적 수양과 정신적 함양을 인생의 가치로 두는 것이고, 다른 하나는 외적인 물질적 재물과 명예에 인생의 가치를 두는 것이다.

---

55) 自天子以至於庶人, 一是皆以修身爲本

선진유가뿐만이 아니라 송대 신유가에서도 역시 같은 관점이다. 그 예로 이정(二程)은 "현자는 오직 의로움만을 알 뿐이며 그 가운데에 명도 있다. 중인층 이하의 사람들은 명(命) 안에 의로움이 있다. 마치 도를 찾음에 있어 명을 구함은 무익함을 얻는 것과 같다. 명을 알 것 같으면 찾을 게 없는 것이다. 그러므로 자신이 찾을 게 없는 것이다. 만약 현자가 도를 찾는다면 의로움으로 구하므로 굳이 명을 말할 필요가 없다"56)라고 했다. 즉 삶의 가치를 의로움에 두고 있다면 굳이 명을 논할 필요가 없다는 뜻이다. 다시 말하면 인생의 삶과 죽음에 있어 인간의 길흉화복 생사의 여정이 어떠하든지 간에 근본적으로 인의예지(仁義禮智)의 명(命)을 추구하는 도덕적 가치를 중요시하고 있다는 관점이다. 또한『하남정씨유서』권24에서 "부귀와 천함 장수와 요절은 명이다. 인의예지 역시 명이다"57)라고 말했다. 즉 명을 두 종류로 분류하여 하나는 인생의 길흉화복을 좌우하는 객관적 힘으로써의 운명의 명이고, 다른 하나는 인간의 주관적 힘에 의한 인의예지의 도덕적 주관의 명을 말한 것이다. 주자도 "명에는 두 종류가 있다. 하나는 빈부·귀천·죽음·삶·요절·장수이고, 하나는 깨끗함과 탁함, 치우침과 바름, 지혜와 어리석음, 현자와 어리석은 자이다. 하나는 기에 속하고, 하나는 이에 속한다"58)라고 말했다. 즉 인생의 길흉과 화복 죽음과 삶, 요절과 장수 등은 모두 기(氣)의 명이고, 다른 하나로 마음의 청정함과 혼탁함, 치우침과 바름, 지혜와 어리석음, 현자와 어리석

---

56) 賢者惟知義而已, 命在其中. 中人以下乃以命處義. 如言求之有道 得之有命, 是求無益於得, 知命之不可求 故自處以不求. 若賢者則求之以道, 得之以義, 不必言命)(『하남정씨유서(河南程氏遺書)』권2)
57) 貴賤壽夭命也. 仁義禮智亦命也
58) 命有兩種, 一種是貧富貴賤死生夭壽, 一種是淸濁偏正智愚賢不肖. 一種屬氣, 一種屬理(『주자어류(朱子語類)』권4)

은 자 등 인의예지의 도덕적인 명을 이(理) 혹은 천리(天理)에다 귀속시켰다. 주자는 이 천리(天理)를 또한 의로움의 의(義)로 해석하기도 했으며, 인생의 가치를 의로움을 중하게 여기고 개인적 이익을 가볍게 여김에 두었다.

물론 인간의 삶은 육신의 현실적인 삶이 있기 때문에 먹어야 하고 입어야 하는 물질적 삶을 완전히 배제할 수는 없는 것이다. 그러나 인생의 가치에 있어서 인간이 왜 인간인가가 더 중요하고 더 의미가 있기 때문에 물질적 삶의 가치를 초월할 수 있는 것이다. 간단히 말해 인생의 가치를 자신의 이익에다 둔 것이 아니고, 의로움 혹은 정의로움에 둔 것이다. 그래서 공자는 "군자는 의로움만을 알지만, 소인은 이익만을 안다"59)라고 말한 것이다. 또 『순자』에 보면 "의로움과 이익을 인간은 둘 다 갖고 있다"60)라고 했다. 즉 인간의 생명은 본능적으로 자신의 이익을 추구하지만, 한편으로는 도의(道義)를 추구한다는 뜻이다. 또한 송대의 라종언(羅從彦)이 "속인은 부귀를 복으로 알고 있다. 남루하다! 성인은 욕심이 없고 군자는 욕심이 적고 속인은 욕심이 많다"61)라고 했듯이, 송대 신유가에 있어 이학(理學)이든 심학(心學)이든 근본 명제는 바로 '존천거욕(存天去欲)' 혹은 '양심과욕(養心寡欲)' '발명본심(發明本心)'이다. 존천(存天) 혹은 존심(存心), 양심(養心)은 수양에 있어 필수조건이다. 만약 본심의 마음을 지키지 못하거나 본심을 함양하지 못한다면 아무리 학식이 많다해도 인생에 무익하다는 말이다. 만약 학자가 올바른 양심과 올바른 성품의 본성[正性]이 없다면 그의 학문은 인생에

---

59) 君子喩於義, 小人喩於利.(『논어 · 리인(里仁)』)
60) 義與利人之兩有也.(『순자 · 부편(賦篇)』)
61) 俗人以富貴爲福, 陋哉! 聖人無欲 君子寡欲 衆人多欲.(『송원학안(宋元學案) · 예장학안(豫章學案)』)

무익할 뿐만 아니라 오히려 사람들에게 해를 입힌다는 뜻이다. 그래서 육상산은 세상을 인식하기에 앞서 우선 본심·양심을 알라고 주장했다. 왜냐하면 본심이나 양심은 바로 내적인 덕성의 판준(criterion)이기 때문에 사회적 도덕률이나 법률보다 더 먼저이고 중요한 것이다. 그러므로 인간은 생명의 가장 궁극적 가치를 추구하기 위해 육신적 자아를 위한 이익보다는 초월적 자아·정신적 자아를 더 중요시해야 한다는 말이다. 바꿔 말하면 현명한 사람의 삶은 죽음도 마다하지 않고 의로움을 생명으로 여기는 정신적 삶의 정의로움에 의의를 두고 있음을 말한다. 그래서 옛말에 "덕이 사람을 윤택하게 한다"라고 했다.

결론적으로 유가의 삶과 죽음의 생사관을 명(命)의 관점에서 보면 객관적인 명과 주관적인 명으로 볼 수 있다. 인간의 부귀와 비천·요절과 수명·성공과 실패는 개인의 힘만으로는 어쩔 수 없는 천의(天意)·자연(自然)·운명(運命)의 힘에 의한 함의를 내포하고 있다. 그러므로 인간의 수명뿐만 아니라 삶과 죽음 모두 다 천에 달렸으므로 죽음에 대해 초연하게 대한다. 예를 들면 장재(張載)는 『서명(西銘)』에서 "죽음은 응당 자기의 안녕(安寧)이다"라고 했고, 왕부지(王夫之)는 "죽음은 자기의 휴식이다"라고 했다. 그리고 유가는 죽음의 상례(喪禮)에 대해 중하게 생각하여 예의 가운데 제례(祭禮)를 가장 중요하게 생각했고, 그 다음으로 장례(葬禮)를 중요하게 생각했다. 그러나 비록 삶과 죽음이 천에 달렸다고 하지만 학문을 연마하고 덕성을 함양하고, 혹은 소인이 되거나 대인이 되거나 하는 덕성의 수양이나 정신적 함양은 자신의 힘에 의한 주관적 명에 좌우된다는 게 특징이다. 결국 주관적 명에 의해 자신의 전 인생을 결정하게 되므로 인생의 책임은 바로 자신에게 달렸다는 의미이다.

현대는 물질만능과 금전만능의 시대로서 물질적 풍요 속에서 정신적 빈곤의 삶을 살아가고 있다 해도 과언이 아닐 것이다. 지금 우리의 젊은 세대는 돈이라면 무슨 짓이든 할 수 있고, 기성세대는 부와 명예와 권력이라면 어떤 수단과 방법을 써서라도 성공을 하고자 하고, 자신의 양심을 아무 거리낌없이 헌신짝 던지듯이 던진다. 『대학』에서 말하길 "만물에는 근본과 지엽적인 지말(枝末)이 있고, 만사(모든 일)에는 시작과 마침이 있다. 근본과 지말·시작과 끝의 순서를 알 것 같으면 도의 원칙에 부합(符合)되는 것이다"[62]라고 했다. 즉 세상만사 인간사의 삶에는 모두 다 본말이 있어 근본적인 것이 있고 또 지엽적인 것이 있다. 물질이 인생의 근본적 목적의 가치가 될 수는 없는 것이다. 물론 물질을 떠나서 인간이 살 수는 없지만 그것은 인간의 목숨을 위해 기본적인 의식주를 해결하기 위한 것으로 육체적 자아를 위한 것에 지나지 않는다. 그런데 현대인은 본말(本末)이 전도되어 사람이 먼저가 아니고 물질이 먼저이다. 다시 말하면 인간이 목적이 아니고 물질이 목적인 인생을 추구하고 있다. 물질과 금전과 권력을 위해 자신의 소중한 양심도 저버릴 수 있고, 도와 덕은 물론이고 더 나아가 혈육을 버리고 우정을 배신해서라도 자신의 영달을 위해 무엇이든 할 수 있다는 것이 너무나 안타까운 우리의 현실이다. 물질적 대가를 위해 양심이 부재중이고, 정신적 영혼이 사망을 했다고 봐도 과언이 아닐 것이다. 물질적 대가로 정신적 자아를 저버린 우리의 현실적 사회병리 현상의 근본적 문제는 올바른 생사관·정신적 가치관의 교육부재에서 왔다고 본다. 이 문제는 오늘의 기성세대의 가치관 혼돈에서 비롯된 것이고, 그 결과가 지금의 젊은 세대에게까지 악 영향을 미치고 있음이다.

---

[62] 物有本末, 事有始終, 知所先後則近道也.

교육은 가정교육에서 시작되어 학교교육으로 이어지고 더 나아가 사회교육으로 연결되어 한 인간을 성장시키고 한 가정의 구성을, 한 사회의 구성을, 한 국가의 구성을 형성시킨다. 교육 가운데 중요한 것은 학교교육보다도 가정교육이다. 가정교육의 근본이 잘 형성되어 있어야 어른으로 성장을 해서도 인간 구실을 제대로 할 수 있는 밑거름이기 되기 때문이다. 금일 우리 사회의 혼란과 사회적 부조화의 구조를 교육적 측면에서 보면 전반적으로 전인(全人)을 위한 인성(人性)을 중시하는 예덕교육(禮德敎育)은 이미 상실되었고, 지나친 재능 위주의 테크닉지식을 중시하는 교육으로 변했다. 이로 인해 사회적 인간관계에 있어서도 냉담과 무관심의 개인주의 성향으로 바뀌어 인간성은 상실되었고, 갈수록 의로움[義]보다는 이익[利]만을 추구하고 사리사욕을 당연하게 생각하는 사회풍토 안에서 의(義)가 부재인 시대이며 양심이 부재인 시대에 살고 있다 해도 과언이 아니다. 더 나아가 개인적인 인간성의 상실로 인해 전체 삶의 존재를 위협하는 사회적 병리현상이 만연하고 있는 것이 지금의 우리 사회의 현실인 것이다. 모든 교육을 통하여 우리가 가르치고 배우는 궁극의 목표는 우주인생의 원리원칙을 알고 생존의 본질을 알아 이를 통한 삶의 인격적 승화에 있다. 우리 사회의 가장 중요한 과제는 어떻게 하면 물질적 · 경제적 빈곤이라는 사회현상이 해결될 것인가가 아니라, 인간이 왜 인간이며 인간의 가치가 어디에 있으며 진실한 삶의 자세란 무엇인가 하는 생사관 · 인생관 · 가치관을 확립시킬 수 있는 심성교육의 교화가 더욱 더 중요함을 인식해야 한다. 송대 심학(心學)의 개조(開祖)인 육상산(陸象山)은 "설령 일자무식이라 해도 당당하게 인간 노릇을 할 수 있다면 그 길을 택하겠다"라고 했다. 그러므로 우리는 유가의 생사관을 통하여 우리 사회의 현실적 문제를 좀더 반성할 수 있는 계기로 삼아 사회적 생존방식을 좀더 심도 있게 반조(返照)해 봐야 한다고 생각한다.

 2) 도가의 생사관

 중국철학에 있어 도가(道家)의 생사관은 삶과 죽음을 자연의 현상으로 보고 삶과 죽음을 모두 초탈하고 달관한 인생을 중하게 생각하므로 '생사종합형(生死綜合型)' 혹은 '생사초월형(生死超越型)'이라고 할 수 있다. 즉 삶과 죽음을 모두 자연의 현상으로 본다. 생으로 말미암아 죽음이 있는 것은 자연의 변화이므로 꼭 사는 것을 좋아하고 죽는 것을 싫어할 필요가 없다고 달관한다. "삶(생)에서 죽음에 이르는 것[出生入死]"을 인생으로 보았다. 인생은 바로 태어나 살다가 죽음에 이르는 여정이다. 그래서 노자는 인생을 출입(出入)으로 보았고, 장자는 왔다가는[來去] 자연현상으로 보았다. 이에 대한 아주 유명한 장자의 고사가 있다.

 장자는 부인이 죽자 처음에는 매우 슬퍼했었다. 그러다 한참 후 생각을 해보니 죽음과 삶은 기(氣)의 취산(聚散)에 불과하고 자연의 현상이거늘 어찌 슬퍼하랴 싶어 대야를 두들기며 노래를 불렀다. 문상을 온 가장 친한 친구 혜시(惠施)가 장자를 보니 대야를 두들기며 노래를 부르고 있지 않는가! 그래서 혜시는 '울어도 시원치 않은데 대야를 두들기며 노래를 부르는가! 자네의 마누라가 자네 가문을 위해 자식을 낳아주고 양육해주고 뒷바라지 해주고 가정을 다스려주고 했으니 감사와 슬퍼해야 옳거늘 어찌 대야를 두들기며 노래를 부르는가!'라고 나무랐다. 그러자 장자가 대답하길 '나도 처음에는 감사하고 슬퍼서

울었다. 울다보니 그게 아니었다. 죽음과 삶은 모두 다 자연의 현상이요, 죽음은 자연으로 돌아감임을 깨닫게 되니 자연히 노래가 나온 것이다'라고 대답했다. 이렇듯이 장자가 터득한 이치 역시 어떤 인생이든 어떤 죽음이든 모두 왔다 가는 그 자체가 자연현상이라는 것이다. 인생은 자연현상의 이치로서 삶이 있으면 필연적으로 죽음이 있다는 뜻이다.

  요즘 현대인들이 생각하기 어렵지만 생로병사는 인생의 여정이며 인생의 최후는 죽음으로 마무리짓는다. 노자는 인간이 모태에서 태어나 "사는 자들은 십의 삼이고, 죽는 자들은 십의 삼이다"63)라고 했다. 즉 태어나자마자 사는 사람도 십의 삼이고 바로 죽는 사람도 십의 삼이라고 한 것은 대략 인간으로 세상에 태어나 정명(正命)대로 사는 비율과 그렇지 못해 죽는 비율을 똑같이 본 것이다. 살든 죽든 타고난 수명대로 사는 비율을 십의 삼으로 본 것이다. 그래서 유가와 도가는 모두 태어날 때 타고난 수명대로 사는 것을 안향천년(安享天年)이라고 말한다. 또한 노자는 "죽어도 죽지 않음을 수명"64)라고 했다. 이는 육체적 죽음의 죽지 않음을 말한 것이 아니라 무위의 도를 지님으로써 죽어도 죽지 않는 정신적 수명을 표현한 것이다.

  그럼 우리는 어떻게 해야 죽어도 죽지 않는 것일까? 그건 매우 어려우면서도 아주 간단한 문제이다. 도가의 정신에 의한다면 자연의 현상인 생의 삶에 집착하지 않는다면 죽음에 대한 문제도 없는 것이다. 하지만 우리는 누구나 자신의 생을 집착하기 때문에 탐심 · 성냄 · 어리석음의 삼독(三毒)이 생기고, 삼독으로 인해 인간에게는 죽음의 문제가

---

63) 生之徒十有三, 死之徒十有三.(『도덕경』 제50장)
64) 死而不亡者壽.(『도덕경』 제33장)

생긴다. 만약 삶과 죽음에 대해 모두 집착하지 않고 수명이 길든 요절을 하든 그런 것에 집착을 하지 않고 초연하게 모두 다 자연의 현상으로 받아들이며 겸양과 아귀다툼이 없는 무아·무위의 삶을 산다면 생사의 문제는 자연히 해결될 것이다. 물론 이론보다는 실천하기가 어려운 것이 문제이지만 도가에서는 삶도 죽음도 모두 자연현상에 지나지 않으므로 너무 인위적으로 삶에 치우치는 것을 일종에 생의 집착으로 보고 있다. 그렇다고 삶을 부정하는 것은 아니고 일체를 순리대로 순응하면서 현실에 만족할 줄 알라는 말이다. 인간이 욕망을 따르면 한도 끝도 없기 때문에 노자는 "만족하는 자가 부자이다"65)라고 했다. 만약 누군가 삶이나 죽음에 대한 근심이나 공포심이 없다면 그런 사람은 어떠하겠는가? 그 사람의 심지(心智) 혹은 본심(本心)은 노화(老化)되지 않을 것이며 생사를 하나로 다 초월할 것이다. 그것은 바로 초월적인 심성의 본바탕으로 되돌아갔기[還元本處] 때문이다. 그 이유는 그런 지자(智者)의 마음은 이미 어떠한 현실적 압력이나 억압이나 정신적이거나 심리적인 스트레스나 충동이나 변화를 일으키지 않는 지혜로운 마음으로 승화되었기 때문이다.

　그럼 진정한 인간이란 무엇인가? 기본적으로 실존의 입장에서 인간을 본다. 즉 인간의 본질이란, 마음 안에 만물의 이(理) 혹은 생명의 이(理)를 본질로 하고 있다는 점이다. 그러므로 비록 인간이 선천적으로 생명의 이(理) 혹은 신성(神性)·불성(佛性)을 인간의 본질로 하고 있다 해도, 인간의 표면적인 마음은 이기적인 습성을 쉽게 버리려 하지 않는다. 그래서 장자는 인간세상(人間世)을 북명(北冥)이라고 비유하여, 인간들이 살아가고 있는 공간적인 인해(人海)의 특징으로써 서로 헐뜯

---

65) 知足者富.(『도덕경』 제33장)

고 서로 상해(傷害)하는 세태로 표현했다. 그러나 인간세상이 비록 서로 헐뜯고 상해한다고 하지만 우리 모두 인간 내면에 있는 본질을 잘 다스려 간다면 인간세상은 남명(南冥), 즉 광명과 하모니[和諧]의 이상세계로 변한다고 강조한다. 그러므로 인간은 마땅히 정신적 혹은 마음적으로 생사에 대해 자유자재한 사람이 되어야 한다. 다시 말하면 일반적으로 범부들은 자기 주관적인 입장에서 논리적·이론적으로 지식을 쌓는데, 그것은 명예와 부를 갖기 위한 이기심을 근본으로 하고 있다는 점이다. 즉 사회적으로 유용한 인간, 유능한 인간이 되기 위한 인위적인 사고의 틀 속에서 벗어나지 못하고 있는 것이다. 남보다는 나를 먼저 우대하고, 타인으로부터 권위와 존경받기를 좋아하고, 남보다 더 우월하여 타인을 우습게 알고, 부귀영화를 갖고자 하는 것이 범부들의 세태이다. 이와 같은 세상 사람들의 지식을 장자는 작은 앎, 혹은 그런 지식을 소지(小知)라고 했다. 그 반면에 장자는 진정한 지식, 혹은 진정한 앎을 진지(眞知) 혹은 대지(大知)라고 칭했다. 진지 혹은 대지(大知)란 논리적인 지성과 이성을 바탕으로 하는 것이 아니라 그것들을 초월한 오성(悟性)의 심원(心源)으로부터 통찰되어 나온 내면적이고 직관적 지혜를 말한다. 이와 같은 진지, 혹은 대지를 얻은 사람을 장자는 삶과 죽음의 생사를 초탈한 진인(眞人)·신인(神人)·지인(至人)·기인(奇人) 등등으로 칭했다.

그렇다면, 어떠한 사람들이 진인, 신인, 지인, 기인에 속하는 삶을 사는 것일까? 장자는 인간을 4가지 차원의 유형으로 분류하였다. ① 제1층의 사람: 일반적인 세상 사람들로써 소지(小知)의 차원에 있는 부류를 말한다. 즉 자기 중심의 자아의 가치관이나, 혹은 사회의 가치 측면을 추구하거나, 권위와 명예를 추구하는 일반적인 지식인을 의미한다. 일반적으로 사회에서 말하는 유능한 엘리트를 가리킨 것이다. 이는 모든 범부들이 추구하고 갈망하는 보편적인 삶의 유형이다. ② 제2층의 사람: 세상 사람들이 성공으로 보는 사회적 가치의 성취를 이미 심적으로 벗어난 단계의 사람을 의미한다. 단 세간(世間)과 출세간(出世間)을 구분하여 둘로 보는 경지에 있는 사람이다. ③ 제3층의 사람: 비록 세상 사람들의 보편적인 삶의 관념들은 모두 초월했으나, 아직도 유심(有心, 有待)의 마음을 완전히 초월하지 못한 단계의 현인(賢人)을 말한다. ④ 제4층의 사람: 완전히 세간과 출세간을 불이(不二)로 보는 무심(無心, 無待)도인 경지의 삶의 단계를 의미한다.

　장자(莊子)는 제4층에 있는 사람들을 제일 진실하고 제일 자연적인 사람들로서 이들은 어떠한 대가를 바라지 않는 무심의 사람들이라고 서술하고 있다. 이들의 특색은 외적으로는 세상의 가장 평범한 사람들과 다름이 없고, 사람들과의 관계에서는 무용(無用)한 사람들이다. 즉 자신의 우월한 경지를 일반 범부들 같으면 자신이 유용한 사람[有用之人]이라고 과시하는 게 인지상정인데, 이들은 자신을 세상에 과시하지 않으며, 세상 사람들이 알아주지 않는데도 묵묵히 세상을 요익하게 하는 성자들이다. 이들을 장자는 무용지인(無用之人)이라고 묘사하고 있다. 또한 이들은 내적인 정신적 측면에서는 자유자재한 소요(逍遙)의 경지에 있으며, 지혜와 덕성으로 세상을 상해하지 않는 무기(無己)·무아(無我)의 진실한 진인(眞人)들이다. 이들의 경지는 이미 세상의 공명과 생사를 초월했고, 또한 자아를 초월한 자유인들이다.

　장자는 왜 이와 같은 성자의 경지에 있는 사람들을 무용지인이라 했을까? 일반 세상 사람들의 성품은 이성을 바탕으로 자기 중심의 자아의 가치관, 혹은 사회의 가치측면을 추구하고, 권위와 명예를 추구하며 사회의 유용한 인물이 되고자 한다. 아무도 사회의 무용지인이 되려고 하지 않는 것이 세상 사람들의 가치관이고 생사관이다. 다른 이들로부터 존경을 받고자 덕행을 하고, 유용한 사람이 되려고 학문을 쌓고, 명예나 부를 갖고자, 사회의 유용한 인사가 되고자 바둥거린다. 타인보다 월등해야 유능한 사람이 되기 때문에 항상 보이지 않는 타인과의 경쟁을 해야 하고, 타인을 능가해야 만족을 하는 게 범부의 속성이다. 만약에 너도나도 우리 모두가 다 이와 같이 유용한 인사가 되고자 한다면 이 세상, 이 사회는 어디로 흘러갈까? 즉 인간세상은 바로 서로 상해(傷害)하는 북명(北冥)이 되는 것이다. 그래서 장자는 강조하길, 덕행을 갖추고 있다 해도 다른 이들로부터 존경받고자 함도 아니고, 어떠한 학문을 통달했다 해도 사회의 유명한 인사가 되기 위함도 아니고, 자기과시를 하기 위함도 아닌, 나와 남을 하나의 동체감(萬物與我竝存)으로 생각하고, 항상 걸림 없이 타인의 입장에서 베풀고 배려하고 관용하고 사양하고, 사람들을 위하여 사회를 위하여 봉사와 기여를 한다 해도 자기 과시나 우월감에서 명사가 되고자 하는 유용한 사람이 아니라, 세상에 자신을 드러내지 않고 항상 묵묵히 세상을 이롭게 하면서도 자신을 초월한 진실한 자유인을 주장함이다. 그래서 장자는 "진실한 사람이 된 후에 비로소 참된 앎이 있다"고 강조한다. 참된 사람은 다른 이를 이기려고 하지 않는 것이다.

그럼 장자는 왜 참된 사람 이후에 비로소 참된 앎이 있다고 했는가? 참된 사람이란 참으로 진실하고 자연스럽게 현실에 순응할 줄 아는 거짓됨이 없는 정직한 인간을 말한 것이다. 다시 말하면 진실을 통달한 참된 인간이 되어야 비로소 참된 가치의 삶이 있다는 뜻이다. 그렇다면, 어떻게 해야 능히 스스로 자각을 한 깨어 있는 열린 마음의 진실한 사람이 되는 것일까? 범부인 우리들이 말하는, 나[自我]라고 하는 소아(小我)에서 나오는 모든 상념(想念)·동기·감정·소원과 그것들이 생기는 원인과 방식을 잘 알아 살피고 그것들의 병폐를 모두 제거해야만 비로소 자아의 모든 거짓으로부터 벗어나 마음을 자비와 사랑으로 가득 채우게 되고 스스로 자신을 경계하고 깨어 있어야만 진실한 인간이 될 수 있는 것이다. 만약에 내가 다른 이들과의 관계성에서 이익을 추구하기 위한 물건을 보듯 타인을 대한다면[以物觀之], 나와 그들의 관계는 서로 대립의 관계인 I-it(he)의 관계성이 성립된다. 그러나 내가 항상 깨어 있는 마음으로 열린 마음의 자세로 사물을 대하고 자신을 대하듯 상대방들을 대한다면[以心觀之], 즉 I-Thou(you)의 관계성이 성립되어 서로 이해할 수 있는 진실한 참 관계가 형성되는 것이다. 그때 비로소 우리는 자유인이 될 수 있고 참된 나를 발견하게 되고 참으로 생사를 여읠 수 있는 것이다. 다시 말하면 인간의 끊임없는 욕망·자기한정·편견 혹은 독단 등등의 일체 망상의 범주의 틀을 철저히 꿰뚫었을 때 그것들은 자연히 소멸되고 남는 것은 실상이며 이때 참나(眞我·大我·眞人·神人·至人)를 알게 된다. 왜냐하면, 의식이 창조작용을 하기 위해서는 어떠한 자기한정의 걸림의 장애도 없어야 하며, 자아가 사라졌을 때 무애자재(無碍自在)한 대 생명이 나타나기 때문이다.

제4장. 서양의 생사관

　삶과 죽음에 대한 문제는 동양뿐만이 아니라 서양도 마찬가지로 예로부터 종교와 철학을 통하여 많은 관심과 사유를 해오던 인생의 중요한 과제 가운데 하나이다. 왜냐하면 인생에 있어 누구에게나 현재의 삶도 확실하지 않지만 죽음도 역시 확실하지 않기 때문이다. 또한 현실의 삶 속에서 언제 닥쳐올지 모르는 불확실한 죽음의 그림자가 이미 임해져 있고 죽음을 예상하지도 못한 상태에서 어느 날 갑자기 친지나 주변에 관련된 사람들이 이 세상을 떠나는 슬픔을 맞는다는 그 자체는 괴로움이다. 그러므로 산다는 문제나 죽는다는 문제나 모두 다 고통이다. 특히 눈으로 볼 수 없는 사후세계는 더더욱 괴로운 일이며, 이로 말미암아 불안·공포·근심·초조 등등으로 인간은 죽음의 문제를 사유하지 않을 수가 없다.
　동양과 마찬가지로 서양에서도 죽음 후의 사후세계가 어떠한가에 관심을 갖고 그 고통과 죽음의 문제를 해결하고자 부단히 노력해 오고 있다. 물론 종교적 측면과 철학적 측면에서 기본적인 생사관을 살펴볼 수 있지만 동양과는 좀 다른 양상이 있어 크게 네 가지로 확장하여 살펴볼 수 있다. 첫째, 생사단멸형으로 한 생을 살고 죽게 되면 모든 게 끝난다라고 극단적으로 여겨 죽음을 생명의 끝으로 생각하는 형이다. 둘째, 생사단계형으로 삶뿐만이 아니라 죽음을 생명의 다른 한 차원으로 생각하는 형으로 생명에 있어 죽음을 새로운 인생의 과정으로 보는 형이다. 즉 죽으면 영혼이 존재하며 영혼은 연속적으로 다른 차원의 세계에 재생(再生)되어 존재한다고 생각하는 형이다. 셋째, 생사종합형 혹은 생사초월형으로 생명과 죽음을 하나로 달관하여 죽음이 바로 삶이고 삶이 바로 죽음이라고 보는 형이다. 넷째, 생사회의형으로 삶과 죽음을 자연의 현상으로 보지만 죽음에 대해 민감한 반응으로 의학적 측면 혹은 철학적 종교적 측면에서 죽음에 대해 알려고 노력하는 형이다.

그럼 본 장에서도 앞의 제3장과 마찬가지로 생사관의 유형에 따라서 서양의 종교적 측면과 철학적 측면에 의한 각기 다른 생사관을 통하여 죽음에 대한 인식과 삶의 지혜를 살펴보고자 한다. 즉 각각의 생사관의 배경사상을 통하여 생사관의 내적 함의와 그들이 제시하는 삶과 죽음에 대한 태도와 사상의 의미를 살펴보겠다.

제1절. 종교적 측면의 생사관

1. 중세 기독교의 생사관

　중세철학은 대략 서기 1세기에서부터 1450년까지로 그리스·로마·히브리(유대, hebrews) 3대문화의 계통으로 형성된 철학사상이다. 지자(智者)를 중요시하는 그리스문화와 성인을 중요시하는 로마문화, 그리고 믿음을 중요시하는 히브리문화가 서로 결합되어 탄생된 종교철학이다. 그 중 특히 그리스철학의 2대 거장인 플라톤과 아리스토텔레스 사상을 근거로 하여 우주와 인생의 문제, 그리고 히브리신을 중심으로 한 도덕적인 인생관의 윤리 도덕론이 융화하여 발전되었다. 히브리신앙 가운데 가장 중요한 핵심 문제는 유일신인 하나님은 인간을 비롯하여 우주만물을 창조했지만 인간은 원죄를 지어 신에 의해서만 구원을 받는다는 사상이므로 자연히 인간과 신과의 관계가 중요한 문제로 대두되었고, 또한 현세만이 아니라 내세의 생명까지도 신과 연결되어 있다보니 종교적인 경향으로 발전하게 된 사상이 바로 중세 기독교철학이다. 그 가운데 교부철학과 스콜라철학은 기독교 계시의 진리와 고대 그리스철학 가운데 플라톤과 아리스토텔레스의 사상이 접목되어 형성된 종교철학의 결정체이다. 또한 서양 철학사에 있어서 중세철학은 약 천이백 년 내지 천육백 년 정도의 시공을 점유했던 철학이기도 하다.

여기에서는 그리스-로마철학 가운데 스토아학파(Stoa)와 플라톤 사상의 영향을 입은 교부철학의 최고봉인 아우구스티누스 및 아리스토텔레스의 영향을 입은 스콜라철학의 대표자 토마스 아퀴나스, 그리고 몇몇 교부를 위주로 생사를 바라보는 관점과 그 속에 담긴 지혜를 살펴보고자 한다.

1) 말기 스토아학파

스토아학파의 명칭은 그리스어 스토아(Stoa)에서 유래된 이름이다. 스토아는 명사로써 화랑 혹은 강당을 뜻한다. 주로 화랑이나 강당에서 집회를 열어서 이 이름을 얻게 되었다. 원래 스토아학파의 사상은 B.C.300년~A.D.200년까지 발전된 그리스-로마철학이기도 하다. 일반적으로 스토아학파의 주장은 유물론적 범신론(汎神論)이다. 특히 말기 스토아학파(Later Stoa, A.D.1-2) 생사관의 배경사상은 물질과 정신을 동일한 하나로 보는 관점에 있다.

신은 일종의 '세계영혼'이며, 신 자체에 일체 세상을 발전시키는 사상의 종자(Logoi Spermatikoi)를 내포하고 있다고 주장한다. 우주만물은 기(氣, Pneuma) 혹은 호흡으로 활동과 유전을 하고, 그런 우주만물을 모두 생명이라고 한다. 즉 기 혹은 호흡으로 인해 만물의 생명은 질서를 유지하면서 서로 공존하고 있기 때문에 이를 일러 '세계영혼'이라고 칭한다. 그리고 인간은 세계영혼 가운데 일부분에 지나지 않다고 보고 있다. 인간은 원래 영혼과 육신을 지니고 있지만, 영혼은 세계영혼의 일부분이기 때문에 영원히 죽지 않지만, 육체는 개체의 사적인 것이므로 죽는다는 것이다. 하지만 착한 선인(善人)의 영혼은 육신이 한번 죽은 사후에도 어느 경지에 머물러 있다가 다시 제2의 탄생을 한다고 한다. 이들의 사상 역시 피타고라스학파의 영향을 입어 영혼윤회설을 주장하고 있다. 다만 개체의 윤회뿐만이 아니라 일체 세계의 윤회를 주장하는 범신론이다.

또한 인간의 인성은 기본적으로 욕망으로 이루어져 있고, 오직 만물 가운데 인간만이 자신을 절제할 줄 알기 때문에 인간만이 자유와 도덕과 가치를 지녔다고 주장한다. 그러므로 인간은 누구나 인생에 있어서 자신의 이기적인 욕망으로부터 절제하여 내심의 안정을 얻었을 때 비로소 행복을 얻게 되고, 동시에 세상 역시 평화롭게 된다는 것이다. 더욱이 인간은 외적인 명예나 부귀의 욕망을 추구하지 않고, 또한 신에게까지도 기도로 구걸을 하지 않았을 때만이 진정한 영혼의 평안을 얻을 수 있다고 한다. 인생의 최대행복은 바로 영혼의 평안이고, 이때에 비로소 진정한 인간 관계의 교제가 교감되어 타인의 영혼과도 일체가 되며, 신과의 관계 역시 하나로 융화되고 만물이 하나로 조화를 이룰 수 있다고 한다. 우주만물 가운데 대자연의 화합은 바로 인간의 영혼이 안정되었을 때 비로소 하모니의 세계가 된다. 역으로 대자연의 화합 가운데 가장 장애가 되는 것은 인간의 사적인 욕망 때문이기에, 도덕적으로 첫째 의무가 바로 이기적인 욕망의 극기이다. 왜냐하면 인간의 영혼은 무한하기 때문에 유한한 세상의 물질로는 절대로 만족할 수도 없고, 오직 정신적인·내적인 심성의 영혼이 평온할 때만 행복하게 된다는 것이다. 그러므로 유덕(有德)한 지자(智者)는 바로 다름 아닌 이기적인 사욕을 절제한 사람을 지칭한다.

스토아학파 역시 삶의 해탈(Apathea)을 주장하는데, 해탈은 바로 영혼의 질병으로부터의 해방을 의미한다. 영혼의 질병이란 즉 물질적 부

(富)의 추구, 명예나 권력의 추구, 비애·절망·분노·상심·우울·비관 등등, 이런 원인으로 인해 인간의 영혼이 불안해지고 병들뿐만 아니라 육신의 죽음을 맞는다는 것이다. 또한 만물 가운데 인간의 존재를 가장 중요시하고 있다. 하지만 개인의 개체보다는 단체, 단체보다는 더 나아가 전 인류의 세계를 중요시한다. 왜냐하면 인간은 본래 한 형제이기 때문이다. 그래서 전 인류를 형제의 관계로 본다. 특히 스토아학파의 창시자 제논(Zeno, B.C.336?~264?)의 주장은 사회의 교육이나 학교나 법률이 중요한 것이 아니고, 가장 필요한 것은 어떻게 하면 인간은 자기 자신을 절제할 수 있는가? 어떻게 하면 완전히 자신을 비울 수 있는가?라고 역설한다. 또 철학과 종교를 하나로 보며, 따라서 모든 철학가를 종교가로 보기도 한다. 그리고 이 세상에서 무신론자가 가장 어리석다고 말한다. 결론적으로 이 학파의 생사관에 담긴 의미는, 도덕적으로 인간은 어떻게 자아인식을 발전시킬 수 있는 것인가가 중요한 과제이며, 자기내면으로부터 우주만물과 일체가 되는 길이 바로 생사의 해탈이라는 것이다. 그러므로 이와 같은 말기 스토아학파의 생사관은 '생사종합형' 혹은 '생사초월형'이라고 볼 수 있다.

2) 히브리민족과 구약·신약

히브리민족은 원래 유목민족이다. 유목생활이란 사실 천지를 의지해야 하고 초원을 찾아 정처 없이 떠도는 생활이므로 어려운 고난의 생활이라고 할 수 있다. 그러한 생활의 원동력이 바로 절대자 신(야훼)을 믿는 히브리민족의 신앙이었다. 구약성경은 바로 히브리성경이다. 성경에 기록되어 있는 히브리민족은 특별히 신이 선택한 민족이지만 많은 시련을 겪은 민족이기도 하다.

　구약시대는 모세를 중심으로 한 엄격한 율법시대였다. 신과 인간 관계의 교량 역할이 바로 신앙이었다. 인간의 생활은 하나님을 믿음으로써 계시를 받을 수 있는, 즉 구약시대의 히브리민족의 신앙은 신을 중심으로 한 민족종교였다. 그러다 로마제국이 히브리민족을 통치한 이후로 히브리민족 가운데서 예수(Jesus Christ, B.C.4?~A.D.30)가 나왔다. 예수가 나옴으로써 구약시대의 무서운 율법의 하나님을, 즉 히브리민족의 하나님을 온 인류의 신으로, 징벌의 하나님을 사랑의 하나님으로 종교적 의식을 전환시켰으며 동시에 구약시대에서 신약시대로 전환시켜 전 인류의 종교로 전환되는 계기를 마련하였다. 신약시대의 사상은 도덕과 종교를 결합시켜 만물 가운데 인간의 영혼을 가장 가치 있는 인격체로 부상시켰고, 신은 인간을 위하여, 인간은 신의 자녀로 부상시켜 기독교의 가장 깊은 핵심의 본질을 완성시켰다.

　이와 같은 역사문화를 배경으로 한 구·신약의 생사개념은 바로 창조와 구원이다. 구약 가운데 창세기에서는 신이 어떻게 이 세상과 인간을 만들었으며, 인간이 어떻게 자유를 얻었고, 그 자유로부터 인간이 어떻게 죄를 지었고, 신은 어떻게 인간을 구원할 것인가 등등이 기록되어 있다. 바로 기독교 생사관의 배경사상에 있어서 인간의 생(生)과 사(死)의 문제, 즉 삶과 죽음의 문제는 결국 생명의 근원의 문제로 소급된다. 인간은 누구든 태어나면 꼭 죽어야 한다. 죽음이 필연이라면 그 죽음은 자연적인 현상일 수가 없다. 기독교에서는 인간의 죽음을 자연적인 현상으로 보지 않는다. 즉 하나님이 처음 인간을 창조했을 때 원래 영원한 생명으로 만들어졌다고 한다. 하지만 최초의 인간 아담과 해와가 금단의 선악과를 따먹음으로써 죄를 지은 이후로 인류는 원죄를 지은 죄의 대가에 의해 죽음이라는 징벌을 받았다는 것이다. 그렇다면 인간의 죽음은 필연인 것이다. 그러면 인간은 죽음 이후 어떻게 되는 것일까? 인간은 죽음의 징벌로 말미암아 영육(靈肉)이 분리된다. 그 다음 영과 육은 어떻게 되는 것이며 인간의 사후세계란 무엇인가?

신·구약에 의한 기독교 생사관의 함의에 의하면 비록 인간이 영과 육이 분리되는 죽음을 맞이하지만 그렇다고 영원히 생명이 끝나는 것은 아니다. 죽음 이후 비록 육신은 소멸되어 자연으로 돌아가지만 인간의 영혼은 여전히 사후세계에 존재한다는 것이다. 즉 사후세계의 천당이나 지옥은 시간적 개념을 초월한 영원한 생명의 입장에서 인간의 죽음은 생명의 끝남이 아니고, 다른 차원의 생명의 시작이다. 천주교에서는 인간이 죽은 다음 사후에는 천당과 지옥 그리고 연옥, 이 세 곳을 가게 된다고 말한다. 물론 천당은 하나님을 믿고 순종한 자만이 갈 수 있는 영원한 생명으로써 존재하는 영생의 복락이고, 지옥과 연옥은 하나님을 반목하거나 따르지 않은 자들이 가는 곳으로 지옥은 바로 영원한 형벌이고, 연옥은 설사 하나님을 믿었어도 잘못 믿은 자들이 구원을 받기 전까지 머물러 있는 곳으로, 즉 집행 유예 기간 동안 있는 곳이라고 볼 수 있다.

주목할 곳은 바로 연옥이다. 동양의 사상이나 종교처럼, 예를 들면 유가의 제사나 불교의 천도재(薦度齋)로 죽은 자를 위한 적극적인 구제 의식이 천주교에도 있다는 점이다. 천주교에서는 임종 전에 임종자를 위한 미사, 선종(善終)을 위한 미사를 본다. 이 역시 죽은 자를 위한 종교의식이고 죄를 소멸하는 구원의 종교의식이다. 또한 살아서 영생을 얻기 위한 구원의 방법으로, 신약에 의하면 인류의 구원을 위해 신의 아들인 예수가 메시아로 직접 인간의 몸으로 내려와 인류의 원죄를 대신 지고 구원의 사랑을 보인다. 하지만 만약 단순히 예수를 믿는 신앙 그 자체만으로도 사후세계의 천당의 복락을 얻을 수 있다면 굳이 연옥이 있을 필요가 있을까 하는 문제가 제기되기도 한다. 물론 기독교가 유일신 사상이기 때문에 아무리 선한 삶을 살고 선덕을 쌓는다 해도 타종교를 믿거나 혹은 기독교를 믿지 않는다면 지옥에 간다고 한국교회는 보편적으로 주장하고 있다. 그렇지만 중요한 점은 단순히 믿음만으로 사후에 천당을 간다기보다는 우선 영생의 삶을 얻기 위해 예수의 정신을 바탕으로 삶을 실천해야 한다는 점이다. 이 의미는 살아생전에 영생의 삶을 산 자만이 죽어서도 영생의 복락을 얻을 수 있다는 뜻이다. 또한 그런 믿음을 정신(正信)이라고 본다. 특히 일반적으로 한국기독교가 말하는, 믿는 자만이 천당을 가고 믿지 않는 자는 무조건 지옥으로 간다는 극단적인 논리는 앞으로 풀어야 할 과제이다. 기독교 사상의 기본 구호가 "네 이웃을 네 몸처럼 사랑하라" 아니던가! 바꿔 말해 누구든 믿는 자는 삶 가운데 박애정신의 실천, 즉 사랑의 실천이 중요한 것이다. 오직 예수님의 정신을 바탕으로 한 삶 가운데 사랑의 실천만이 내세의 천당이 보장되는 길이다. 그러므로 기독교의 생사관은 대략 '생사단계형'이라고 볼 수 있다.

3) 아우구스티누스

아우구스티누스(Augustinus, A.D.354~430)는 교부로서 훌륭한 성직자로 생애를 마쳐 그의 이름 앞에 성(聖)자를 붙여 성 아우구스티누스라고 부른다. 하지만 그의 일생은 아주 파란만장했었다. 그는 초년의

10대에 마니교(mani)를 신봉하기 시작했고, 15-6세 때에는 타락하기 시작하여 여성과 동거로 17살 때 아들을 두기도 했었다. 그 후 뜻하지 않게 부친과 모친 그리고 아들의 죽음을 맞이한 그는 30살 때 마니교의 선악이원론설에 대한 교리에 회의를 하기 시작하다, 엠부로시우스 신부를 만나게 되어 기독교사상을 접하게 되었고, 32살에 수도원에 들어가 수도생활을 성실히 하여 4년 뒤에는 주교신부가 되었다.

    젊어서 파란만장한 생애를 지낸 그는 항상 이원론적인 영육의 갈등 · 선과 악 · 자유와 운명의 갈등 등으로 깊은 고민에 빠지기도 했으며, 그런 시련으로 인해 마음의 평정을 찾고자 수도자의 길을 선택하게 된 것이다. 그런 아우구스티누스는 바로 수많은 실수와 실연과 실패의 엄습 속에서 자신을 발견하게 되었고, 그의 사상은 그런 속에서 성숙될 수 있었고 꽃필 수 있었던 것이다. 그의 사상과 생사관은 바로 그의 생활 그 자체였다. 그의 사상적 기틀은 자기 마음 안에서의 경험과 플라톤의 철학사상과 기독교사상의 접목으로 형성된 것이다. 그의 철학은 바로 신학철학으로, 그 궁극적 목적은 존재와 신(Jahweh) 그리고 심령의 평안이다. 이 삼자는 모두 마음 밖에 있는 것이 아니라 바로 자신의 마음 안에서 찾는 것이다. 즉 이 삼자는 바로 마음에서 현현(顯現)하는 것이다. 절대신은 존재 그 자체이며, 존재와 진리는 같은 것이다. 그러므로 신은 바로 존재 그 자체로 평안이다. 신과 존재와 평안은 바로 심령 안에서 분리될 수 없는 일체(一體)이다. 이 일체가 마음 안에서 나타날 때 바로 인간은 행복을 느끼게 되고 그건 바로 성실이기도 하다. 아우구스티누스는 마음의 평안과 행복을 느끼면서 바로 신의 존재를 체험했던 것이다. 그는 『참회록』에서 '너의 안심이 아니고서는 우리의 마음은 영원히 안녕할 수가 없다'라는 마음의 소리를 들었다고 한다.

성 아우구스티누스는 많은 종류의 저서를 남겼지만 남에게 과시하기 위한 것도 아니고, 학자로써 학문을 위해 쓴 것도 아니다. 다만 모든 인류를 위해 인간의 심령을 직접 전하기 위해서 깊은 진실을 전한 것이다. 아우구스티누스는 인간의 영육과 죽음의 문제에 대해 한편으로는 성경에서 말하는 신이 인간을 창조하기 위해 영육으로 결합시켰다는 내용과, 또 한편으로는 플라톤과 프로티누스(plotinus, 205?~270)의 인성론을 바탕으로 인간은 육체를 갖은 영혼이라고 말한다. 영혼은 육체와는 달리 형체를 갖지 않으며 동시에 영혼은 본래 스스로 명확한 앎을 갖고 있다. 마치 맹자가 말한 양지 양능(良知良能)처럼 배우지 않고도 아는 선천적인 앎의 능력(인식력)이다. 그러므로 영혼의 성찰은 바로 예지의 생활이라고 했다. 인간의 육체가 죽어도 영혼 그 자체는 여전히 생명을 유지한다. 영혼은 정신적 생명의 실체로 영원히 불후(不朽)하기 때문이다. 또 인간의 영혼은 신의 초상(Imago Dei)이기 때문이기도 하다. 이에 반해 인간의 육체는 죄악의 근원이며 최후에는 죽음을 맞이해야 한다. 바꿔 말해 죄악은 바로 영육의 교전(交戰)이며 정신과 육체의 대립이기도 하다.

악이 어떻게 이 세상에 생겨났을까? 어떻게 인간의 내면에서 죄악을 느낄 수 있는 것일까? 그가 초년에 신봉했던 마니교의 교리처럼 태초에 선과 악의 싸움이 있어서인가? 아니면 바울이 말한 것처럼 원죄 때문인가? 허나 아우구스티누스는 그런 모든 학설들을 부정하고, 악은 선의 결함(Carentia boni)이라고 생각했다. 창조주가 만드신 이 세상은 모두 선이다. 즉 일체 존재는 모두 선이다. 하지만 그 선에 결함이 있다면 그것이 바로 악이라는 것이다. 그는 자신의 생활체험에서 얻은 결과로 악에 대해 세 가지로 분류를 하고 있다. ① 무능, ② 교만, ③ 세속이다.

무능은 육체 악의 근원이고, 교만은 영혼 악의 근원이다. 이 두 가지 악은 모두 인간의 육신에서 비롯된 것이다. 다시 말해 인간이 악해짐으로 해서 이 세상에 악이 생겨난다는 말이다. 신이 악을 만든 것이 아니고, 악은 인간의 사악함에서 나온 선의 결함인 것이다. 신은 단지 인간에게 자유의 의지를 주었는데 인간이 그 자유의 의지를 잘못 남용했을 때 선의 결함이 생긴다는 논리이다. 그러므로 아우구스티누스는 인류를 두 종류로 분류하고 있다. 하나는 이기적인 자아(自我) 혹은 소아(小我)를 버리고 신에게 귀의하는 부류이고, 다른 하나는 이기적인 자아만을 애착하고 신을 믿지 않는 부류이다. 후자는 바빌론의 성(城)을 형성시키고, 전자는 예루살렘의 성을 이룬다고 한다. 즉 인간의 자유의지가 악을 지향할 경우는 후자에 속하고, 선을 향할 경우는 전자에 속한다. 단지 선은 시작도 끝남도 없기 때문에 무시무종(無始無終)이지만, 악은 시작과 끝이 있기 때문에 유시유종(有始有終)이라 언젠가는 종말의 끝이 있다는 것이다.

인간은 원래 신으로부터 받은 자유의지로 시간의 흐름 속에서 자신의 인생과정을 체험하는 가운데 자신을 찾기 시작하고 자신의 죽음을 알게 된다고 한다. 이러한 시간 속에서 태어나고 죽고, 즐거움과 고통, 성공과 실패를 함으로써 결국은 마음으로 정신적 안식처를 찾게 되는데 그것이 바로 신과의 결합이며 생명의 행복을 찾게 된다고 한다. 그가 말하는 생명은 영생(永生, Vita aeterna)이며, 그가 추구하는 행복의 대상은 바로 영생의 행복, 즉 생명의 행복(Vita Beata)이다.

아우구스티누스의 삶의 지혜에 의하면 신의 존재는 바로 인간의 깊은 내면에 존재하며, 신을 찾는 지름길은 바로 내심의 귀의라고 한다. 바로 프로티누스가 말한 것처럼 "목욕재계는 영혼으로 하여금 청결하게 한 후 신이 계신 곳으로 가게 한다"라고 말한 것처럼, 즉 내심의 정화가 바로 신과의 합일점인 것이다. 그러므로 아우구스티누스에 의한 인생 최대의 목적은 바로 영원히 죽음을 벗어난 영생의 행복이고, 그 방법으로써 그는 신과의 합일을 제시하였다. 즉 그의 생사관에서 엿볼 수 있는 점은 바로 인성(人性)의 회복으로, 신성(神性)만을 추구하는 신과의 합일점이 아니라 인간 내면에서의 신과의 합일로써 인간의 내적인 생명의 가치를 중요하게 제시한 점이다. 그러므로 아우구스티누스의 생사관은 '생사단계형'이라고 볼 수 있다.

4) 보에티우스

중세철학의 아버지라고 말할 수 있는 보에티우스(Boeathius, A.D. 480-524) 철학사상의 근간은 그리스 철학의 2대 철인인 플라톤과 아리스토텔레스의 사상을 융화한 것이다. 그의 사상 가운데 생사관을 알아보려면 우선 시간과 영원의 개념을 살펴보아야 한다. 그는 시간을 과거·현재·미래로 보았고, 인간은 시간에 제한을 받는 존재이다. 하지만 인간에 반해 신은 일체 시간을 초월한 영원 그 자체이다. 특히 영원은 시간을 초월했기 때문에 시간이 없으며 영원한 현재인 것이다. 그러므로 신 자체는 과거·현재·미래의 시간을 초월한 영원한 현재이다. 시간의 제약을 받는 인간의 운명을 인간 자신은 그의 미래를 알 수도 예측도 할 수도 없다. 미래는 미지이다. 각각 인생에 있어 내일을 알 수 없으며 태어나서 죽음이 오는 날까지 미지의 긴 여정에서 인간은 자신의 삶을 계획하고 미래를 기대하며 살지만, 그 기대를 져버리게 되면 또 다른 계획을 세우고 수도 없이 바꾸다 한 생을 마치게 된다. 그건 바로 인간이 시간의 제한 속에서 살기 때문이다.

그러나 신 안에서는 영원한 현재이므로 과거도 미래도 없다. 그렇기 때문에 보에티우스는 신성(神性)관념의 광조(光照, illumination) 영혼지성설(靈魂知性說)을 제시하고 있다. 즉 신은 예지의 광명처럼 일체 모든 인간의 심령에 비춰지고 있으므로 인간은 묵상과 기도를 통하여 내심의 광명으로 신에게로 다가갈 수 있으며, 신의 진리에 도달함으로써 최고의 이해(진리의 증득)를 할 수 있다고 한다. 그는 인간의 심령(心靈)을 세 가지 부분으로 분류했는데, 첫째 욕정(慾情) 혹은 동물적 근성, 둘째 내심의 반성, 셋째 자아의 초월이다. 또한 인간의 영혼에는 여섯 가지의 본성이 있는데 ① 감각 ② 상상(想像) ③ 오성(悟性) ④ 이지(理智) ⑤ 지혜 ⑥ 심령의 최대극치, 즉 양심이 있다. 이 여섯 단계는 모두 선천적으로 갖고 태어나지만 인간이 타락함으로써 본성을 상실한다고 한다. 하지만 신의 은총에 의해 본성을 다시 회복할 수 있고, 또한 지혜에 의해 그 본성을 지닐 수 있다. 인간이 신의 진리에 도달하기 위해 우선 외적인 앎으로부터 내적인 앎으로 나아가고, 또 다시 내적인 앎에서 초월적인 앎으로 승화되어졌을 때 비로소 인간의 영혼은 완전히 신과 합일이 되며 시공을 초월한 영원의 진리세계에 들어간다고 한다. 그는 영원(Eternity)을 무한한 생명이라고 했고, 동시에 완전한 소유라고 칭했다. 그러므로 이와 같은 보에티우스의 생사관은 '생사단계형'이라고 볼 수 있다.

5) 토마스 아퀴나스

토마스 아퀴나스(Thomas Aquinas, 1225?-1274)는 비교적 낙관적인 생사관을 말하고 있다. 그는 인생의 목적을 내세의 행복을 위한 것으로 보고 있다. 그의 생사관은 성경을 바탕으로 아리스토텔레스의 철학적 사상을 결합하여 형성된 것이다. 그도 아리스토텔레스와 마찬가지로 영혼(Anima)을 생혼·각혼·영혼으로 분류를 했고, 영혼을 생명의 원리로 보았다. 존재론적인 입장에서 영혼은 육체의 존재적 형식(Forma)으로써 육체의 본질로 보았다. 그러므로 영혼은 물질의 육체를 떠나서 홀로 존재할 수 있으며 영원불멸이다. 하지만 생혼이나 각혼은 육체와 더불어 태어나고 소멸된다고 보았다. 또 존재의 고등형식을 세 등급, 즉 인간의 영혼과 천사와 신으로 나누었다. 인간의 영혼은 신과 천사의 중간이다. 이 세 가지 형식은 물질을 떠나서도 홀로 존재할 수 있다고 한다. 그리고 하등형식을 세 등급으로 나누었는데 광물질과 식물, 동물로 나누었고, 이들의 형식은 물질에 따라 생성되고 소멸된다고 보았다. 그러나 광물질은 본래 죽음의 상태이고, 식물이나 동물은 죽음과 함께 소멸이 된다고 보았다.

생사개념에서 보면 인간의 영혼은 중간이기 때문에 한편으로는 죽고 썩어야 하는 물질의 육체를 갖고 있고, 또 한편으로는 정신체의 영혼이 있기 때문에 동시에 생명과 죽음을 지니고 있다고 한다. 그렇기 때문에 그의 생사관의 목적은 현세의 삶보다는 사후영혼의 귀의처이다. 즉 이성적·정신적인 생활로 물질적·육체적인 삶을 극기해야 한다는 말이다. 왜냐하면 영혼에게는 자유의 의지가 있기 때문에 자신에 대한 책임을 져야 한다. 만약 영혼이 자신의 물질적·육체적 욕망을 극기한다면 그는 마치 천사와 같다. 만약 그 반대로 영혼이 물질적 육체의 욕망에 진다면 그는 육체의 노예로 금수와 같다고 한다. 즉 이성을 잃어버리고 감각에 의존하는 육체의 노예라는 말이다. 인간의 현세는 다만 내세의 진정한 행복을 찾기 위한 여정으로써 현세의 인생을 통하여 오직 내세의 영원한 영생을 찾는 길이다. 그 길은 죽음을 통하여 영생의 문으로 들어갈 수 있으므로 죽음을 통하지 않고서는 영생을 할 수 없다고 한다. 그렇기 때문에 죽음을 무서워할 필요도 없으며 죽음을 통하여 영생을 희망할 수 있다고 말한다.

그는 영생을 위해서 현세의 삶은 쾌락을 즐기지 말아야 하고, 하나님의 계명을 어기지 말아야 하고, 사리사욕을 극기해야만이 영생의 문으로 들어갈 수 있는 자격을 얻는다고 한다. 또한 금욕과 계명의 법칙을 준수하는 것만으로는 부족하고, 자격을 갖추었다면 더 나아가 하나님을 믿고 사랑해야만이 죽음을 통하여 하나님의 천국으로 들어가 영생을 한다는 것이다. 왜냐하면 영생의 천국은 초자연적인 경지이므로 인간의 본성인 인성만으로는 하나님과 결합할 수 없고 인성을 초월하여 초자연적인 최고의 신성(神性)과 결합되었을 때 비로소 이루어지기 때문이며, 따라서 영성적 삶의 가치를 중하게 여긴다. 그러므로 토마스 아퀴나스의 생사관은 '생사단계형'이라고 볼 수 있다.

6) 에크하르트

에크하르트(Meister Eckhart, 1260-1327)는 스콜라철학 전성기 때 중세기의 이성적 신비주의(mysticism)의 기초를 세운 범신론적 신비주의 사조의 대표적인 교부이다. 그의 생사관의 배경사상은 우선 신은 만물을 창조했고 만물 또한 신 안에 있다는 것이다. 즉 신이 바로 만물이고, 만물이 즉 신이다. 신이 존재하므로써 바로 세계가 창조되었고 세계는 영원히 존재한다. 그러므로 신과 만물은 하나이고 신과 인간 역시 하나라고 한다. 이처럼 그는 우주만물의 생성을 신의 창조의 과정으로부터 유출이라고 본 것이다. 그러므로 그 당시 기독교에서 말하는 신이 무에서 유의 세계를 창조했다는 기존 신학의 관념들을 이단이라고 해석하였고, 우주만물을 세 가지 등급의 존재로 보았다. 즉 우주는 하나의 정체로써 세 가지 측면을 갖고 있는데, 첫째 존재(Existence)이고, 둘째 생명(Life), 셋째 영지(靈智, Intelligence)로 보았다. 이 가운데 영지의 존재를 만물의 최고봉으로 꼽았고, 이를 인간으로 칭한 것이다. 그리고 만물은 인간을 통하여 근원으로 돌아간다고 한다. 즉 이 말은 인간만이 만물의 최고봉으로 만물을 상징하고 능히 인간만이 신과 하나가 된다는 의미이다. 그의 이런 범신론적인 신비주의 사상의 많은 명제들은 교단으로부터 금지 당하기도 했다. 하지만 그는 "신은 영혼의 생명이다"라고 주장하고, 인간에게는 누구에게나 신의 부분을 갖고 있으며 신과 하나가 될 수 있는 교량적 매체가 바로 내면의 자각임을 일깨웠고, 인간 내면의 신비의 체험을 중요하게 생각했다.

그의 영혼론은 토마스 아퀴나스의 영향을 많이 받았고, 이런 그의 생사관의 핵심은 어떻게 하면 진실한 존재가 되는가에 있다. 그는 사유의 방법으로 묵상을 통하여 인간의 진실한 존재를 찾는 방법을 역설한다. 즉 신은 본래 진리로써 진실한 존재 그 자체이므로 어떻게 하면 인간의 내면에서 진실한 존재인 신을 만날 수 있는가가 관건이다. 바로 삶의 가치란 진리와 인간 자신의 존재를 융화시키는 일이다.

그는 인간을 육체(Body)와 혼(soul), 그리고 영(spirit)으로 구성되어 있다고 보았다. 육체는 성장의 기능(vegetative function)과 감성의 기능으로 구성되어 있다. 혼(魂)은 감성의 일부분과 영성(spiritual lower faculties)의 기능으로 구성되어 있다. 영(靈)은 영성의 최고기능(spiritual hight faculties)과 초영성의 기능(spiritual transcendental faculty)으로 구성되어 있다고 한다. 또한 자아를 상등과 하등으로 구분지었다. 상등 자아는 인간의 본질을 의미하고 신성(神性)의 자아로 신과 통할 수 있는 내면세계를 말한 것이다. 그리고 인간의 내면에는 '영혼의 불꽃(scintilla anima)'이 있기 때문에 인간은 신의 세계와 통할 수 있다고 한다. 즉 신의 초월세계와 내면세계의 결합이다. 그러므로 인간은 누구나 자신의 내면에 있는 '영혼의 불꽃'을 찾을 책임이 있고, '영혼의 불꽃'을 찾음으로써 직접 신과 결합이 된다고 한다. 특히 인생의 목적은 우리의 내면에 있는 이성과 의지에 의한 묵상의 방법으로 자신의 내면을 찾아야 하고, 반드시 '나'라고 하는 자아의 집착을 완전히 잊어야 할 뿐만 아니라 세속적인 것을 초월해야 한다고 한다. 이런 경지를 일러 엑스타시스(Ek-stasis)라고 칭했다. 즉 진실한 자신의 존재를 발견하려면 세속적이고 이기적인 삶의 자아를 완전히 망각해야만 비로소 신과 결합된 진정한 삶의 자신을 찾는다는 뜻이다. 또한 신과 진정한 자아의 결합은 바로 자연적이면서 초월적인 관계라고 한다. 그의 이런 신과 인간의 직접적인 교감의 자각주의(自覺主義) 관념이 후에 마틴 루터(Martin Luther)의 종교개혁사상에 직접적인 영향을 주기도 했다. 그러므로 에크하르트의 생사관은 '생사단계형'이라고 볼 수 있다.

제2절. 철학적 측면의 생사관

1. 고대 그리스철학의 생사관

 서양철학의 근원은 고대 그리스철학이다. 고대 그리스철학은 조기 철학과 황금시기로 나눌 수 있다. 특히 황금시기의 대표적인 철학자가 바로 소크라테스와 그의 제자 플라톤, 그리고 플라톤의 제자 아리스토텔레스이다. 여기에서는 황금시기의 철학을 중심으로 대표적인 철학자들의 생사관과 그 속에 담긴 삶의 지혜를 살펴보고자 한다.

 1) 엠피쿠루스

 엠피쿠루스(Epicurus, B.C.341-270)는 인간에 대해 "인간은 우연히 발생한 것이다"라고 정의내린다. 즉 인간은 우연히 원자(原子)의 결합에 의해 이루어진 것이다. 따라서 죽음이라는 것도 인간의 개체가 다시 원자로 되돌아가는 것이므로 사후의 생명에 대해서 알 필요도 없다고 단정한다. 그리고 삶과 죽음에 대해, 만약에 현재 살아 있다면 죽음은 아직 도착하지 않은 것이고, 만약에 죽음에 임했다면 이미 나는 존재하지 않는 것이다. 고로 사망에 대해 두려워할 필요가 없다. 다만 우리는 현재 살아 있는 생명에 대해 생각하고 즐거운 삶으로 이끌어 가야 한다는 생사관을 주장하고 있다. 그러므로 엠피쿠루스의 생사관은 '생사단멸형'이라고 볼 수 있다.

  2) 소크라테스

  소크라테스(Socrates, B.C.469~399)의 생사관은 그의 제자 플라톤의 저서 가운데 『대화록(Dialogoi)』, 『심포지엄(Symposion)』 등에서 생에 대한 대화를 볼 수 있고, 죽음에 대한 대화는 『화이드로스(Phaidros)』, 『변호(Apologie)』, 『크리톤(Kriton)』, 『훼도(Phaedo)』 등에서 살펴볼 수 있다.
  우선 『변호』에 의하면, 소크라테스는 항상 길에서 많은 사람들에게 철학을 논하며 가르쳤다. 그러던 어느 날 세 명의 아테네 시민에 의해 고발되었는데, 그리스의 제신(諸神)을 믿지 않고 모독하고 다이모니온(Daimonion)을 믿는 죄와 젊은이들을 타락시키고 아테네 민중을 미혹시킨 죄명이다. 사실 이 죄명은 표면적인 이유였고 실은 소크라테스가 그 당시 부패된 민주정치를 풍자했던 이유로 법정에 서게 되었던 것이다. 이게 바로 기원전 399년 소크라테스 나이 70세 때의 일로 유명한 아세비(Asebie)대심판이다. 소크라테스는 법정에서 평상시처럼 자신의 신념을 피력했고 결국 심판관들의 미움을 사 361대 140표의 찬반투표로써 사형으로 결정되었다. 그가 감옥에 하옥되자 크리톤은 소크라테스에게 이 판정은 비합리적인 심판이니 준수할 필요가 없다고 권하며 도망칠 것을 간청한다.
  하지만 『훼도』에 의하면 소크라테스는 내세를 확신했고 몇 개월 투옥되어 있는 동안도 여전히 찾아오는 친구들에게 영혼불멸과 인생의 지혜 등등의 문제를 논했고, 슬퍼하는 친구들에게 "잊지 마라! 자네들은 다만 나의 육신만을 묻을 뿐이다. 자네들은 오늘 이후로도 예전처럼 자네들이 알고 있는 최선의 방법대로 살아가라"고 부탁을 한다. 또한 소크라테스가 감옥에서 사형의 독약을 마시면서 제자에게 마지막 유언을 하길, "크리톤! 우리는 아스클레피오스(Asklepios)신에게 수탉을 올려 헌공(獻供)을 해야 하네! 그것을 보아야겠네! 잊지 말게!"라며 죽음의 순간에도 신에 대한 제공(祭供)을 부탁했다. 그리고 또한 친구들에게 울지 못하게 했고, 임종에 임하는 자세에 대해서 "인간은 반드시 엄숙하고 평온한 가운데 이 세상을 떠나야 한다. 자네들 스스로 마음을 조용히 지니고, 그리고 용기를 가져야 하네"라고 했다.

이처럼 소크라테스의 정신은 죽음의 문제에 대해 이미 초월했고 두려워하지 않았다. 그가 비록 마지막 생애를 독배로 맞이하지만 그에게 죽음은 비극이 아니었다. 그는 "죽음을 두려워하는 사람들은 남이 모르는 일을 알고 있는 것이며 그들은 죽음을 최악으로 알고 무서워하지만 그것 역시 최대의 행운인지도 모른다. 사망의 두 종류는 모두 나쁜 것이 아니다. 죽음은 허무와 같고 혹은 일체 지각을 잃어버림이라서 마치 꿈꾸지 않는 안면(安眠)과 같다. 죽음의 상황이 어떻든지 간에 착한 선인은 악한 일을 당하지 않으며, 생전처럼 사후에도 역시 그와 같다"라고 말한다. 그리고 영혼의 문제 대해서도 조금도 의심하지 않았으며 심령을 평안히 유지해야 하고, 또한 정의에 부합되는 행동을 해야 하고, 진리를 끊임없이 추구해야 함을 주장한다.

그는 마지막 임종을 맞이하는 상례(喪禮)로서 "제일 좋은 것은 우선 목욕을 하고 옷을 갈아입는 것이다"라고 했다. 그는 마지막 임종을 맞기 위해 친구에게 부탁하여 부인이 감옥에 와 자신의 몸을 씻어주도록 부탁을 전한다. 그리고 그는 옥졸이 갖다준 독약을 마시는 순간에도 어떤 두려움이나 떨림의 미동이 없었다고 한다. 그가 죽음의 순간 일체의 고통과 모든 일을 모두 놓아버린 것은 바로 마음의 평안을 뜻한다. 소크라테스의 임종을 지켜보았던 훼도(Phaedo)는 그 당시 소크라테스의 임종을 '그는 죽음의 순간 아주 행복해 보였으며 두려움이 없이 고상했었다'고 회상했다. 이처럼 소크라테스가 자신의 죽음을 편안히 맞이할 수 있었던 것은 바로 죽음의 긍정이며, 또한 일체에 대한 긍정의 정신에서 나온 것으로 생사를 초월한 자세이다. 그는 죽음의 거부나 부정을 무지로 보았고, 또한 일체 모든 부정을 무지의 시작으로 보았다.

『훼도』에서 논한 그의 생사관의 사상을 요약해 보면, 첫째 철인(哲人)의 정신은 반드시 정의에 어긋날 수 없으며, 만약 자신을 위한 이기심이라면 그건 차라리 죽음만 못한 것이다. 둘째 진정한 철인은 굳이 군중에게 자신의 행위를 이해해 주기를 바라지 않는다는 점이다. 셋째 죽음은 영(靈)과 육(肉)이 분리될 때이고 육을 떠난 영혼은 홀로 존재한다는 점이다. 넷째 심령이 육신의 일체 애착을 여의지 않고서는 모든 악을 면하기 어렵고, 또한 진리를 추구할 수도 없다는 것이다. 인간들의 우환은 바로 각자의 육신 때문이다. 그리고 소크라테스의 생사관념에 대한 중요한 교훈을 엿볼 수 있는데, 그는 『크리톤』에서 "가장 중요한 일은 사는 것이 아니라 어떻게 진실하게 사느냐이다"라고 했다. 이처럼 소크라테스는 죽음을 긍정했지만, 진정한 생명은 죽음을 향한 죽음의 생명이 아니라, 진실과 성실한 선(善)을 향해 가고 있는 참된 삶의 생명임을 우리에게 제시한 것이다. 그러므로 소크라테스의 생사관은 '생사종합형'이라고 볼 수 있다.

3) 피타고라스

고대 그리스철학은 주로 우주론을 시작으로 태초 우주의 형성이라든가 우주 가운데 인간의 위치는 어떠한가 등등으로 인간의 문제를 해결하고자 했지만 유독 피타고라스(Pythagoras, B.C.580-500)는 인생론으로부터 시작을 한다. 왜냐하면 그는 현실생활로부터 인생의 근본문제인 생·노·병·사를 피할 수 없음을 깨달았기 때문이다. 그러므로 그는 종교적 삶을 주장하게 되었고, 그 당시 종교적 공동체를 만들었다. 그의 생사관은 금욕주의의 종교와 인생론으로부터 시작하여 인과론과 영혼의 윤회론을 주장한다. 그는 인생을 전세·현세·내세로 보았다. 현세는 전세에 의한 결과이고, 내세는 현세의 의한 결과이고, 전세는 현세의 원인이고, 현세는 내세의 원인으로 본 것이다. 만약 현세에 행복하다면 그건 전세에 선행을 행한 결과이고, 만약 현세에 불행하다면 그건 전세에 악행을 행한 결과라고 한다. 내세 역시 현세에 의해 결정지어지는 것이다. 그러므로 인생의 많은 가지가지의 고난과 고통은 모두 영혼이 육체에 갇혀서 받는 수난인 것이다. 그렇기 때문에 피타고라스는 내세의 행복을 위해 현세에 뜻을 세워 실천을 하라고 한다.

그는 "인간의 육체는 영혼의 감옥이다"라고 말한다. 또 영혼의 소재에 대해 당시 그의 학파 가운데 유명한 의사 알크메이온 크로토니아테스(Alkmaion Krotoniates)는 인간의 뇌가 영혼의 중심이라고 설했다. 영혼은 본래 존재하고 있었으며 자유라고 한다. 그러나 육체에 감금되어 자유를 잃었고, 또 영혼이 육체에 들어감으로 인해 형성된 것이 사람이며 이때는 이미 자유를 잃어버린 것이라고 한다. 영혼이 육체에 갇혀 있다는 말은 인생의 생·노·병·사의 고난을 의미한 말이다. 죽음은 영혼의 일시적인 휴식이고, 진정한 해탈은 영혼이 새롭게 본래의 자유를 얻음이라고 한다. 영혼의 해탈을 위한 방법으로 금욕주의 생활과 수행의 극기(克己)를 강조한다. 왜냐하면 인간은 선천적으로 자신의 노력에 의해 해탈을 할 수 있는 능력을 갖고 태어났기 때문에 자신의 수행과 극기에 의해 육체에 갇힌 영혼을 구제하고 자유를 얻어야 한다고 말한다. 즉 영혼은 육체의 감옥으로부터 해탈을 하기 위해 현세에서 금욕적인 고행주의 생활을 해야 한다는 것이다. 왜냐하면 전세·현세·내세는 모두 인과의 관계로써 연결되어 윤회를 하고 있기 때문이다.

또한 그의 학설에 의하면 우주의 태초는 모두 수(數)로 구성되어 있다. 이는 일종에 운명의 수(數)이며 이 운명의 수와 윤회는 밀접한 관계로 형성되어 있다. 즉 우주의 시간은 직선의 흐름이 아니고 바로 회전의 윤회식으로 돌며 영원에서 영원으로 흐르는 가운데 불연속의 시간이고, 인간의 인생 역시 그 가운데 있어 모든 시간은 윤회의 수 안에 있다는 것이다. 피타고라스는 윤회의 수(數) 방식을 인생의 생사에도 적용하여 인간이 육체로부터 영혼을 해탈시킨 경지를 일러 음악의 하모니라고 했다. 즉 인생의 감성과 이성·정신과 물질·선과 악·아름다움과 추함·고난과 행복·타락과 승화·유한과 무한 등등 모든 대립을 윤회의 수(數) 안에서 하나로 통일·융화시킨 경지를 영혼의 해탈이라고 했다. 또 수를 이용하여 이런 경지를 묘사했으며 그 경지를 또한 음악을 적용한 하모니의 수로 표현한 것이다. 이 하모니는 인간의 내심으로부터 시작하고 마음의 평안이 바로 우주의 세계로 확산되어 만물의 질서를 세운다는 것이다. 그러므로 인생에 있어 죽음은 영원한 연속의 시간, 즉 윤회의 수 가운데 있는 불연속의 시간으로써 인생의 끝이 아니라 인생을 새롭게 시작하게 하는 새로운 조화의 시작이라고 한다. 그러므로 이와 같은 피타고라스의 생사관은 '생사단계형'이라고 볼 수 있다.

4) 프로타고라스

프로타고라스(Protagoras, B.C.484?-411)는 그리스 철학자의 한 사람으로 인간존재의 문제에 대해 인간을 중심으로 일체를 긍정한 사람이다. 그는 『자연론(Peri phy-seos)』에서 자신을 무신론자라고 천명했다. 또한 우주만물 가운데 인간을 만물의 척도라고 했다. 그는 일체 외부의 객관적인 진리를 부정하고 주관적인 인성의 지력(智力)을 긍정한 것이다. 이것은 인간이 일체 만물을 다 인식할 수 있다는 관점이다. 하지만 그 자신을 무신론자로 밝혔듯이 종교적인 측면에 대해, 즉 신의 존재에 대해서 인간은 알 수 없다고 못을 박아 종교적으로는 일종의 불가지론자이다. 사실 만물의 영장인 인간의 삶의 영역이란 본래 욕망의 특성으로 구성되어 있다. 즉 인간은 부단히 내일을 향하여 바라고(wishing), 찾고(searching), 갖고자(grasping) 하는 욕망이 가득 찬 마음으로 자신과 남을 비교하고 상대를 선택하는 '사회적 욕망의 동물'인 것이다. 그리고 오직 유일하게 만물 가운데 인간만이 인식을 하고 자각(Enlightenment)이 가능하다. 물론 객관적인 세계가 존재하고 있지만 중요한 것은 다름 아닌 개인의 지력인 것이다.

그가 말한 인간, 즉 호모(Homo)는 개별적인 인간을 뜻한다. 개개인의 개체가 생각하는 것이 바로 진리라는 말이다. 바꿔 말하면 만물을 규정짓고 진리를 규정짓는 것은 다름 아닌 우리들 개체의 지력이라는 뜻이다. 만약 없는 것을 있다고 내가 긍정을 하면 그건 있는 것이고, 설령 있는 것도 없다고 생각을 한다면 그건 존재하지 않는다는 논리이다. 이는 곧 만물 중 영장인 인간의 가치를 의미하는 것이고, 인간이 왜 인간인가를 부여하는 가치론(Axiology)이라고 본다. 사실 인간은 매우 복잡한 동물이다. 생리학적 측면에서 보면, 인간은 포유류에 속하는 영장이다. 또한 자각할 수 있는 사상적 동물인 것이다. 인간의 생사는 바로 우리들 각자의 손에 달린 것이고 내 손바닥 안에 긍정의 삶도 부정의 삶도 영원히 죽는 죽음도 영원히 죽지 않는 죽음도 자신의 의지에 의해 결정짓는다는 의미이다. 프로타고라스는 "인간은 만물의 척도"라는 명제에서 자신의 삶도 죽음도, 그리고 모든 존재를 긍정하는 지혜를 제시하고 있음을 엿볼 수 있다. 그러므로 프로타고라스의 생사관은 '생사단계형'이라고 볼 수 있다.

5) 플라톤

플라톤(Platon, B.C.427-347)의 철학은 소크라테스의 사상을 그대로 계승 발전시킨 것으로 생(生)과 사(死)의 문제를 총체적으로 다루었다고 말할 수 있다. 플라톤은 사망의 대화록인 『훼도(Phaedo, 영혼불멸)』에서 다방면으로 고통·쾌락·관념·가치 등의 문제로 영혼불멸을 주장하며 죽음의 문제를 다루고 있다. 특히 플라톤은 생명과 기억의 개념으로 영혼불멸의 개념을 증명하였다. 또한 영혼은 육체를 떠나서도 존재하고, 육체는 영혼의 무덤에 불과한 것으로 보고 있다. 그렇기 때문에 만약 철학을 공부하는 사람이라면 반드시 육체에 대해 집착하지 말아야 한다. 또한 육체의 모든 감각기관을 절제해야 하고, 만약 그렇지 않다면 영원히 진리 자체를 볼 수 없다고 했다. 인간의 감각을 통해 얻은 지식은 진리의 근원이 될 수 없기 때문이다.

그는 인간의 내적인 영혼 가운데서 진리를 찾았다. 진리는 영원불변인 것이다. 만약 심령이 완전히 자신을 주의하여 통찰한다면 차츰 진리로 접근해 가 구경에는 심오한 자신의 면목을 보게 되어 영원불변과 자신이 하나가 됨을 본다고 한다. 즉 인간의 심령은 본래 선천적으로 진리의 개념을 갖고 있고, 육체로부터의 속박을 벗어나려고 한다는 것이다. 이 진실의 개념은 바로 인간의 심령에 각인되어져 있어 심령으로 말미암아 인지의 능력이 있다는 것이다. 바꿔 말하면 인간의 영혼이 세상에 태어나기 전에는, 즉 육체에 예속되기 전에는 이데아(Idea)의 관념세계에 존재하고, 영혼과 육체가 결합된 이후 인지의 능력이 감퇴되어 어느 정도의 기억력만 유지하게 된다고 한다. 이 기억력이 바로 지식의 동력이고, 영혼이 육체에 예속되었을 때는 유일하게 외부와의 왕래를 할 수 있는 출구가 바로 인간의 감각기관이라고 한다.

인간의 영혼은 일찍이 이데아의 관념세계에서 존재하기 때문에 관념세계가 바로 영혼의 고향이다. 그렇기 때문에 플라톤은 영혼(psyche)을 인간의 중심으로 보고 있다. 이 영혼만이 인간의 진정한 존재이고, 육체는 영혼의 감옥에 불과하다는 것이다. 그는 『노모이(Nomoi, 법률)』에서 영혼과 육체를 근본적으로 다르게 구분했다. 영혼은 진실이고 육체는 그림자에 불과하기 때문에 육체는 죽어야 하고 썩어야 하고 분리되고 파괴되어야 하지만, 영혼은 진실이기 때문에 죽지도 멸하지도 분리되지도 파괴되지도 않는다는 것이다. 또한 육체는 영혼이 이데아의 관념세계로 나가는 것에 도움을 줄 수도 없을 뿐만 아니라 영혼의 승화를 방해한다는 것이다.

　또 생사에 대해『훼도』에서 인간은 육체를 얼마만큼 지니고 있었느냐에 따라서 그만큼의 죄를 받고 있었다는 말이고, 육체가 죽어야 비로소 진리의 세계에 갈 수 있다고 한다. 영혼이 관념세계에 존재하는 것은 절대자유를 만끽하는 것이고 다른 관념세계와도 왕래를 하며 풍부한 지식을 얻는다고 한다. 조화신(造化神) 데미우르고스(Demiurgos)가 세계영혼을 창조해 혼란하던 물질세계를 질서의 우주로 변하게 한 것은 세계영혼에서 일부 빌려다 우주에 보낸 영혼인 인간 때문이라고 한다. 하지만 인간의 영혼은 간단한 것이 아니라서 세 가지 등급을 갖고 있고, 영원불멸의 부분과 사멸(死滅)의 부분으로 나눠진다. 즉 ① 정신(Logistikon)·② 감각(Thumoeides)·③ 생명(Epithumetikon)이다. 가장 낮은 층은 생명영혼으로서 생혼(生魂)이 있고, 그 위에 감각영혼으로서 각혼(覺魂)이 있고, 그 위에 최고로 높은 정신영혼으로 일반적으로 말하는 영혼이 있다. 그리고『티메우스(Timaeus)』에서 이 세 가지 영혼의 소재를 밝히고 있다. 즉 정신영혼은 인간의 두부(頭部)에 있고, 감각영혼은 흉부에 있고, 생명영혼은 하부에 있다고 한다. 비록 영혼의 부위는 다르지만 그 셋은 하나의 정체적(整體的)인 영혼으로 각각 신체의 부위에서 맡고 있는 임무가 다를 뿐이라고 한다. 하지만『훼도』에서는 정신영혼은 이데아의 관념세계에서 왔기 때문에 소멸되지 않고 영원히 존재하지만, 감각영혼과 생명영혼은 세계영혼에서 왔기 때문에 육체가 죽을 때 함께 사멸(死滅)된다고 한다. 이처럼 영혼은 인간 존재의 중심이고, 동시에 생명의 원리이고, 감각의 원리이고, 활동의 원리이고, 사상의 원리이다. 그러므로 인간이 내외적으로 활동을 할 수 있는 것은 모두 영혼 때문이다.

피타고라스의 윤회사상에 영향받은 플라톤은『폴리테이아(Politeia)』에서 인간의 영혼은 모두 조화신 데미우르고스가 이데아 관념세계의 영혼을 빌려다 우주의 시간 속에다 갔다 놓은 것으로, 이때 영혼이 처음 탄생한 것이고, 처음 탄생한 개체영혼이 바로 인간이라고 한다. 처음 탄생한 영혼은 육체와 함께 결합하여 이 세상에서 생활을 하기 시작하였다. 이때에 지은 선과 악의 상벌을 영혼이 받는데, 생사윤회를 통한 그 기간은 천 년이다. 천 년이 지나면 또 다시 영혼이 두 번째 탄생을 하고 영혼 스스로 삶의 방식을 선택한다는 것이다. 한번 선택한 삶은 바꿀 수 없는데, 운명의 신인 데미우르고스는 사심이 없고 공평하여 어떤 영혼을 봐주고 어떤 영혼은 안 봐주고가 없다고 한다. 영혼이 선택한 운명이 좋든지 나쁘든지 간에 모두 다 개체영혼의 손에 달린 것이고 그 책임 역시 개체영혼이 져야 한다. 두 번째 탄생한 영혼 스스로가 또 삶의 방식을 선택하지만 주로 예전에 살았던 방식에 따라서 지혜와 어리석음이 결정된다고 한다.

『훼드루스(Phaedrus)』에서는 세 가지 가장 큰 인생문제를 논하고 있다. 즉 인간은 어디로부터 왔는가? 인간은 어떤 일을 해야 하는가? 인간은 죽으면 어디로 가는가? 또한 영혼이 선택한 지혜와 어리석음의 예를 들고 있다. 플라톤은 가장 지혜로운 자를 철학자로 보았다. 왜냐하면 그들은 지혜를 사랑하기 때문이다. 그 다음이 군왕이다. 왜냐하면 그들은 천행지도(天行之道)를 대표하기 때문이다. 세 번째가 정부관료나 가정의 가장 혹은 상인이다. 네 번째가 의사이고, 다섯 번째가 가르침을 전하는 교사, 즉 종교의 선교사이다. 여섯 번째가 시인이고, 일곱 번째가 농민과 공장인(工匠人)이다. 여덟 번째가 변호사와 웅변가이고, 마지막 아홉 번째가 폭군이다. 영혼은 첫 번째 탄생에서부터 시작하여 생사윤회를 연속적으로 아홉 차례 되풀이하는데 그 기간이 일만 년이 걸린다. 그 후에 원래 거주하던 이데아의 관념세계로 되돌아간다고 한다. 다만 철학자만이 두 차례의 영혼 탄생을 선택하여 삼천 년이 지난 후 원래 거주하던 이데아의 관념세계로 돌아간다고 한다. 물이 위에서 아래로 흐르는 것처럼 인간의 영혼은 관념세계에서 내려왔다가 다시 올라가는 윤회의 반복을 한다. 그건 바로 영혼과 육체의 결합에 의한 시간성이다. 낮은 등급의 영혼인 감각영혼과 생명영혼은 주로 욕망을 추구하여 육체의 능력을 조장하며 정신을 소홀히 하게 한다. 이렇게 육체의 지배를 받게 되면 물질적 · 육체적 삶의 길로 빠지게 하므로 정신영혼의 지도를 따라야만이 진정한 행복의 문에 들 수 있고, 행복의 문에 들어야만이 육체의 쾌락에서 벗어날 수 있다고 한다.

플라톤은 자연히 현세에서의 물질적 · 육체적 행복을 부정하게 되고, 정신적인 행복으로써 선(善)에 도달하거나 지자(智者)이거나 정의로운 삶을 진정한 인생의 길이라고 본다. 이 인생의 목적은 내적인 마음의 지혜에 도달하는 것이고, 영혼이 육체를 해탈하는 것이다. 영혼의 양식은 바로 심령정화의 학습이고 이를 반복하여 학습을 하는 것이다. 육체가 죽은 후 그 영혼은 능히 진선미의 절대선을 누리는 것이다. 우리의 인생은 바로 신에 의한 삶이 아니고 자신의 영혼에 의한 선택으로, 각자의 손에 달렸다는 것이다. 또 죽음은 육체로부터 영혼의 해탈이고, 철학은 죽음의 학습이며, 진정한 철학자는 죽음에 관해 전념한다고 한다. 생명의 생(生)과 사(死)가 비록 대립의 관계이나 양자는 서로 상부상조 생성의 원리이다. 그렇기 때문에 영혼은 일만 년 동안 이 세상에 아홉 차례의 생사윤회를 할 수 있다.

플라톤은 우리들이 살고 있는 이 현상세계를 이데아 관념세계의 사본(寫本)으로 보고 있다. 그렇다고 그가 완전히 금욕주의를 고집하는 것은 아니다. 다만 이 세계(현상세계)만 존재하는 것이 아님을 명확히 알고 물질적인 삶이 아니라 정신적인 삶을 위주로 선(善)을 위한 균형적 조화·이성적 지혜로 바른 마음의 정심(正心)으로 살 것을 우리에게 제시하고 있다. 그러므로 플라톤의 생사관은 '생사단계형'이라고 볼 수 있다.

6) 아리스토텔레스

아리스토텔레스(B.C.384~322)도 인생문제에 대해서 그의 스승 플라톤과 마찬가지로 인간은 영혼과 육체로 구성되어 있고 영혼은 영원하고 불멸하다고 보고 있다. 즉 플라톤이 『훼도』에서 영혼의 선천성과 불멸성을 주장한 것과 유사하다. 다만 다른 점이 있다면 생사의 목적을 플라톤이 말한 것처럼 영혼의 고향 이데아의 관념세계까지 거슬러 올라가지 않고 바로 현실의 존재에서 찾았다는 점이다. 즉 인간 삶의 행위는 무엇을 위한 것인가? 플라톤과 마찬가지로 인간은 누구나 행복을 추구하기 위해서 노력을 하고 일을 한다고 한다. 플라톤은 인간 노력의 목적 추구를 바로 이데아의 관념세계를 향한 것으로 말했지만, 아리스토텔레스는 이데아 관념세계가 아니라 덕성으로 표현을 한 점이 다르다. 바꿔 말하면 모든 만물은 자신의 본질과 의미를 완성했을 때 존재의 목적을 달성한다. 다만 인간과 만물이 다른 점은 바로 인간은 이성적인 영혼을 근본으로 자신의 이지적인 생활을 완성시킨다는 점이다. 그도 플라톤과 마찬가지로 영혼을 생혼·각혼·영혼으로 구분지었다. 다만 아리스토텔레스는 인간은 이 세 종류의 영혼의 기능을 다 포함하고 있으며 그 종합적인 기능을 내적인 목적(entelecheia)이라고 말했다.

그는 『영혼론(Peri Psyches)』에서 생명의 본질을 논했는데, 생명의 본질은 바로 영혼이고 영혼은 육체의 형식인(形式因)이면서 동시에 목적인(目的因)이라고 한다. 이는 생명의 원리로써 존재의 완성을 의미한다. 바로 인간의 내적인 목적을 달성시킴으로써 행복을 성취한다는 말이다. 그러므로 인간의 이지적인 생활을 일러 선(善) 혹은 행복이라고 한다. 인간의 이지적인 생활을 주도하는 것이 바로 심성의 영혼이다. 즉 인간의 본성은 행복을 추구하는 성품을 지니고 있는데 그 가치가 바로 덕(德) 혹은 선(善)이다. 인간은 유덕(有德)하다거나 후덕한 선을 지녔을 때 비로소 행복을 얻는다는 말이다. 그러므로 인간의 존엄은 바로 내적인 목적을 달성했을 때 그 가치를 부여하는 것이다. 다만 그가 말하는 인간의 행복은 개인의 이기적인 행복을 말한 게 아니다. 그는 인간 삶의 의미를 모든 사람이 함께 공생·공존하는 것에 둔다. 모든 사람이 모두 함께 행복해짐을 인생의 최대목적으로 본 것이다. 그러므로 아리스토텔레스의 생사관은 '생사단계형'이라고 볼 수 있다.

2. 근대철학의 생사관

근대철학의 시기는 대략 1450년-1850년이라고 볼 수 있다. 중세의 천 년이란 긴 세월 동안 신을 중심으로 한 신앙과 종교적 내세사상의 지배를 받아오던 서양의 사조는 점점 인간을 중심으로 한 현실에 눈을 돌리기 시작하게 된다. 그것은 자연과학이 발전하게 됨으로써 싹튼 새로운 사상적 전환기를 맞이한 문예부흥과 함께 시작되었다. 근대철학의 시작은 복고와 창조의 사상적 내용과 방법에 있다. 복고란 중세의 신본주의가 아니라 그리스철학의 인본주의로 되돌아가는 복고이고, 이에 발맞춰 인문사회와 자연과학의 새로운 발전과 종교개혁 그리고 민족국가 의식의 고취로 새로운 휴머니즘을 맞이하게 되었다. 특히 초기 문예부흥기의 철학에 이어 인본주의 복고의 사조로 발전된 것이 이성주의(理性主義, rationalism)와 경험주의(經驗主義, empiricism) 그리고 독일의 칸트철학과 독일관념론이다.

근대철학은 데카르트로부터 시작되었다 해도 과언이 아니다. 이성주의와 경험주의 두 학파의 발전은 스콜라철학의 전성기인 13세기에 영국과 프랑스를 중심으로 대학이 세워졌고, 그로 인해 영국과 프랑스를 중심으로 두 사상체계로 발전하게 된다. 즉 프랑스를 중심으로 유럽 대륙에는 이성주의가 발전되었고, 영국을 중심으로 경험주의의 사상체계가 발전하였다. 이성주의는 중세의 종교방식을 벗어나 이성과 논리의 방식으로 사유를 하고 진리를 추구하기 시작했다. 이성주의의 대표적인 3대 철학가는 데카르트(Descartes)·스피노자(Spinoza)·라이프니츠(Leibniz)이다. 경험주의 대표적인 3대 철학가는 록크(John Locke)·버클리(George Berkeley)·흄(David Hume)이다. 특히 중세철학에서는 '신'을 중심으로 하였다면 근대철학의 중요한 시점은 바로 '인간'이 중심이라는 점이다. 한편 칸트철학을 사상적 코페르니쿠스 전향(轉向)이라고 부르는데, 칸트를 위시하여 독일의 관념철학의 대표자는 피히테(Fichte)·셸링(Schelling)·헤겔(Hegel)이다. 그러므로 근대철학은 문예

부흥기를 시작으로 해서 헤겔까지 이른다.

그리고 중세철학의 특징이 신을 중심으로 한 내세사상이었다면 근대철학의 특징은 인간을 중심으로 한 인생의 의미와 가치를 중요시했고, 인생의 목적을 행복에 귀결시켰으며 대체로 인생의 행복이 바로 죽음까지 이어짐을 엿볼 수 있다. 여기에서는 이성주의와 경험주의의 대표적 인물과 그리고 칸트의 생사관을 유형에 따라 간략히 살펴보고자 한다.

1) 데카르트

데카르트(Rene Descartes, 1596~1650)는 근대철학의 아버지라고 불린다. 그의 철학적 사유의 방법은 회의적 방법(methodical doubt)이다. 그가 비록 유년시절 예수회학교에서 스콜라철학과 기하학을 공부했던 천주교인이지만 그의 철학은 종교적 신앙이나 방법론의 영향에서 벗어나 이성(ratio)을 통한 직관작용(直觀作用)의 분석에서 의심할 수 없는 절대적인 근본원리를 발견한다.

그는 이 세상의 그 어떤 존재도 다 의심을 하지 않을 수가 없다고 말한다. 더욱이 만물을 창조한 창조주 하나님의 존재까지도 의심을 하지 않을 수 없다고 단정지었다. 다만 의심을 하는 나 자신·사유하는 주체(의식의 나)만큼은 의심을 할 수 없기 때문에 "나는 생각하는 고로 나는 존재한다"에서 주체인 나(主體我, thinking substance)의 존재를 말하고 있다. 그는 이런 회의적 사유 방법론에서 출발했기 때문에 어떻게 하면 진정한 앎을 얻을 수 있는가에서부터 시작하여 형이상학의 문제(신의 존재 증명)를 연구하고, 형이상학의 문제에서 다시 현실의 생사문제로 귀결되었다. 1649년 출판한 『영혼의 격정(Les passions de L'ame)』에서 인생문제에 대해 어떻게 하면 인격을 완성시킬 수 있는가? 어떻게 하면 선행을 하고 악행을 피할 수 있는가? 영혼은 불멸한가? 등등 인간의 윤리적 생사에 관심을 두었다. 그는 인생의 문제에 대해 이성을 근본으로 한 삶의 존재의미를 찾았기 때문에 우선 인식론 (epistemology)에서 출발을 하였고 나아가 인생론으로 귀결되었다.

다만 인생의 도덕적 문제를 우선 인간의 자유의지에 대한 문제로 제시했다. 즉 인간의 정신작용에는 인지작용 이외에 의지작용이 있다. 인간에게는 본래 자유의 의지가 있으므로 인간은 원래가 자유이다. 다만 자유는 인간의 본성이 선을 향하고 있다는 것을 내포하고 있다. 만약 그와 반대라면 그건 바로 악을 향한 것이고 범죄를 향한 것이다. 인간의 격정은 일종의 영혼·심령의 정서이고 육체로 인하여 감정이 일어난 것이다. 따라서 격정 그 자체는 선이라고 본다. 하지만 격정이 너무 지나치면 과분하기 쉽기 때문에 절제를 해야 한다. 그러므로 인생에 있어 도덕적인 삶을 살기 위해서는 누구나 지나친 격정을 반드시 절제해야만 심령이 자유롭게 된다. 그러나 진정한 앎에 의한 격정은 좋은 것이라고 말한다.

만약 누구든 자유의지가 선(善)을 향한 삶이라면 그것이 바로 진정한 자유이다. 그래서 잘못된 격정이나 욕망을 심령의 악(spiritus maligus) 이라고 한다. 또한 인생의 목적은 행복을 얻는 데 있고, 그 행복은 각자 개인의 노력에 달린 것으로 현실 생활에서 영혼의 만족을 얻어야만 내세의 영혼이 보장된다. 또 유덕한 사람은 일반적인 사람들이 미치지 못하는 선행을 하거나 그런 능력을 갖고 있다고 한다. 그런 인생의 완성을 일종에 자족(self-sufficiency)이라고 했고 이지적인 삶의 인생이라고 보았으며, 인생의 궁극적인 목적 역시 최고의 실체인 신에게 다가가는 것이다.

그는 인간을 영혼과 육체가 결합한 심물이원론(心物二元論)으로 본다. 그리고 인간의 사유작용을 영혼 혹은 심령이라고 한다. 영혼은 육체의 송과선(pineal gland) 내에 거주하고, 송과선은 바로 인간의 내면세계와 외부세계를 연결시키는 교량이기도 하다. 인간에 있어 육체는 다만 기계적인 활동으로 심장의 체온에 의해 생명을 유지하는 것으로 보았기 때문에 영혼과 육체의 관계를 심물이원론으로 본 것이다. 즉 영혼과 육체는 내적인 통일성이 없고 영혼과 육체는 서로 직접영향을 미치지 않는다. 즉 영혼은 선천적인 개념(Innate Ideas)이기 때문에 인간에게 정신의 자유가 있고 육체감각세계의 직접영향을 받지 않는다. 그러므로 인간의 죽음은 단지 육체의 죽음에 불과한 것이고, 육신을 떠난 영혼은 영원불멸한 것이다. 그런 육신의 죽음을 두려워할 것 없는 것이다. 그러므로 이와 같은 데카르트의 생사관은 '생사단계형'이라고 볼 수 있다.

2) 버클리

버클리(George Berkely, 1685~1753)의 사상은 영국의 경험주의 가운데 주관유심론(主觀唯心論, subjective Idealism) 혹은 주관관념론(主觀觀念論)을 대표한다. 그의 사상은 록크의 사상에서 한 단계 발전된 사상으로, 지식론으로부터 출발하여 발전된 주관유심론으로써 형이상학적 생사론을 펼친다. 그는 1710년에 『인간지식원리론(A treatise concerning the principles of Human knowledge)』에서 "존재는 바로 지각이다(Esse est percipere)"와, "존재는 바로 지각되어지는 것이다(Esse est percipi)"라고 천명한다. 이 두 명제를 함축해 말한다면, 즉 "만약 인간의 마음(정신)이 없다면 지각되어지는 사물의 실체가 존재하지 않는다"는 것이다. 만약 세상에 마음(심령)이라는 생명이 없다면 하나님도 또한 존재하지 않는다.

그러나 버클리는 세상 만물의 존재를 부정한 것은 아니다. 다만 세상의 만물은 마음 이외에서 존재하지 않는다고 본 것이다. 그의 말은 우선 세상의 만물이 존재한다가 아니고, 먼저 마음이 존재하고 다시 만물이 존재한다는 말이다. 일체 지식의 경험은 모두 인간의 마음이 창조해 낸 것이다. 왜냐하면 객관적인 외부의 사물을 사실 우리는 알 수 없고 다만 일반관념으로 사물을 지각하고 판단한다. 그리고 추상적인 관념은 감각적 경험의 내용이 아니고 마음의 눈(心眼)으로 본 시각일 뿐이며 추상적인 관념은 존재하지 않는다고 본다. 예를 들면 머리에 뿔난 사람이라든가 천마는 상상의 시각에 지나지 않고 존재하지 않다는 말이다. 그러므로 버클리의 입장에서 보면 인생의 과정에서 어떤 사물이든 만약 우리의 마음이 없다면 참으로 불가사의한 일이다. 만약 우리의 마음으로 지각되어지지 않는다면 어떤 존재의 여부가 가능한가에 대해 그건 불가능한 일이라고 말한다. 불가능한 일도 이미 우리의 마음에 있다고 한다. 그러므로 그는 이 세상을 인식하고 지각하는 오직 하나의 근원을 인간의 주체인 마음으로 본 것이다. 또한 외부 사물의 실체를 완전히 인식할 수 없고 다만 마음만이 지각을 한다고 한다. 왜냐하면 외부의 사물은 물질이고 개체의 사물이기 때문에 보편적인 사물이므로 오관만으로는 완전한 인식을 할 수 없다.

이와 같은 그의 주관유심론의 형이상학 체계는 플라톤의 이데아 관념세계와도 유사하다. 위로는 관념세계가 있고 아래로는 감각의 현상세계가 있다. 관념세계 가운데 가장 높은 존재는 하나님(신)이고 그 다음이 인간이다. 인간은 영혼과 육신으로 결합되었고, 영혼은 관념세계에 속하고, 육체는 감각세계에 속한다고 한다. 우주의 상하세계의 중간 존재가 바로 인간이다.

그는 인생에 있어 감각의 현상세계에서의 삶을 허망하게 보며, 관념세계의 복사본, 즉 허상으로 보고 있다. 그러므로 이 세상에서 감각적으로 추구하는 물질적 욕망을 허망하게 생각하고 정신적인 삶을 주장하고 있다. 이 세상의 일체 재물, 명예, 부귀, 영화, 권력을 뜬구름처럼 일시적인 삶의 현상으로 본다. 다만 이 세상의 삶이 중요한 것은 바로 이 감각적인 현상세계가 인간의 영혼이 천상의 관념세계로 나아가기 위한 교량이기 때문이다.

진정한 인생의 삶은 정신적인 삶의 추구로써 관념세계의 영원한 진리를 찾는 길이다. 그러기 위해 인간은 누구나 종교적으로 신앙적으로 예술적으로 정신세계를 승화시켜야 한다. 특히 진정한 종교적 신앙의 계시는 본래 천상에 갈 수 있는 메시지를 담고 있기 때문에 내세의 세계로 인도한다고 한다. 그러므로 인간의 죽음은 영혼이 육신의 감각세계를 떠나는 것에 불과한 것으로 두려울 게 없다는 주의이다. 버클리의 이런 생사관은 경험주의 사상 가운데 특이한 점이기도 하다. 그러므로 버클리의 생사관은 '생사단계형'이라고 볼 수 있다.

3) 칸트

칸트(Immanuel Kant, 1724~1804)는 처음에 자연과학 분야에 관심을 갖고 연구하고 가르쳤다. 그러던 중 1769년 45세 때에 칸트는 자신의 사상체계에 대해 되돌아보게 되었고 인간의 이성이 추구하는 목적은 바로 형이상학이라고 생각하게 되어 서서히 형이상학의 문제에 관심이 기울어졌고 논리학과 형이상학을 연구하기 시작하였다. 칸트는 종래의 전통적인 형이상학에 대한 의문이 생기면서 자신만의 비판철학(Kritische philosophie)의 체계를 확립한다. 그 당시 사상계의 주류는 이성주의의 독단론과 경험주의의 회의론으로 모두 인식론의 문제였다. 그는 우선 이런 인식론의 논증을 철저히 검증하기 위해 인간 이성의 능력과 가치에 대한 문제를 탐구하게 되었다. 과연 이성의 능력으로 기존의 형이상학을 논증할 수 있는 것인가에 대한 분석 결과가 바로 그의 비판철학이며 1781년에 출판된 『순수이성비판(Kritik der reinen Vernunft)』이다. 이 책을 출판하면서 전통적인 이성 위주의 방식에서 탈피하여 주체의 지(知)・정(情)・의(意)를 중심으로 이른바 사상적으로 코페르니쿠스 전향(Kopernikus-turn)을 하였다.

    그의 비판철학의 중요한 체계는 셋으로 볼 수 있다. 첫째 제1비판은 『순수이성비판』으로 본체계에서 지식론의 문제에 이르기까지 분석 논증한 것이고, 둘째 제2비판은 『실천이성비판(Kritik der praktischen Vernunft)』으로 도덕의 문제를 논증하였고, 셋째 제3비판은 『판단력비판(Kritik der Urteilskaft)』으로 미학과 목적에 대한 판단이다. 그는 철학의 임무를 네 가지 문제로 삼았다. 첫째 내가 알 수 있는 것은 무엇인가(지식론 및 형이상학), 둘째 내가 능히 할 수 있는 것은 무엇인가(윤리학), 셋째 내가 희망할 수 있는 것은 무엇인가(종교학), 넷째 인간은 무엇인가(인류학)이다. 이처럼 칸트의 비판철학체계는 지식론과 형이상학, 윤리학, 종교학, 인류학 등 철학의 전반적인 체계를 갖추고 있다.

그의 비판철학은 인간문제를 중심으로 한 인간존재의 본체론이다. 『순수이성비판』에서 그가 얻은 삼대(三大) 관념은 바로 영혼·세계·신(神)이다. 이 관념들은 모두 다 관념계에 속한 것으로 비감각적인 실재이다. 바꿔 말하면 이성의 비판으로 얻는 결과는 세계에 대한 두 가지 획이다. 하나는 경험세계 즉 현상계이고, 다른 하나는 선험세계 즉 본체계이다. 칸트에 의하면 경험세계는 인간의 경험을 통한 인식범위에 속하고, 선험세계는 인간사유의 범위로써 경험으로 인식되는 세계가 아니다. 그러므로 인간의 인식대상은 현상이고, 인간의 사유대상은 본체계이다. 즉 인식의 대상은 구체적인 감각현상의 가시세계이고, 인식할 수 없는 대상은 불가시의 선험세계로 본체계이다. 선험세계는 바로 관념(Idea)이며 이는 관념계에 속한 것이지 실재(real)가 아니며 감각세계가 아니다. 관념은 비실재(非實在)가 아니고 초실재(超實在)인 것이다. 그러므로 이성의 최고 관념인 신·영혼·세계는 모두 형이상학의 제일 기본적인 관념이다.

칸트가 비록 선험적 방법론(Transcendental Method)을 사용해 봤지만 물자체(物自體, Ding an sich), 즉 영혼이든 신이든 세계이든 이 최고의 관념들은 모두 인간의 순수이성의 능력으로는 미칠 수 없다는 인식의 한계를 드러냈고, 이는 역시 형이상학의 문제로 남게 되었다. 그 결과 순수이성비판의 목적은 바로 실천이성의 원칙을 확립한 것이다. 그리고 칸트는 인간의 마음(심령)을 최고도덕의 근원으로 삼았고 또한 도덕의 원칙(실천이성의 원칙)은 인간 내면의 자동적이고 자발적인 실천이성의 형이상학을 확립한 것이다.

그의 비판철학의 목적은 경험론도 지식론도 아니고 새로운 형이상학의 본체론을 확립하는 것이다. 즉 칸트는 1785년에 『도덕형이상학원론』과 1788년에 『실천이성비판』, 그리고 1797년에 『도덕형이상학』을 발표함으로써 그의 사상체계를 도덕형이상학으로 확립한다. 그의 사상적 중심은 바로 인간의 행위에 대한 새로운 해석으로 도덕의 자율성이다. 기존의 도덕률은 사회의 규범이라든가 혹은 신의 의지라든가 이런 타율(heteronomy)의 원칙이 도덕적 원칙의 근원이었다. 하지만 그는 윤리학의 개념에서 출발하여 "자율(Autonomy)의 선량한 의지"를 "절대명령(Imperative)"으로 주장한 것이다. 실천이성의 대상은 바로 최고의 선이고 동시에 인간의 자유가 필요함을 발견한 것이다.

도덕에 있어 자유는 절대로 자신과 모순이 되어서는 안 된다. 예를 들어 자살은 바로 부도덕한 행위이다. 왜냐하면 이는 자신의 삶이 순조로운 순행이든 고난과 실패의 역행이든 간에 삶을 완성해야 할 의무를 저버리는 행위이다. 그러므로 의무는 도덕의 가장 견고한 기둥이며 절대명령의 진정한 원천이다. 칸트는 인생의 과정에 있어 누구든 개인의 행복을 의무로 보았다. 적어도 건강, 건전한 삶, 교육을 이행할 수 있는 의무를 져야 하고 만약 그렇지 못하다면 그건 자신에 대한 의무를 져버리는 격이다. 하지만 칸트는 자기 자신을 위한 개인의 행복을 도덕의 원칙으로 삼지는 않았다. 적어도 타인의 행복을 위한 것을 인간의 목적과 의무로 규정한 것이다. 즉 자신에 대해서는 완전한 선을 이루어야 하고, 그리고 타인의 행복을 위한 일을 인생의 의무로 본 것이다. 그러므로 도덕법칙은 인간성의 회복이며 선험의 범위에 속한 것이다.

또한 자유의 의미에 대해서는 윤리학의 입장에서 자유는 '임의'가 아님을 강조한다. 만약 자유를 임의로 생각한다면 그 행위의 결과는 이상하게 나타나기 마련이다. 그러므로 개인의 도덕적 자유란 바로 의

무의식의 실천을 말한 것이다. 그렇다면 인간의 자유는 어떻게 가능한 것인가에 대해 칸트는 인간은 두 가지 세상에 속해 있다고 생각했다. 하나는 현상세계에 속하므로 인간은 감각세계에 의해 외부의 자연규율과 사회규범에 따라야 하고, 다른 하나는 본체계의 일원으로써 지성(知性)의 자유이다. 이 두 세계는 서로 대립의 세계가 아니라 상호작용의 관계로, 지성의 세계가 바로 감각세계를 포용하는 것이다. 다시 말해 인간 본성(本性, 眞性)의 본질이 바로 현실의 기초가 되어야 한다는 말이다. 만약 후자가 전자를 초월한다면 그런 인생은 정말 큰일인 것이다. 그러므로 교육의 의무는 개인으로 하여금 완전히 자신의 본성의 본질에 따르게 하는 작용이다. 인간에게는 양심(절대적인 도덕적 명령)이 있기 때문에 자신을 관리·감독할 수 있는 것이다. 또한 양심의 기능이 바로 인간의 이중인격성을 배제시키므로 어떠한 위배의 사항들은 통과시키지 못하는 것이다. 만약 양심을 잠들게 하거나 잠시 팔아버려 가령 위배된 행동을 했다 해도 결국 늦게나마 잠에서 깨어나게 되면 여전히 자신에 대한 행위의 책임을 져야 하는 것이다. 그러므로 인간 삶의 목적은 바로 자각(自覺)의 의무이며 능히 자신을 견제하고 절제시켜 내적인 자유인의 인격을 함양하는 것이다. 그러므로 자유는 선험(先驗)의 범위에 속한다.

　종교의 문제에 대해 칸트는 최고선(最高善)의 개념인 도덕률을 종교라고 했다. 도덕률은 신성한 것이며 일체 행위의 기준으로, 이 신성한 덕이 바로 천복이다. 그는 『실천이성비판』에서 "나의 머리 위에는 별들의 천공(天空)이 있고 나의 가슴에는 도덕의 법칙이 있다"고 했다. 그는 종래의 신의 존재·영혼불멸·자유의지를 부정하고 새로운 도덕률 위에서 이들을 다시 성립시켰다. 즉 인간의 자유의지·영혼불사(不

死)·신의 존재를 모두 다 우리 마음의 도덕률에다 부합시킨 것이다. 도덕률만이 자유·불멸(불사)·신의 존재를 보장하며, 종교 역시 도덕률에서 생성된다는 것이다. 그러므로 도덕의 바탕 위에 세워진 신앙만이 정말로 신의(神意)에 부합한다는 것이다. 그는 도덕이 없는 신은 아주 겁난다고 했다. 이성적인 종교는 선(善)에 대해 자신의 도덕의 잠재능력으로 능히 순수한 신앙을 할 수 있게 하며, 선량한 종교생활의 방식으로 내심의 절대선(絕對善)을 달성하게 한다는 것이다. 그리고 칸트는 인간의 공포가 신을 만들었다고 말한다. 그 후에 그는 양심 역시 신의 개념에다 포함시켜, 양심이 바로 종교사업을 발전하게 하는 조정자라고 한다.

순수이성의 종교는 신과 양심을 팔 수가 없다고 한다. 그는 교회에 나가 우상숭배 하는 것도 반대한다. 또한 다른 종교의 종교의식도 역시 반대한다. 왜냐하면 칸트에 있어 도덕과 종교는 달리 차별이 있는 것이 아니기 때문이다. 즉 윤리적·도덕적 존재가 바로 종교적 존재라는 함의이다. 설령 각각 신앙의 방식은 다르다 해도 종교 그 자체는 오직 하나이고 도덕도 마찬가지로 하나이다. 그는 기독교의 도덕적 원리 자체인 신학의 타율을 부정하고 순수실천이성 그 자체의 자율로 대신 말한 것이다.

칸트에 의하면 비록 인간에게 양심의 자율적인 도덕률이 있지만 또한 선천적으로 악도 지니고 있다고 한다. 그렇기 때문에 인간은 가지가지의 욕망을 갖고 있고 자연히 악을 짓는다는 것이다. 악을 피하고 선을 행하기 위해서는 무엇보다도 도덕률을 지켜야 하고 자신의 의무를 다해야 하는 것이다. 그러므로 신을 신앙한다는 것도 우선 먼저 자신의 도덕률의 힘으로 선망하는 일이다.『도덕형이상학』에 의하면 신은 바로 도덕률이며 사랑 그 자체이다. 그는 기독교의 목적을 사랑의 실천으로서 자신의 의무를 완성하는 것으로 본다. 그렇기 때문에 인생의 의미 역시 사회를 위한 것이다. 도덕의 힘이 바로 종교의 힘이고, 도덕과 종교는 불가분의 관계이다. 그렇기 때문에 도덕을 상실한 종교의 신은 겁나는 것이고, 사회를 정화시키는 것이 아니라 오히려 사회를 타락하게 만드는 원인이 되는 것이다.

칸트는 순수이성비판과 실천이성비판 사이에 판단력비판을 논했다. 『판단력비판』에서 칸트는 인간 생활의 환경인 자연계와 자유의 중간에 제3의 세계가 있음을 확인했다. 바로 미(美)의 세계이다. 그의 미학은 예술의 본성만을 생각한 것이 아니라 자신의 철학체계를 완전하게 완성시키기 위한 의도로 진선미의 통일, 더 나아가 생명의 문제를 다루고 있다. 칸트는 인간 마음의 기능을 셋으로 구분을 지었다. 첫째는 지식(知), 둘째는 정감(情), 셋째는 의지(意)이다. 칸트는 이 세 가지 기능의 표현을 첫째 인식의 능력(知)을 오성(悟性)이라 하고, 둘째 욕망의 의지의 기능을 이성이라고 하고, 셋째 고와 락의 정감의 기능(감성)을 판단력이고 했다. 쾌적한 예술의 사명은 인간에게 향락과 오락, 즐거움의 시간을 주고, 미의 예술은 마음(심령)을 승화시키는 작용을 한다. 이는 심미의 영역에 속하고 인간의 의식영역을 향한 일종의 반사(反思) 혹은 자성(自省)의 행복이다. 칸트는 미학을 통하여 우리에게 무슨 의미를 전하고 있는 것인가? 예술의 사명은 바로 심령의 회복과 하모니이다. 인간에게는 교육이 필요하다. 예술가는 능히 미를 응용하여 교육을 시키는 것이고, 미와 인간의 깊은 본심과 상응을 하게 하는 것이다. 심미교육의 목적은 완전한 전인교육이고 결함이 없는 도덕적 인격으로 승화시키는 것이다. 칸트는 미의 목적을 완전한 자유로 본 것이다. 바로 진선미를 하나로 통일한 정신적 자유를 표현한 것이다.

죽음의 문제에 대해 그의 정신은 이미 육체에 대해 초월했다 해도 과언이 아니다. 왜냐하면 만물은 모두 죽음이 있음을 인식하고 있기 때문이다. 하지만 인간은 세상에서 가장 중요한 존재이다. 인간은 자아의식을 지니고 있기 때문에 만물 위에 군림할 수 있는 것이고, 인간의 활동방식이 바로 세계의 활동방식이다. 생명 가운데 가장 중요한 것이 무엇인가? 바로 인간 누구나 찾는 행복이다. 그 행복의 주체가 바로 도덕의 주체성이다. 그러므로 도덕의 목적은 선행의 좋은 일을 하게 하는 동기이다. 즉 악을 피하고 선을 행함이 바로 행복이고 인생의 목적이다. 칸트는 행복을 인간관계에서 말하고 있다. 바로 사람과 사람 사이에 서로 상부상조하며 돕는 일 자체가 바로 행복이다. 그리고 인간이 인생에 있어 신의 존재를 찾고 영혼불멸을 찾고 자유의지를 찾는 것도 진리를 추구하는 방법에 지나지 않다고 한다.

칸트는 『판단력비판』에서 감성의 정(情)에 의해 지성(知性)의 만능을 부정하고 의지를 긍정했다. 인간은 선(善)을 추구함으로써 인생의 진리를 인식한다는 것이다. 왜냐하면 인간의 지성은 자유롭지 않을 뿐만 아니라 또한 착함, 악함, 옳음, 그름, 참됨을 참으로 판단하지도 못하기 때문이다. 다만 의지에 의해 착함, 악함, 옳음, 그름, 참됨을 선택할 수 있으며, 때문에 의지를 완전한 자유라고 보았다. 자유의지에 의한 진정한 인간의 주체를 "무상명령(Categorical imperative)"인 도덕이라고 강조한다.

이처럼 그의 비판철학은 인간존재에 대한 새로운 인생의 전석(詮釋)이라고 할 수 있다. 그는 인간을 사회적 생물이라고 강조한다. 그리고 인간의 본성은 두 가지 요소로 이루어져 있다고 보았다. 하나는 자연적이고, 다른 하나는 사회적이다. 삶과 죽음의 생에 있어 인간도 다른 동물과 마찬가지로 자연적인 천재지변이나 유행성 병역(病疫) 등을 면치 못할 뿐만 아니라 자연계 생물의 죽음을 면할 수 없다는 것이다. 그러므로 인간에게 이런 자연현상들이 훼손·훼멸의 작용을 불러일으키게 하고, 또한 인간의 내면에 압박이나 전쟁 역시 죽음을 면치 못하게 한다는 것이다. 인간의 자연적인 본능으로는 가장 낮은 행복의 단계에도 도달할 수 없다는 것이다. 그는 인간의 가치를 외적인 물질의 자연에 보지 않았고 내적인 사유의 자연에 두고 있다. 비록 인간이 자연계에 의지하고 적응하며 자연의 조건에 제한을 받지만 다만 인간만이 자연의 속성을 벗어날 수 있고 그때 비로소 진정한 생의 자유를 얻는다고 한다. 인간의 가치는 문화이며 문화는 초자연적이고 초감성적이라고 한다. 그렇기 때문에 문화는 인간 이성의 산물이며 인류 자신의 창조물이지 자연이 준 것이 아니라는 것이다. 인간의 가치는 바로 자아창조·자아생산이며 바로 인간 정신의 노동이다. 그렇다고 칸트가 물질적인 노동을 부정하는 것은 아니다. 다만 물질적인 노동은 인류생존의 조건(의식주)으로 생존에 필요한 노동이라고 보았고, 인간이 다른 동물과 다른 점은 정신노동에 의한 자아창조에 있다. 또한 선(善)의 의지는 인간 생존의 근본적인 가치라고 본다. 칸트에 의한 인생의 진수는 자신이 자신을 판단하고 도덕적 의무의 의식을 고취시키고 항상 어느 곳에서든지 도덕적 의무를 다하고 자기자신의 행위에 대해 책임을 지는 점이다.

    그의 팔십 생애는 매우 규칙적인 삶이었다. 그의 일상생활의 규칙을 살펴보면, 일찍 일어나고 우선 잠은 적게 자라! 밤에 잠을 잘 때는 깊은 수면으로 짧고 달게 자야 한다. 만약 잠을 자지 못한 다면 선(善)으로써 수면을 불러일으켜야 한다. 그리고 혈관의 쇠약함을 막기 위해 머리와 다리와 가슴 부분은 항상 차게 유지해야 하고 찬물로 다리를 씻는다. 자신에 대해 항상 비춰봐야 하며 날씨가 어떻든 간에 산보나 산책을 하라고 한다. 산책을 할 때는 혼자 하는 것이 상책이다. 왜냐하면 동반자가 있게 되면 반드시 대화를 하게 되고 그 때에 입을 벌리게 되며 찬 공기가 신체에 들어가 풍습병(風濕病)을 유발한다는 것이다. 또한 칸트는 매우 주의해서 호흡을 규칙적으로 했다고 한다. 정확한 호흡은 감기를 예방하고, 또한 수면에 도움을 주고 더 나아가 갈증을 막아준다고 한다. 호흡은 반드시 입을 다물고 코로 하라고 한다. 더욱이 밖에서 활동을 할 때는 더 중요하다고 강조한다. 그리고 오래 살고 싶으면 의사를 적게 찾으라고 한다. 그는 보양학(保養學) 혹은 방역학(防疫學)의 기본규칙으로써 우선 자신의 능력에 인색하지 말고, 지나치게 편안하거나 쉬게 되면 오히려 자신을 무력하게 만든다고 하였다. 음식은 너무 유형질 음식을 먹지 말고 지나치게 음주를 하지 말고 밥을 먹을 때는 긴장하거나 어떠한 생각도 하지 말라! 그렇지 않으면 해롭다. 즉 머리와 다리와 위를 동시에 사용해서는 안 된다는 말이다. 만약 밥을 혼자 먹거나 혹은 어떤 생각을 하거나 책을 보면서 식사를 한다면 질병을 유발하는 원인이 된다. 왜냐하면 식사 중에 뇌를 사용하면 소화기능에 무리가 오기 때문이다. 만약 걸으면서 사색을 한다거나 하면 그것도 마찬가지로 해롭다고 한다. 그는 유행을 싫어했다. 유행을 따르는 것을 허영심의 표현으로 보았기 때문이다. 그는 평생 독신으로 지냈으며 1804년 80세의 나이로 임종을 맞이하면서 인생에 대한 마지막 말이 'Es ist Gut!'(이건(인생) 좋다)'이었다. 그러므로 칸트의 생사관은 '생사단계형'이라고 볼 수 있다.

4) 스피노자

　스피노자(Baruch de Spinoza, 1632~1677)는 네덜란드에서 태어난 유태인 후예다. 유태교 집안에서 태어나 어릴 때부터 구약성경을 위주로 교육을 받은 영향으로 그의 사상은 신학과 깊은 관련이 있고 특히 그의 인생론은 신앙에서 출발하였다. 그는 데카르트의 사상적 영향을 받은 이후 자신의 종교를 벗어나 이성을 근본으로 하고, 수학 가운데 기하학을 근본으로 철학적 사유를 시작하였다. 그의 사상체계는 처음 인식론에서 출발하여 기하학의 사유방법으로 윤리학으로 전개되었고 다시 윤리학에서 신학의 문제로 발돋움하여 형이상학의 범신론적 인생을 주장한다. 하지만 당시 교단은 그를 이단으로 몰았고 24살 때 교적에서 제적을 당하는 수모를 겪어야 했다. 그의 저서 가운데 가장 중요한 『기하 순서로 논증한 윤리학(Ethica ordine geometrico demonstrata)』에서 그의 생사관을 엿볼 것 같으면, '인생이란 감정의 충돌을 극기하는 길이고, 그게 바로 행복의 삶이다'라고 한다.
　그는 신을 지극히 숭배하고 사랑한 사람이다. 그러므로 인생에서 가장 중요한 것을 사랑으로 생각했고, 그의 중요한 삶의 사상적 기초는 바로 자기보존이었다. 그는 범신론의 형이상학적 입장에서 만물을 하나로 보았다. 바꿔 말하면 신은 존재하고 있는 자연 그대로이며 동시에 무한한 실체이다. 그러므로 만물은 바로 신이며 신이 만물인 것이다. 즉 그가 말하는 신은 기독교에서 말하는 인격신이 아니고 본래 만물을 포함하고 있는 무한성 그 자체이다. 그러므로 만물은 신 안에 있으며 신과 일체(一體)인 것이다. 신은 우주의 근본원인으로 능히 만물을 창출해 내는 운동 그 자체이며 불변의 실체로서 자연의 질서이다.

또한 신은 무한한 분화의 속성을 지니고 있기 때문에 현실의 세계를 만들어 내고, 모든 만물은 모두 필연적인 자연의 질서 속에서 생사순환의 필연관계에 있다. 그리고 만물은 외적인 운동과 내적인 운동을 갖고 있다. 이는 정신과 물질을 말한다. 즉 신은 심(心)과 물(物)의 두 가지 속성을 다 갖추고 있으며 심과 물은 일체의 양면성이다. 그렇기 때문에 우주 만물도 역시 두 가지의 양면성을 지니고 있다. 이 양자는 독립되거나 분리된 관계가 아니고 양면성의 관계이다. 다시 말해 현실세계는 한편으로는 생명과 심령의 측면이고, 다른 한편은 물질 자체의 광연성(廣延性)의 측면이다. 신의 생명이 바로 시공현상계의 모든 정신이며 동시에 일체 생명이다. 그러므로 만물은 신의 전체에 속한 부분이다. 즉 우주만물의 본체의 대생명은 영원불변의 자연법칙이고, 개체의 생명은 그 자연의 질서 속에 있는 생사의 순환과정이다. 다시 말하면 그는 우주의 구성요소를 두 가지 질서로 본 것이다. 하나는 '영원한 질서'이고, 다른 하나는 '잠정적 질서'이다. '영원한 질서'는 우주의 근본원리의 진리세계 혹은 본체계(本體界)를 의미하고, '잠정적 질서'는 표상의 현상세계, 바로 우리가 살고 있는 현실세계이다. 이러한 진리의 세계를 인식한 그는 현실의 생활을 덧없는 무상으로 보았다.

스피노자에 의한 진정한 생사의 목적은 바로 진정으로 진리를 사랑하고 영원한 지혜를 얻는 것이다. 그런 사람은 비록 현실의 삶이 고통이라 해도 최고 진리의 희열을 얻을 수 있고, 그런 인생만이 비로소 심령이 우주만물과 하나가 될 수 있으며 최고 선덕(善德)의 경지에 이른다고 한다. 우리의 심령이 진리를 알면 알수록 자연히 자연의 질서를 깨우치게 되고 갈수록 열린 마음으로 개방되며, 마음이 개방될수록 일체 무의미한 현실의 속박에서 벗어날 수 있는 지혜를 얻고, 이런 지혜만이 바로 인생의 진정한 가치이다. 왜냐하면 지혜는 선(善)과 덕(德)의 유일한 기초이기 때문이다.

　인간은 누구나 행복의 낙을 얻고자 한다. 그 낙(樂)의 즐거움은 바로 기쁨을 느낄 때이며, 역으로 기쁨을 느끼지 못할 때 그것은 무미건조한 고통이다. 그러므로 고와 낙은 상대적인 것이지 절대적인 고통이나 절대적인 즐거움의 낙이 있는 게 아니다. 고와 낙은 하나의 정서상태이며 과정이다. 또 이지와 정서문제 및 선악문제에 대해 감정의 정서 그 자체에는 선악이 없다. 다만 너무 정서적으로 억압된 저조한 능력일 때 바로 악을 유발하는 것이다. 그와 반대라면 그건 선이다. 도덕은 즉 정서활동의 능력인 것이다. 이런 정서활동 능력의 기초가 바로 지혜이다. 그리고 지혜에 의해 일체 정서를 절제할 수 있는 것이다. 이런 자각의 덕성은 누구든 자신의 비밀스러운 죄악을 고치려고 하는 노력이라고 한다. 그렇다고 무력으로, 강압적으로 마음(심령)을 고쳐서는 안되고 위대한 지혜의 영혼으로 우리의 심령을 다스려야 한다는 것이다.

　스피노자는 선덕(善德)을 갖추는 과정에 있어 이기적인 교만함을 가장 큰 장애로 본다. 만약 완전한 인격자가 되고자 한다면 우선 분명하고 명확한 이지의 힘[理智力]을 배양해야 한다. 즉 혼란스런 정서 속에서 이지의 힘으로 자신의 윤리적인 원칙을 확립한다는 것이다. 일체 욕망은 비합리적인 관념에서 생겨 불안정한 정서로 바뀐 것이다. 만약 이지의 힘에 의한 합리적인 관념을 따른다면 바로 안정된 정서의 도덕으로 변한다. 이렇게 이지의 힘에 의해 비로소 자유의 가능성을 얻으며 인류의 자유를 가능하게 한다고 본다.

　스피노자가 말하는 이지의 행위란 바로 이기적인 자신을 자제하는 것이고 초월하는 것이다. 스피노자가 말하는 자유란 사회의 제도에 반항을 하거나 사회의 규범에 반대하는 것이 아니라 기형적인 자신의 정서와 이기심으로부터 벗어나는 자유를 말한 것이다. 이런 이지의 행위를 하는 자유인을 일러 지혜로운 사람이라고 한다. 진정한 자유와 지혜를 갖춘 사람은 생명을 찬성하지만 그렇다고 죽음에 저항하지도 않는다. 자유인은 일체 모든 세상의 공포로부터 초월했기 때문에 죽음도 생각하지 않는다. 왜냐하면 지혜로써 생명의 의미를 터득하기 때문에 죽음을 초월하고 심령의 영생을 얻을 수 있는 것이다. 일체 지혜를 잃지 않음이 바로 일체 능력의 근본이다. 그렇기 때문에 스피노자에 있어 지식은 바로 진리로 다가갈 수 있는 능력이며 동시에 자유이다. 인생의 유일한 즐거움은 바로 지식을 추구함이고, 지식을 추구함으로써 진리를 체득하는 희열의 경지에 이른다. 이때에 비로소 생사의 두려움으로부터 벗어날 수 있고 세속의 속박으로부터 자유로워지는 것이다. 이것이 바로 생사를 초월한 삶이며 인생이다.

스피노자는 이처럼 진리를 사랑하고 지혜를 체득할 수 있고 생사를 초월할 수 있는 기본적인 생활의 신조를 갖고 한평생 생활화했다. 첫째 진리와 지혜를 사랑하고 추구하는 자(철학자)는 사람을 이해할 줄 알아야 하고, 동시에 남을 위해 봉사할 줄 알아야 한다. 단 지나친 봉사는 오히려 자신의 인생목적을 그르치게 한다. 둘째 진리와 지혜를 사랑하고 추구하는 자(철학자)가 누릴 수 있는 즐거움은 다만 건강을 유지하는 데 그친다. 셋째 진리와 지혜를 사랑하고 추구하는 자(철학자)가 구하는 재산은 단지 최소한의 의식주의 생활을 유지하고 건강과 생명을 유지하는 데 그친다.

스피노자는 너무 철두철미하게 청빈한 생활로 지고한 정신세계의 삶을 마친 영혼이다. 한평생 자신의 명예와 부귀의 기회를 모두 져버리고 생사를 초월하여 오직 진리를 추구하는 삶을 살던 성자다. 그는 스트라스버그(Strassburg)대학과 하이데베르그(Heideberg)대학에서 교수로 초빙을 해도 마다하고 유리 세공일로 연명하면서 독신으로, 오직 학문만을 연마하며 유유자적한 지혜 속에서 일체 현실을 초월하며 살다간 위대한 영혼이다. 그러므로 스피노자의 생사관은 '생사종합형' 혹은 '생사초월형'이라고 볼 수 있다.

3. 현대철학의 생사관

현대철학의 시기는 대략 1850년에서부터 지금에 이른다고 볼 수 있다. 즉 독일관념론자 헤겔이 1831년에 서거한 이후로부터 지금까지를 일컫는다. 19세기 중엽에 시작한 현대철학은 헤겔을 분수령으로 하여 유심론으로써 관념론이 절정에 이르자 이에 따른 다른 사조가 일어나기 시작하였다. 바로 유물론(materialism)과 실증주의(positivism), 현상학(phenomenology), 존재주의(실존주의, existentialism), 실재론(realism), 생명론(vitalism), 실용주의(pragmatism) 등등이다. 이렇게 다양한 사조들의 현상 원인은 첫째 수학과 과학의 발전으로 그 방법론이 철학에까지 영향을 끼쳐 영국과 불란서를 중심으로 실증주의 철학이 생겼고, 둘째 물질의 중요성을 강조하게 되어 독일의 유물론을 위시하여 미국의 실용주의가 생겼고, 셋째 인문학의 발전으로 현대철학을 인문학의 영혼이라고 할 정도로 인간을 기본으로 한 생명철학과 실존주의(존재주의)가 태어나게 되었다. 여기에서는 이 중에서 대표적인 몇몇 철학자들의 사상과 생사관을 살펴보기로 하겠다.

1) 쇼펜하우어

쇼펜하우어(Arthur Schopenhauer, 1788~1860)의 사상체계는 전기와 후기로 나눌 수 있다. 전기사상은 인생을 고통과 비애, 실패와 비관이 충만한 것으로 표현한 염세주의 혹은 비관주의 사상이다. 그러므로 그를 19세기 전반기의 대표적인 염세주의 사상가로 보기도 한다. 하지만 그는 후기에 가서 사상적 관점이 대동세계(大同世界)로 전환되어 개별화가 아닌 만물일체(萬物一體, All-einheit)설을 말한다. 전기사상에서 그를 염세주의자로 본 이유는 그가 1819년에 출판한『의지와 표상의 세계 (Die Welt als Wille und Volstellung)』에서 세계는 나의 관념의 표상에 불과하므로 허깨비와 같은 것이고 무의미하고 가치가 없다고 말하고, 객관세계를 자아중심의 주관주의로써 부정해 버린 것이다. 바로 세상의 일체 모든 존재는 인간의 주체를 조건으로 시작한다는 의미로써. 이런 의지의 세계를 구체적으로 생존의지(生存意志)·생식의지(生殖意志)라고 했고, 이를 악의 세계로 바라본 것이다.

하지만 내적인 주관세계의 문제를 어떻게 해결해야 하는가가 그의 중심과제였다. 그는 우선 우리의 주관인 감각은 모두 진실한 것이지만 고통으로 충만하다고 본다. 왜냐하면 생존의지에 의해 인생은 본래 이기적인 자아에 의존해 생존한다. 그러므로 인간의 성격은 의지에 따라 결정되는 것이지 이지에 의해 결정되는 것이 아니라고 한다. 다시 말하면 선량한 의지의 마음이 정확한 두뇌보다 더 믿을 수 있고 신용이 있다는 뜻이다. 의지는 자연적으로 생을 찾는 의욕이라고 한다. 그리고 모든 생물은 생존을 가장 중요시하며 생존의 의지는 바로 생을 위한 욕구이며 그것의 유일한 적은 사망이다. 수면도 역시 작은 사망에 속한다. 인간의 육체 역시 의지의 산물로써 자신을 위해 타인의 희생을 당연시하고 이런 이기심이 실현됨으로써 자신의 행복을 얻는 인간의 이런 이기적인 인생의 의미는 사실 마음의 고통에 지나지 않다고 보았고, 그런 인간의 인생을 비관적으로 본 것이다. 인간의 삶이란 기본적으로 자신을 위해 남을 시기질투하고 남을 속이고 남이 안되길 바란다. 쇼펜하우어는 이런 인간의 마음을 모두 악의로 보았다. 인간의 여러 가지 본능의 표현은 모두 천성적인 이기심을 나타낸 것이고, 이런 인간의 의지는 단지 마음의 표현에 지나지 않으며 인간은 살기 위해 투쟁을 해야 하고 배우자를 찾고 자손의 대를 이어야 한다.

또 하나의 인간 삶의 방식은 바로 생식의지의 행위로써 반의식(semi-conscious)의 생의 욕구이다. 생식은 일체 유기물의 제일 강한 본능으로 지식과 반성으로 억제하기란 거리가 멀다고 한다. 이 생식의지는 완전히 자신을 보호하려는 표현으로 이성의 지배를 받으려 하지 않고 무의식의 맹동(盲動)으로써 생명보호·생명유지의 원칙이기도 하다. 이처럼 성적 충동은 종족을 위한 내적인 생명으로 보았고, 개인의 생명은 종족생명의 근원으로, 종족과 개인의 관계를 나무와 가지의 관계로 보았다. 그러므로 개인의 일생일사(一生一死)의 교체는 종족생명의 율동으로써, 개인의 죽음을 종족의 각도에서 볼 때 수면에 지나지 않는다.

그는 또한 생식의지와 죽음을 생명으로 보았고 자연의 현상으로 보았다. 왜냐하면 정체(整體)의 세계와 일체 현상은 육안으로 볼 수 있는 의지의 세계가 아니기 때문이다. 그는 만물유전(萬物流轉)의 이 허깨비의 세계 가운데 다만 생명·종족·의지만이 진실하다고 보았다. 그리고 인간의 이기심이나 악의는 사실 인간 내면에서 자신의 고통만 증가할 뿐이라고 한다. 인간은 본래 이기적인 자아에 의존해 생존하지만 우리의 본질적인 의지의 기본존재는 양심적인 행위이고 인성의 기본욕구는 측은한 마음·이기심·악의로 구성되어 있다는 것이다. 하지만 인간이 이기심과 악의의 고통을 통하여 내심의 측은한 마음을 찾게 된다면 이때 비로소 남을 위해 희생을 하게 되고 자신의 내면에 평화와 행복을 얻게 된다는 것이다. 그렇게 자신의 내면을 찾음으로써 자아완성과 정의와 우의를 얻게 됨을 쇼펜하우어는 직접 자신의 삶 속에서 체득한 것이다.

쇼펜하우어가 제시하는 생사의 삶이란 바로 만물의 유전에 의해 무상하므로 이 변화의 유전 가운데 인간은 영원히 변치 않는 영원성을 통찰하라는 것이다. 즉 철저히 통찰해야 할 일은 바로 개인은 하나의 현상에 불과하며 물(物)의 본체가 아니라는 점이다. 인간의 생(生)과 사(死)의 생존이란 본래 실패와 고통이 충만한 것이다. 왜냐하면 고통이 생존의 기본자극이기 때문이다. 인간의 의지가 완전해지면 해질수록 고통도 역시 더 뚜렷해진다. 식물은 감각이 부족하기 때문에 완전한 고통을 느끼지 못하며, 하등동물은 고통을 느끼지만 최고의 고통을 느낄 수 있는 기능은 신경계통의 척추동물이다. 또한 이지력(理智力)의 발달로 인간은 고통을 더 심하게 느끼게 되므로 인간이 느끼는 고통은 최고봉이다. 그러므로 개인의 지성이 높으면 높을수록 고통은 더 많고 절정에 이른다. 그렇기 때문에 생존은 고통이며 투쟁이라는 것이다. 누구든지 만약 철저히 인간의 인생을 통찰해 본다면 가장 두드러진

현상은 바로 희극보다는 비극일 것이다. 만약 세상 물정을 잘 모르는 사람이라면 세상의 근심이 무엇인지 잘 모를 것이고, 그건 인생의 여정이 아직 성숙단계에 들지 못한 것이다. 그런 사람에게 죽음은 더군다나 더 거리가 먼 것이다. 좀더 세속풍파의 생활로 살아봐야 인생의 순간들이 덧없음을 알게 될 것이고, 생명의 최후에 이르러 우리가 죽음에서 도망칠 수 없음을 체득하게 될 때 비로소 인생의 경험은 지혜를 얻게 된다. 만물의 생존은 한 순간에 지나지 않는 것이고 더군다나 죽음은 서서히 다가오고 있는 것이다. 그래서 쇼펜하우어는 동방의 철학은 이런 생사(生死)의 원리를 깊이 알기 때문에 온 우주를 포용하고 생명의 짧음을 터득하고 사람들에게 청정무위(淸淨無爲)로 살라고 가르친다는 것이다. 그리고 사망의 두려움은 철학의 시작이며, 또한 종교의 궁극적인 관심이라고 말한다.

쇼펜하우어는 삶과 죽음의 지혜로서 생명의 도는 물질적 재산이 아니라 정신적 지혜에 있다고 강조한다. 물질적 삶을 중요시하고 정신적 삶을 필요로 하지 않는 그런 사람을 일러 "속물"이라고 표현했다. 비록 인간의 이지(理智)는 의지(意志)에 의해 의존하지만 이지가 의지를 벗어나 독립하려고 한다. 이지가 독립하여 의지의 명령을 듣지 않을 때 의지는 이지와 갈등으로 번민하지만 이지(理智)는 평온을 위한 것이다. 결국 이지가 의지를 지배하게 되면 사고(思考)로 매사를 결정하게 되고 이지는 예감을 갖게 된다. 일반적으로 사람은 반은 동물성의 본성으로 행동을 하고 그런 일을 하려고 한다. 예를 들면 자살 · 살인 · 결투 · 생명을 해치는 일이다. 이런 상황에서 이지가 의지를 지배하게 되면 의지를 말리며 다스리게 된다. 그러므로 외적이든 내적이든 어떤 일이든 이지의 지식(앎) 이외에는 우리를 안위시킬 게 없다는 것이다. 우리 자신을 통제하고 절제하게 되면 어떤 일도 우리 자신을 흔들 수 없는 것이다. 그러므로 철학은 의지를 씻겨주는 역할을 한다. 우리들의 철학은 죽어 있는 책이 아니라 실재의 체험과 사상이다. 끊임없는 노력으로 타인의 철학사상을 배우다 보면 반드시 자신의 사상으로 몸에 배이게 된다. 하지만 자신의 체험이 없는 그대로의 답습만을 한다면 그것은 매우 위험한 일이다. 그렇기 때문에 생명력이 없는 배움은 자신의 사상을 상실하게 한다. 반드시 자신의 체험을 통해 세상을 알게 되면 그게 바로 교과서의 일부이다.

중요한 것은 각자 생활의 세계에서 자신의 생사관을 어떻게 정하느냐에 달린 것이다. 왜냐하면 일체 사물에 대해서 자신의 각도에서 바라다보기 때문에 그 존재는 자신의 의식에 있는 것이다. 그렇기 때문에 중요한 것은 어떠한 의식을 갖고 있느냐이다. 그래서 쇼펜하우어는 아리스토텔레스의 말을 인용하여 '행복은 바로 스스로 만족[自足]이다'라고 했다. 자신에 만족할 줄 알고 남을 위한 자신의 희생이 바로 자신을 위한 길이며 이것이 바로 선(善)이다. 자신을 위한 남의 희생은 바로 자신을 해치는 길이며 이것이 바로 악(惡)이다. 그러므로 나와 남은 하나이며 우주가 하나임을 쇼펜하우어 자신은 내심의 고통으로부터 벗어나 체득을 하였다.

그의 생사개념은 우리 모두 인간관계에서 만물이 하나됨을 철저히 깨우치라는 것이다. 인류의 역사이든 시대변천의 삶의 생활방식이든 모두 다 본질이 아니며 다만 현상에 불과한 것으로 인간의 고통은 정화의 용광로이다. 인간은 끊임없는 고통을 통해서 참으로 내심의 세계로 들어가야만 자신을 똑바로 인식하게 되고, 세상의 현상을 똑바로 인식하게 될 때 비로소 일체 번뇌의 마음을 해탈할 수 있고 나와 남이, 나와 만물이 하나가 되는 물아일체(物我一體)·망아(忘我)의 생사원리를 깨우치게 된다.

이처럼 쇼펜하우어는 후기에 비관론을 타파하고 인생의 원리로 만물일체의 의미를 제시한다. 우주 만물의 모든 존재는 하나의 유기체로 공존하는 하나의 생명체이며, 우주 만물의 서로 다른 개체의 차별상은 모두 다 현상·표상인 것이다. 그는 인간뿐만이 아니라 우주와 인간을 하나의 유기체로 보아 만물일체설을 주장한 것이다. 또한 인간사회에 있어서도 사적이나 개인적 이익보다는 전체적이고 우애적인 이익을 일체(一體)로 보았고, 이런 대동세계(大同世界)를 인간의 희망과 가치의 세계로, 더 나아가 생사의 가치론으로 보았다. 쇼펜하우어는 1860년 9월 21일 평상시와 마찬가지로 아침식사를 했고 한 시간이 지나도록 조용히 앉아 있는 쇼펜하우어를 음식점 주인이 쳐다보니 그는 이미 임종을 한 상태였다. 쇼펜하우어의 생사관은 '생사단계형'이라고 볼 수 있다.

2) 키에르케고르

18세기 서양의 사조는 대체로 민족의식이 강했다. 하지만 19세기 전반기와 후반기의 키에르케고르(Soren Kierkegaard, 1813~1855)와 니체는 유난히 민족의식에서 탈피하여 개인의 존재를 중요시한 철학가들이다. 어떤 학자는 키에르케고르를 존재주의(실존주의)의 선구자라고 말하고 어떤 학자는 니체를 선봉자라고 하기도 한다. 키에르케고르는 덴마크의 철학가로서 42살이라는 짧은 생애를 살았다.

그는 헤겔철학의 변증법적 관념론에 대한 비판에서 시작하여 현실세계에 존재하는 개체로써의 실존의 주체성을 주장한다. 특히 철학은 추상적 이론이 아닌 실생활에서 나와야 한다고 강조한다. 왜냐하면 사상은 다만 관념이고 가능성이지 존재자체는 아니기 때문이다. 만약 추상적이고 보편적인 것이라면 그런 건 모두 다 관념에 불과하고 실재로 존재하는 것이 아니며 다만 구체적·개체적·단독적(單獨的)인 것만이 실재로 존재한다는 것이다. 그러므로 추상적이고 보편적인 사람은 본래 존재하지 않는다는 말이다. 즉 '존재'는 바로 개인(개체)이다. 그는 구체적인 존재를 개인이라고 했다. 그러므로 존재란 바로 인간의 존재를 말한 것이며 개개인 모두는 세상에서 유일무이한 존재이다. 특히 그의 사상적 중심은 인간이고, 구체적인 개인을 철학의 대상으로 삼고 있다. 개인은 바로 '존재'이며, '존재는 본질보다 우선이다.' 바꿔 말하면, 우리들 각자는 어떻게 자신의 존재를 찾을 것인가? 이 세상에 어떻게 존재할 것인가? 인간과 인간과의 대인관계에서 어떻게 자신은 생존할 것인가가 그의 인생의 중심과제였다.

그럼 존재의 의미란 무엇인가? 그는 존재의 의미를 ① 변화무상 ② 단독 ③ 현재 ④ 선택 ⑤ 오묘함 ⑥ 죄악 ⑦ 신 앞에라고 말한다. 첫째 변화무상한 것은 인간의 행동이나 삶은 변화 속의 과정이기 때문이다. 개인은 일생동안 자신을 끊임없이 변화시킨다. 그러므로 개인은 바로 변화의 과정이고, 인생은 과정의 여정이므로 인간은 바로 여행객에 지나지 않는다. 둘째 단독이라는 것은 인간은 개인이라는 뜻이다. 자신과 남은 반드시 구분이 되기 때문이다. 셋째 현재라고 한 것은 인간은 변화 가운데 항상 미래를 지향하여 변하고 있지만 현재를 잘 컨트롤해야만이 가능하기 때문에 현재만이 존재다. 넷째 선택이라고 한 것은 개인의 인생은 자신이 어떻게 선택하느냐에 달려 있기 때문이다. 그러므로 개인은 바로 자유이다. 또한 인간의 존재는 자유인 것이다. 예를 들면 자신이 감성적인 인생을 선택하던지 윤리적인 인생을 혹은 종교적인 인생을 선택하든지 그것은 바로 자신이 선택하는 것이다. 다섯째 오묘함은 인간은 누구나 자신의 깊은 내면의 마음이 있기 때문이다. 그 마음속 깊은 곳을 다른 사람은 알 수가 없다. 인간 내면의 깊은 마음은 무한하며 시공을 초월할 수 있는 그 자체가 오묘하다. 여섯째 인간은 자신의 존재가 부족하고 결함이 있으며 완전하지 못함을 잘 알고 있다. 그러므로 개체의 존재는 바로 죄이고 악이다. 인간은 자신의 죄를 인식하고 바로 죄업을 씻고자 노력하며 신의 구원을 손짓한다. 일곱째 인간은 신의 구원을 희망하여 신에게 다가가려고 노력을 하며 자연히 종교에 귀의하고 신 앞으로 나간다는 것이다. 인간 존재는 신 앞에 있을 때 원만해지며, 인간 존재는 본래 신 앞에 서있다는 것이다.

키에르케고르는 이런 인간 존재를 범주에 넣기란 매우 어렵다고 한다. 그는 존재에 대해 또 다른 규정을 짓는다. 이것은 존재에 대한 가장 의미 있는 개념이다. 어떠한 존재이든 모두 인간과 관계가 있다. 우주 만물 가운데 어떤 것이든 인간과 관계가 없다면 그건 무의미한 것이다. 다만 전심전력을 다하여 인생에 몰입하면 된다. 그러므로 존재는 바로 우리들 자신의 존재를 말한 것이다. 내가 존재함으로서 비로소 참으로 존재하는 것이고, 인생의 삶과 죽음의 사실이 개인으로 하여금 무한한 힘을 발휘하게 하는 것이다. 그러므로 존재를 하나의 주관적 체험으로 묘사하고 있다. 존재란 다른 게 아니라 바로 체험을 뜻한다. 이 체험은 바로 주체성(정신)으로 직접적인 경험에 의해 얻어지는 경지이므로 더욱이 관념적으로 전해줄 수 있는 것이 아니다.

이런 의미에서 그는 인생의 존재 의미를 세 가지 방식으로 보았다.

첫째 감성적 혹은 미적 존재방식, 둘째 윤리적 존재방식, 셋째 종교적 존재방식이다. 감성적 존재방식은 주로 이성(理性)에 위배되거나 도덕 윤리규범과 모순되어 자기 내면의 갈등으로 쉽게 실망에 빠지게 되어 결국은 자신의 현실성과 가능성이 모두 모순에 빠지게 된다. 둘째 윤리적 존재방식은 감성적(미적) 삶의 방식에서 자기 내면의 불안과 갈등에서 벗어나고자 노력하여 현실적으로 자신에 대한 책임을 지고자 하고 윤리적인 삶으로 노력하며 마음의 안정을 찾음으로써 비로소 자신의 존재에 대한 확신을 의식하게 된다. 하지만 어떠한 난관에 부딪치게 되면 또 역시 자기모순에 빠지게 되므로 종교적 존재방식이 필요하게 된다. 셋째 종교적 존재방식은 윤리적 삶의 방식에 머물지 않고 더 나아가 자신의 존재에 대해 깨우치고(자각) 신과 하나가 되려고 노력하는 삶의 완성 단계이다. 존재의 방식 가운데 종교적 존재방식이 제일 고차원이다. 이는 인간의 인성(人性)에서 신과 하나가 되어 신성(神性)에 도달하고자 함이다.

그렇다면 인간은 윤리적으로 어떻게 자신을 극복해야 하고 더 나아가 종교적으로 어떻게 자신을 승화시킬 수 있는 것인가? 이에 대해 키에르케고르는 인간의 인성만으로는 자신을 극기할 수 없다고 한다. 이는 하나님의 손길이 없이는 인간은 자신을 구원할 수 없다는 기독교의 교의와 같은 의미이다. 하지만 그는 종교의 의미를 두 가지로 보고 있다. 하나는 내적인 종교로 자연종교이다. 이는 도덕과 윤리적으로 내심의 평안에 귀의함이다. 다른 하나는 계시의 종교이다. 이는 제도적 종교로써 일반적으로 말하는 기독교 신앙을 말한다. 바로 예수의 규범을 따르고 예수를 통하여 자신의 삶과 죽음을 맡기고 하나님에게 나아감이다. 그러나 키에르케고르 자신은 후자보다는 전자의 자연종교의 본질에 비중을 두었다. 즉 자신의 내면 양심에 의해 삶과 죽음을 맡기며 진리 당체와 하나가 되어 가는 길이다.

사실 인생의 여정 가운데 인간의 삶은 행복만 있는 게 아니다. 인간은 자기존재의 성립과정에 있어 자신의 무한성과 한계성(유한성)·현실성과 가능성·영원성과 시간성의 갈림길에서 불안해하고 갈등하고 번민하며 항상 성내고 슬퍼하고 고통스러워하고 두려워하는 등 이런 굴레 속에서 자신을 확립하느냐 아니면 자신을 상실하느냐 이것이 문제인 것이다. 키에르케고르는 자기 자신의 상실(자기분열)을 '절망'이라고 표현했다. 삶의 과정 속에서 가장 어려운 일이 바로 자신을 잃어버린 "마음의 절망"임을 강조한다. 그의 『죽음에 이르는 병(Die Krankheit Eum Tode)』에 의하면 인간의 가장 무서운 적은 바로 마음의 절망이며, 이것이 가장 큰 죽음이다. 그는 인간 존재의 가장 큰 적을 인간의 '절망'이라고 강조한 것이다. 이것은 단테의 『신곡』에서 묘사한 지옥의 본질과도 같다. 지옥은 어떠한 것이든 다 갖고 들어갈 수 있도록 되어 있지만 다만 희망만큼은 갖고 들어갈 수가 없다. 그러므로 지옥은 희망이 없는 암흑인 것이다. 이렇듯이 모든 희망을 잃어버린 절망이 인간 존재의 가장 큰 슬픔이면서 가장 큰 죽음이다. 이것은 인간 존재가 비극임을 의미하기도 한다.

인간이 한번 절망이나 실망에 빠지면 그곳에서 벗어나기가 그리 쉽지 않다. 하지만 인간은 자신에 대한 책임과 인생에 대한 생사를 벗어날 수 없으므로 초조·불안·실망·절망에 빠지기보다는 벗어나기 위해 항상 도약을 해야 한다는 것이다. 인간은 인생의 역경으로부터 벗어나고 실망·절망으로부터 탈출하고 신 앞에 나가 신과 하나가 될 때 무한한 평안을 갖게 되며 진실한 자신을 찾게 된다고 한다. 비록 개체적·현실적으로 인간의 존재는 유한하고 시간적이지만, 한편 존재의 자기성립으로 볼 때 인간은 무한하고 가능성 그 자체인 생사의 여정이기도 하다. 그러므로 키에르케고르의 생사관은 '생사단계형'이라고 볼 수 있다.

3) 니체

니체(Friedrich Wilhelm Nietzshe, 1844~1900)의 철학은 형이상학의 종결이면서 생명철학의 시작이라고 할 수 있다. 그는 대학에 가서부터 자신의 신앙(기독교신학)에 대해 회의하기 시작하였고 끝내는 기독교를 포기해야만 했고 더 나아가 그는 기독교를 비판하고 반대한다. 기독교 신앙에서 시작한 그가 왜 기독교를 반대했을까? 그는 기존의 철학·종교·문화·교육·윤리도덕 등등 전통적인 사회의 윤리규범과 종교에 대해 비판을 가하고 새로운 윤리와 종교의 가치관, 그리고 생사관을 성립한다.

니체 사상의 제1기는 사상의 형성 시기로서, 쇼펜하우어와 마르크스의 영향을 받은 랑거(Friedrich Albert Lange, 1828~1875)의 사상에서 영향을 받아 니체 자신의 사상을 형성시킨다. 즉 니체는 쇼펜하우어의 『세계는 의지와 표상이다』에서 감명을 받고 생명은 비애라고 생각한다. 랑거는 『유물론사(Geschichte des Materialismus)』에서 이 세상은 다만 인간에 의해 감각되어지는 감각세계에 지나지 않으며 그 어떤 외부의 세계도 우리는 알 수 없다는 요지를 말하고 있다. 랑거는 무신론과 유물론을 주장하면서 칸트를 반대했던 신칸트학파의 한 사람이다. 니체는 이런 랑거의 사상을 받아들였고, 또 한편으로는 음악가 바그너

(Wagner, 1813~1883)와의 인연으로 바그너의 예술정신을 새로운 사상으로 해석하고, 음악은 미학과 철학의 혁명이라고 새로운 정의를 내린다. 그리고 모형의 예술은 플라스틱예술로 틀에 짜 맞춘 형식의 예술이라고 비판한다. 이처럼 니체는 이 세 사람의 영향을 받아 자신의 철학을 형성시킨다. 즉 일명『비극의 탄생(Die Geburt der Tragodie aus dem Geiste der Musik)』에서 기존의 모든 전통적 문화가치를 비판하고 부정하면서 새로운 생명의 가치를 주장한다.

    니체 사상의 제2기는 그의 철학사상의 독립화의 과정으로서, 모든 전통적인 가치관을 완전히 부정하는 전환점이면서 니체 인생에 있어 가장 중요한 과정이기도 하다. 그는 서양의 이원론적인 세계관·전통철학·종교·도덕을 반대하면서 이런 기존의 사상들은 자연을 위배하고 인생의 생명을 가볍게 여긴다고 주장한다. 이 시기에 그는 인류의 생명을 포함하여 인류 공존의 기본조건과 의미는 무엇인가에 대해 탐구하고, 또한 모든 철학사상에 대해서도 다시 수정을 하기 시작한다. 개체의 생명은 진실한 것이지만 도덕이나 윤리는 외형적인 것에 불과하다고 생각한다. 그는 생명과 윤리도덕을 대립시켜서 중요한 것은 외형적인 윤리도덕이 아니라 우리들 자신이 발전해 나갈 수 있는 생명력이라고 강조한다. 그러므로 도덕의 관념에 대해서도 새롭게 정의를 내린다. 전통적인 도덕과 윤리를 그는 노예도덕 혹은 외적인 도덕이라 칭한다. 왜냐하면 기존의 전통적인 사회규범이나 윤리도덕은 인간이 태어나면서부터 길들여지는 습관에 불과하며, 이와 같은 습관성은 진정한 삶의 도덕성이 결핍되었다는 것이다. 이른바 도덕은 일종에 사회의 조직을 보호하기 위한 수단이고, 사회는 약자들이 강자의 침략을 막기 위한 동맹에 불과한 것이라고 한다.

사상의 제3기는 그의 철학사상 가운데 최고 절정의 표현 시기이다. 그는 이 시기에 '생명'과 '영원윤회(영원회귀)' 개념을 체계화한다.
　니체 사상의 대전제는 무신론이다. 그의 기본정신은 기독교에 대한 반대이며, 인간의 생명을 긍정하고 인류생명의 가치와 생존의 의미를 새롭게 주장한다. 그리고 중요한 요체가 담긴 『권력의지(Wille zur Macht)』에서 일체 모든 가치관에 대해 새로운 전석(詮釋)을 시작한다. 니체가 말하는 생명·영원윤회(영원회귀)의 관념은 무슨 의미인가? 니체는 '생존'의 의미를 각자 자신으로부터 죽음을 벗어나려는 끊임없는 활동이라고 말한다. 강자는 물론 약자도 이런 활동을 하고 있으며, 생존은 본질적으로 파괴의 활동으로써 타 생명의 희생을 요구한다는 것이다. 니체가 말하는 생존·생명의 특징은 일종의 창조력이다. 이 창조력의 생명 혹은 생존·세계의 역량은 줄어드는 것도 아니고 느는 것도 아니고 멈춤도 아니며 영원히 윤회 속에서 회귀한다. 인간의 생명을 포함한 만물의 생명은 무한한 시간 가운데 끊임없이 움직이는 영원한 생명의 궤도이다. 다시 말해 인류의 정체생명(整體生命) 역시 영원히 반복 순환하는 가운데 정비되어진다는 것이다. 즉 장구한 시간의 윤회 속에서 인류의 생존과 사망의 조건을 구비하여 정비해 감으로써 인간의 고통과 쾌락·원수와 친구·희망과 절망·옳음과 그름, 그리고 풀 한 포기까지 비추는 태양에 이르기까지 모두 각각 서로 다르게 순환의 궤도 속에서 정비되어 각각 원래의 진정한 자리로 환원되어 간다고 한다.
　그는 '신은 죽었다(Gott ist tot)'라고 선언했다. 하지만 이 말은 다만 상징적인 언어이다. 그 뜻은 예로부터 내려오는 종래의 문화가치의 고정관념과 억압의 굴레를 부정하는 전통적 가치관념에 대한 비판이다.

그는 『짜라투스트라는 이렇게 말했다』에서 선포하기를 "하나님은 이미 죽었다", "초인이 탄생되었다"라고 말한다. 그럼 니체는 왜 신은 죽었다, 초인이 탄생되었다고 했는가? 그의 의미는 무엇인가? 그는 신을 대신하여 초인이 탄생되었다고 말한 것이다. 왜냐하면 신은 가련한 사람들과 나약한 사람들의 정신적인 해탈의 근원인 것이다. 초인은 능히 자신을 극복 극기한 사람을 지칭한 것이며, 모든 역경으로부터 자신을 초월할 수 있는 초월적 행위를 말한 것이다. 다시 말해 기존의 전지전능하신 구원의 타력(他力) 신은 죽었다는 말이다.

그는 『반(反)그리스도(Anti-christ)』에서 기독교의 도덕은 신에 의존하고 인간을 나약하게 만드는 노예도덕이라고 한다. 그러므로 인간은 응당 새롭게 자주도덕(自主道德)을 세워야 한다고 주장한다. 니체는 생명력의 강하고 약하고에 의한 새로운 도덕의 법칙을 내세웠고, 아울러 현대정신의 허무주의를 타파함으로서 전통적 가치관에 대한 새로운 해석을 한 것이다. 그리고 신을 대신하여 초인에게 대지(大地)의 의미를 부여한 것이다. 신이 죽음으로서 지금의 우리는 희망을 갖고 초인으로 거듭날 수 있다고 말한다. 그렇기 때문에 기독교를 반대한다는 의미이다. 비록 니체가 기독교를 반대하지만 그것은 기독교 종교의 가치관에 대한 반대이다. 그렇다고 신을 완전히 부정하는 것은 아니다. 다만 초인은 기독교의 하나님을 대신하여 고대 그리스의 주신(酒神) 디오니소스(Dionysos)를 상징적으로 교체한 것이다. 디오니소스의 개념은 생명에 대한 대단한 열정의 긍정을 뜻하며 생명에 대한 약정이기도 하다. 다시 말해 일체 생명은 영원한 윤회 속에서 생성 · 파괴 · 죽음을 통하여 원래 근원으로 환원되도록 약정되어 있다는 의미이다.

한편 그는 『이 사람을 보십시오(Ecce Homo)』에서 죽음(사망)에 대한 관점을 묘사하고 있다. 자신은 이미 친구의 죽음을 맛보았고, 자신의 어두운 청춘 속에서 어느 날 마치 하나님처럼 빛을 발하는 사람이 있더라는 것이다. 그 사람은 떠돌면서 아주 난무하게 싸우는 사람처럼 보이지만 그는 승리자로써 가장 강한 사람이기도 하다. 그 사람은 자신의 운명 속에서 새로운 운명을 창조하는 사람으로 신중하게 미래를 생각하고 공포와 두려움으로부터 승리하는 사람이다. 그 사람은 죽음의 일들을 극복하여 환희로 바꾸고, 죽음의 명령으로부터 그 명령을 굴복시키고 죽음에 대해 영원히 승리하는 사람이다. 마치 적을 정복하듯이 죽음도 그렇게 처리하는 사람이다. 이처럼 니체는 새로운 가치관과 생사관을 주장한다. 그 이유는 무엇일까?

일반적으로 누구든 자신에게 유용하다면 그것이 무엇이든 간에 가치가 있다고 생각들 한다. 하지만 니체는 그런 기존의 고정관념을 타파하고 부정한다. 반드시 삶에 유용하다고 꼭 인생에 진정한 가치가 있는 것이 아니라는 말이다. 예를 들면 사상에 있어서 공리주의·실용주의·실증주의·이타주의 등등 모두 다 그것들 나름대로 서로 다른 가치를 지니고 있는 것이 사실이지만 꼭 어느 것이 진정한 가치가 있다고 규정하기란 쉽지 않다. 또 예를 들면 사물에 있어서 황금이나 금강석(다이아몬드) 등의 보석을 인간은 매우 귀중하게 가치가 있다고 생각을 한다. 하지만 황금이나 금강석 같은 보석들의 가치는 그것들 자신의 가치가 아니라 본래 인간이 가치를 규정한 것에 불과한 것이다. 이 세상의 모든 가치는 바로 인간이 만들어내고 규정한 것들이다. 모든 전통적인 가치는 바로 인간인 우리들이 규정한 것임을 니체는 발견한 것이다.

또한 문화에 있어서 동양삼국의 문화권에서는 도덕 윤리 가운데 인의예지를 가장 가치 있게 본다. 하지만 서양문화권에서는 인의예지보다는 행복과 즐거움(쾌락)이 더 가치가 있다. 허나 칸트 윤리학의 의무론에서는 행복과 쾌락이 아니라 도덕을 최고의 가치로 보고 있다. 바로 우리들이 말하는 가치란 주관적이든 객관적이든 간에 이 사람의 입장에서 보면 별 볼일 없고 가치가 없는데 반해 저 사람의 입장에서 보면 대단한 가치가 있는 것이다. 니체는 이처럼 가치의 절대적 표준이 없고, 절대적 가치의 표준이 없다면 절대적으로 진정한 평등도 없다는 뜻이다. 그러므로 종래의 사회 문화의 가치관을 부정한 것이다. 우리들의 가치는 완전한 근거가 없다는 말이기도 한데 우리는 왜 가치를 찾는 것일까? 니체에 의하면 그런 우리들은 외적인 사람에 불과한 것이고, 이런 삶의 우리는 진정한 사람이 아니며 진정한 생명과 생사의 의미를 모른다는 것이다. 이것이 그가 기존의 모든 문화 가치관을 부정하고 새롭게 전석을 하게 된 이유이기도 하다.

 그럼 진정한 삶과 진정한 인간이란 어떤 사람일까? 그는 초인(Übermensch)을 들어 말을 한다. 초인은 자신을 긍정하고 자신의 삶을 완성하는 사람이다. 이런 사람을 제일 진실한 사람이라고 말한다. 문제는 어떻게 진정한 삶의 자아로 완성하느냐이다. 니체는 우선 진정한 철학의 정신은 우리들로 하여금 낡은 습관성을 고치게 하여 생명의 태도로 전환시키는 것이라고 말한다. 그래서 니체는 "철학(가)은 문화의 의사이다"라고 했다. 즉 사회 문화가 병들어 있다는 뜻이다. 그렇기 때문에 새로운 창조의 가치와 새로운 사상과 새로운 문화가 바로 인간을 독립하게 만든다는 것이다. 니체가 말하는 새로운 생명이란 무엇인가? 바로 자신을 긍정하는 역량(力量)이다. 즉 인간의 의지력·권력의지(Wille zur Macht)이다. 니체는 인간의 의지력을 창조의 생명이라고 한다. 바꿔 말하면 개체의 생명은 서로 다른 존재방식이다. 또한 창조의 표준 역시 서로 다른 존재방식이다. 니체의 입장에서 보면 인간이 태어났을 때는 완전한 생명의 시작이 아니다. 인간의 행위 자체는 모두 무고(無辜)한 것이며 인간은 원래 의지의 자유를 갖고 태어났고 인간 행동의 시작이 바로 자유이다. 인생의 삶을 살아가면서 난관의 비극의 고통을 느낄 때 비로소 진정한 생명의 시작이라고 말한다. 그런 생명이 바로 진리이다. 진리는 진실로 생사의 깨달음을 느꼈을 때 참으로 자기생명의 창조의 힘인 것이다. 니체가 말하는 생명의 상징은 미지수로 충만되어 있는 생명의 창조력이다. 그는 욕망·비극·다양성·무궁한 변화·우연성을 모두 생명 창조의 원동력으로 긍정하고 생명변화의 다양성으로 상징하고 있다. 욕망·비극·고통 이런 개념들을 기존의 문화가치에서 보면 악의의 개념들인데 반해 니체는 그런 인생의 난관 고난의 역경을 만약 초월한다면 그건 바로 초인(超人)이며 인격을 승화시키고 인생을 전환시키는 창조력이라고 말한다.

  니체는 우리의 의지는 모두 반응을 하는데, 피동적인 반응의 역량을 약자라 칭한다. 약자는 자기 자신의 생명을 긍정할 힘이 없는 사람, 즉 생명의 역량을 부정하는 사람으로 그런 약자에게는 생명의 의미가 없다는 것이다. 주동적인 역량의 힘이 바로 사람을 독립하게 하는데, 자기 자신의 생명력을 성립시키고 자아생명을 긍정하는 사람이라고 말한다. 자기 역량(dynamic)을 긍정하는 것을 자신을 창조하는 가치라고 말하며 그것을 권력의지라고 한다. 이 권력의지는 남을 통제하고 억압하는 권력이 아니라 자기 생명의 역량을 긍정하는 힘을 말하며, 충만한 활력 혹은 충만한 지력의 능력을 말한다. 그러므로 모든 사람은 권력의지를 다 갖고 있다. 권력의 대상은 바로 남이 아닌 자기 자신이며 의지의 대상 역시 자기 자신이다. 또한 권력의지란 비판의 역량이고 창조의 힘이다. 그리고 일체 가치의 전환점이다. 권력의지의 목표는 자기의 차이를 긍정하는 것이다. 즉 자신과 남과의 다른 점으로 남과 다른 인생의 성취에 있는 것이다. 자기 생명의 가치를 긍정했을 때 비로소 자신을 창조하게 되고, 그런 사람의 인생은 모두 다 가능성이 있게 된다는 것이다. 왜냐하면 권력의지 · 생명의 창조 역량은 자기 자신의 생명의 긍정으로 끊임없는 힘이기 때문이다. 바로 초인은 인생의, 생명의 영원윤회 속에서 권력의지를 실천하는 사람이다.

생사 고통의 문제에 있어서 일반적으로 고통을 죄의 대가 혹은 잘못된 결과로 생각을 하고 고통의 느낌이 최후에는 죄악감을 만들기도 한다. 하지만 니체는 한마디로 말해 고통의 생명가치를 긍정한 사람이다. 니체는 인간 내면의 자책감이 바로 고통의식을 만들어 내지만 내재화(內在化) · 내면화의 힘이 고통의 근원이라고 말한다. 고통은 바로 반응의 역량이다. 고통을 많이 당하면 당할수록 극대화된 고통은 내면화로 전환되는 힘이 된다. 즉 고통은 생명 혹은 인생의 힘으로 바뀌는 계기가 된다는 뜻이다. 그러므로 고통은 정신의 진면목이고 강렬한 내면의 친밀감이라고 말한다. 니체는 고통을 생명이라고 단언하고, 인생의 정신이라고 긍정을 한다. 인간은 인생의 고통을 느낄 때 비로소 생명의 소중함과 가치를 깨닫게 된다는 것이다. 이런 고통을 깨닫고 비로소 고통을 벗어날 때 고통은 고통이 아닌 생명을 상징하고 가치를 상징하며 진정한 인생의 희열을 상징한다. 그러므로 개인의 고통은 자신의 근원이 되고, 고통의 최후는 생명의 힘으로 전환되고, 즐거움의 원천이 된다고 한다. 즉 고통을 인생화 · 도덕화 · 종교화 · 문화화한 것이다. 인간은 고통을 통해야만 자신을 승화시키고 일체 죄악감에서 벗어나 해탈을 시작하는 전환점이 될 수 있다. 니체는 이처럼 인생의 고통을 긍정하여 인생의 가치를 긍정한 것이다. 그는 고통의 힘으로 고통을 초월했을 때 찾은 최고의 가치를 진정한 도덕과 참된 종교로 보았다. 인간은 고통을 감내할 줄 알고 초월했을 때 정신의 힘으로 변하며 정신승화의 가치를 지니게 된다는 것이다.

니체 생사관의 요점은 정신적 자유인으로써 자신을 정화하고 풍부한 생명력으로 우리들의 새로운 세계를 창조하기를 원하는 것이다. 이 세상을 하나님이 창조해 가는 것이 아니라 바로 각성되어 있고 진실로 깨어 있는 사람(초인)만이 생명을 창조하고 문화를 창조하고 종교를 창조하고 도덕을 창조하고 새로운 창조의 가치를 개발해 열린 세상을 만든다는 것이다. 이럴 때 인생은 제일 진실한 생명의 능력을 발휘하고 생사를 초월하는 지혜가 열린다. 그러므로 니체의 생사관은 '생사종합형' 혹은 '생사초월형'이라고 볼 수 있다.

제5장. 죽음의 지혜

 과연 생명은 어디로부터 와서 어디로 가는 것일까? 구경의 생명의 진상은 어떠한 것인가? 또한 윤회하는 나는(주체) 누구인가? 이러한 생명의 본질에 대한 문제는 인류 역사상 많은 철학과 종교 사상에 의해 끊임없이 추구되어져 왔으나 아직도 신비의 베일에 가려져 있는 것이 현실이다.
 본 장에서는 죽음까지 갔다온 근사(近死)·가사(假死)를 통해 생명의 실체란 어떠하며, 과연 생명은 불후(不朽)하며 영원한가? 그 영원의 현상은 어떠한 것인가? 등을 알아보고, 윤회·재생의 실체 및 제사를 통한 의미와 그것에 담긴 지혜를 살펴보겠다.

제1절. 죽음과 불후(不朽)

 동서양을 막론하고 대부분의 민족은 인간이 죽은 후 불멸(不滅) 혹은 불후하다는 생각을 갖고 있다. 예를 들면 서양에서는 이미 현대심리학이나 정신의학에서 심리치료법(past-life therapy) 혹은 실제기억(real remembrance)의 방법 혹은 심리학의 최면회소법(催眠回溯法, Hypnotic regression) 등으로 생명의 실체, 즉 생명의 재생(윤회)을 인증하고 있다. 그 예로써 무디(moody)에 의하면 근사(近死)·가사(假死)를 경험한 사람들은 실지로 사망 후 내세가 있음을 암시하고 있다고 한다. 사망은 생명의 종결이 아니라 개체의 불후를 보유하는 것이라고 말하고 있다. 그 실례를 찾아보자.

■ 심리치료법(心理治療法)의 경우

심리학 의사인 모리스 네썰톤(Dr. Morris netherton)은 만성 위출혈병을 앓고 있었다. 그는 자유연상법(free association)으로 자신의 병인(病因)을 찾고 있었는데 어느 날 갑자기 자신이 1818년 모스크바에 태어나는 장면이 보였다. 그 다음 장면은 그는 군인이었는데 위장병을 앓고 있었고, 또한 현재의 부인도 전생의 부인이었던 캐럴(Carol)이었다. 모리스는 전생의 병을 금생에도 앓고 있음을 알았고, 그 후 원인을 찾아 위장병을 고쳤다(『past lifes therapy』)고 한다. 여기에서 그는 의사로써 의료의 효과를 보았으나, 문제는 생명의 윤회가 있는가 없는가이다.

■ 실제기억(實際記憶)의 경우

아이언 스티븐슨(Ian stevenson)은 그의 저서『12사례가 암시하는 윤회설(Twenty cases suggestive of reincarnation)』에서 전생을 기억하는 케이스를 입증했다. 실제로 있었던 사례로써 인도의 프라캐쉬라는 여자 아이의 경우, 전생이 1950년 닐말이라는 이름의 남자아이로 사망을 했었다. 아버지 이름은 스리 보호라매스 재인이었고 집은 인도의 코시 칼랜에 있었다. 그런데 아이는 죽기 전에 2번에 걸쳐 매듈라를 가리켰다. 1951년 플라캐쉬는 칠래타에 태어났다. 아버지의 이름은 스리 비질랠 볼쉬내이었다. 프라캐쉬가 4살 반이 되었을 때 어느 날 밤에 자다가 깨어나서 하는 말이, 자기의 이름은 닐말이며 코시 칼랜에 살았다고 하였다. 1956년 아이가 5살이 되었을 때 전생의 친척과 친구 등에 대한 기억을 더 뚜렷하게 하기 시작하였다. 1961년 여름 어느 날 스리 보호라매스 재인이 칠래타에 왔을 때, 우연히 프라캐쉬와 마주치게 되었다. 이때 프라캐쉬는 바로 그녀의 전생 부친을 알아보았다는 것이다.

아이언 스티브슨은 이 소식을 듣고 실제기억에 대한 조사 결과를 분석했는데, ① 본인은 중복해서 나는 아무개라고 말을 한다. ② 본인은 나는 아무개라는 누구와 친구들에 대한 자료를 제시한다. ③ 전생의 장소에 가보기를 원한다. ④ 전생의 친척이나 친구를 만났을 경우 능히 상대에 대해 정확히 안다. 예를 들면, 피차간의 관계라든가 습관 같은 것 등을 열거한다. ⑤ 전생에 관계된 사람을 만났을 경우 진정으로 감정이 유출된다. 예를 들면, 자신도 모르게 눈물이 흐른다거나 혹은 기쁘거나 특별히 친밀감이 더 든다거나 한다. 반대로 반감의 관계였을 경우는 괜히 반감이 간다거나 두려움이 온다거나 하는 감정이 흐른다.

그러나 아이언 스티브슨은 여기서 윤회에 대한 의문을 제기한다. 만약 본인이 말하는 아무개라는 사람의 신체상의 특징이 반드시 전생의 아무개를 표시하는 것이 아니라는 점이다. 예를 들면 어느 신비주의자는 예수(Jesus)의 못 자국이 있었다. 하지만 이 신비주의자가 반드시 예수라고는 말할 수 없다는 점이다. 그 다음 본인이 말하는 주변 인물들이 반드시 100% 맞지 않다는 점이다. 이러한 현상들은 잠재의식이 만들어낸 위조가 아닌가 하는 의문이 생긴다. 예를 들면, E.S.P.(extra sensory perception, 초감성적 지각)도 능히 다른 사람의 정념(情念)을 자신으로 착각할 수도 있기 때문이다. 그는 가설로 5가지의 가능성을 말한다. 즉 ① 사기·기만, ② 은밀·기억, ③ 유전기억, ④ 초감성지각과 역할, ⑤ 떠나지 않는 감정 혹은 빙의(憑依) 등이다. ① 사기·기만의 경우, 예를 들면 5살 아이가 어떻게 자신의 능력으로 전생을 안다고 연극으로 기만을 할 수 있는가, 또한 아이들에게는 기만할 만한 동기가 없다는 점, 그리고 실제로 본인과 전생의 가족을 만났을 때의 정서는 참으로 불가사의한 일인 것 등을 통해 스티븐슨은 가설 중 사기·기만은 불가능하다고 결론을 내렸다. ② 은밀·기억의 경우, 본인이 다른 사람의 정념(情念)을 자신으로 착각하고 말할 경우 자료의 근거 등을 기억을 더듬어 말한다 하더라도 문제는 자료의 출처, 즉 자료를 쉽게 얻을 수 없는 문제에 봉착한다는 점이다. 그러므로 이 가설의 경우도 해당이 안 된다는 것이다. ③ 유전기억의 경우, 만약에 조상들 가운데 이러한 경험이 있고 이 경험이 후대에 유전되어 내려 왔다고 가설할 경우, 조상의 신체적 특성이 유전되었다고 해야 한다. 왜냐하면, 과학적인 근거가 있기 때문이다. 즉 DNA가 입증을 할 수 있다. 그러나 조상이 경험한 특성이 유전되었다면 이것은 과학적으로 근거를 입증할 수 없다. 이 가설 또한 불가능하다는 것이다. ④ 초감성적 지각과 역할의 경우, 만약에 초능력(ESP)으로 전생의 자료들을 얻었다고 가설할 경우, 이것을 자기의 전생이라고 할 수 있는가이다. 즉 초능력으로 모 망자(某 亡者)의 각 방면 자료를 안다고 할 경우 문제는 어떻게 자료의 망자가 곧 모 망자인가를 입증하는가이다. 또한, 초능력은 보통 사람들이 다 갖고 있는 능력이 아닌데, 어떻게 보통 5세의 아이가 전생의 일을 알 수 있는가이다. 즉 어떻게 초능력이 통할 수 있는가이다. 그러므로 이 방법도 불가능하다는 것이다. ⑤ 떠나지 않는 감정 혹은 빙의의 경우, 본인이 아닌 다른 사람의 영혼이 빙의가 되어 말할 경우, 문제는 자료의 출처가 어떻게 본인의 것인가 하는 문제다. 빙의일 경우 대부분 영매는 영매 자신을 알리고자 한다. 그러므로 이 가설도 불가능하다는 것이다.

이상 살펴 본 바와 같이 스티븐슨은 20개의 실제 경우를 선정하여 인간의 재생(再生)을 논증하고 나서, 우리들의 생명의 윤회는 존재한다라고 결론을 내렸다.

■ 심리학의 최면회소법(Hypnotic regression)의 경우

심리학자 헬렌 왐백크(Helen Wamback)는 1966년 홀리(M. Holly)에서 뉴저지에 있는 기독교 도서관인 큐에커기념도서관에 처음 갔다. 그때 그곳이 아주 익숙하고 생소한 곳이 아닌 느낌을 받았다. 그는 어떤 책 한 권에 자연스럽게 시선이 멈추었는데 아주 눈에 익은 책이었다. 그때 그의 의식이 갑자기 변하여 전생을 보게 되었다. 시선이 멈추었던 그 책은 바로 그가 전생에 아주 친숙하게 보던 책이었다. 그는 이 경험을 한 후 신문에 모집 공고를 하여 1,088명을 대상으로 최면회소법을 실시하여 윤회에 대한 통계를 분석했다. 최면회소법이란 인간의 사고가 의식상태에서 잠재의식의 상태에까지 들어간 과정을 말한다. 그는 최면회소법을 받은 사람들이 나타낸 현상의 내용을 크게 6가지 현상으로 분석을 했다. ① 감각상의 전변현상(轉變現象), ② 제6감의 능력현상

(能力現象), ③ 초심령현상(超心靈現象) ④ 체능(體能)의 전변현상(轉變現象), ⑤ 초능(超能)의 기억력현상(記憶力現象), ⑥ 시간과 공간의 역류현상(逆流現象) 등이다.

그 다음 윤회에 대한 분석으로 최면회소법의 통계를 정리했는데, ① 최면회소법을 받은 모든 사람들이 여러 차례에 걸쳐 다시 태어났음이 밝혀졌다. ② 죽은 후 얼마만에 윤회를 하는가를 조사했는데, 일정하게 정해진 기간은 없었고 개개인에 따라 다르게 나타났다. 비교적 전쟁터에서 죽은 군인들이 바로 윤회를 했다. 제일 빠르게 윤회를 한 경우, 1개월에서 2개월 안에 다시 태어났다. 제일 늦게 윤회를 한 경우 3000년만에 다시 태어난 사람도 있었다. ③ 인긴이 윤회를 하는 원인은 한 생에서 완성하지 못한 사명을 다 완성할 때까지 윤회를 한다고 한다. 혹은 일생을 살면서 자신의 삶이 만족스럽지 못한 경우, 다시 태어나 완성을 시키기 위해서라고 한다. ④ 전생의 성별에 대한 문제로써, 각 일생마다 성별은 다르게 태어난다고 밝혀졌다. 예를 들면 전생에서는 남자였지만 금생에는 여자로 태어나거나 혹은 전생에서는 여자였는데 금생에서는 남자로 태어난 경우도 있다. 물론 같은 성으로 나타난 경우도 있다. ⑤ 윤회의 영역으로는 전세계를 누구나 다 돈다고 한다. ⑥ 출생의 종족이나 지점도 각 일생마다 다르다고 밝혀졌다. 이유는 행업(Karma)과 관련되어 있기 때문이라고 한다. ⑦ 전생에 함께 했던 친척이나 가족, 친구들이 왕왕 다음 생에서도 다시 만난다고 한다. 다만 서로 역할이 바뀔 뿐이라고 한다. 예를 들면 전생의 딸이 금생의 손자로 태어난다거나 전생의 남동생이 금생의 부인으로 태어난다거나 전생의 친구가 금생의 부모가 된다거나 하는 등등으로 역할의 위치가 바뀔 뿐이라고 한다. ⑧ 최면회소법을 받은 사람 중 대부분 다시 태어남을 원하지 않았다. 그러나 다시 태어나야 하는가의 시험을 받았다고 한다. ⑨ 다시 태어나기 전(regression)에 내세의 삶을 계획하고 정한다고 한다. ⑩ 출생 후 얼마 안되어 바로 죽는 경우, 그 원인 중 하나는 자신이 정한 삶의 계획에 불만족했을 경우로 생의 계획을 바꾸기 위해서이고 다시 태어날 기회를 갖기 위해서라고 한다. ⑪ 재생(再生)을 다시 해 하나의 신념을 시험하여 합격여부를 해본 후, 합격을 하고 나면 윤회는 끝난다고 한다. 그 다음은 무한자 즉 하나님이나 부처님(God or Buddha) 혹은 생명의 본체(Cosmic mind or Archetypical mind)와 결합하여 일체가 된다고 한다. ⑫ 어느 경우에는 한 조를 이루어 같이 윤회하여 공동으로 같이 생의 사명을 완성한다고 한다. ⑬ 최면회소법을 받을 경우 그들은 모두 전생의 언어를 사용했다고 한다. ⑭ 최면회소법을 받은 사람들의 전생에 대한 내용과 무디가 앞서 서술한 내용은 일치했다(『Reliving past lives』, 『Life before life』)는 것이다.

제2절. 죽음과 윤회(輪廻)

1. 동양에서의 윤회

　인생의 실존이란 참으로 복잡하고 종합적이며 한편으로 생성변화의 과정을 의미한다. 이러한 실존의 문제는 이미 사망학이라는 학문으로 새롭게 해석하고 접근해 가고 있어 조금씩 생명의 본질을 열어가고 있다. 앞서 논했듯이 하이데거는 『존재와 시간』에서 오직 인간(Dasien)만이 진정한 실존이지, 그밖의 만물은 존재하는(is) 데에 불과하다고 주장하고 있다. 인간은 단순한 단독의 존재가 아니라 가지가지의 생명을 선택하는 하나의 실존 주체로서 반드시 혼자만의 죽음을 맞이한다. 즉 생사란 한 개인의 고독한 여정이다. 다시 말해 인간은 반드시 사망하고, 생명의 한 순간 찰나 찰나에 한 걸음 한 걸음씩 죽음의 순간을 향하는 존재이다. 하이데거에 의하면 인간은 죽음의 존재를 향하는 실존이다. 즉 서구의 실존주의자들은 죽음을 인간의 내적 본질로 보았고, 따라서 인간존재의 기본 상태로써의 죽음은 인생에 있어서 불가분의 자연단계이다. 죽음은 하나의 실체로, 어느 날 홀연히 소멸되는 생명의 좌절감을 인간에게 보게 한다. 죽음의 신비감은 동서고금을 막론하고 아직도 그 실체를 완전하게 벗기질 못하고 있다. 죽음이란 무엇인가? 사후세계는 어떠한가? 등등 인간이 죽음에 대해 두려워하는 공포는 바로 죽음은 아직 경험하지 못한 현실이기 때문이다.

불교에서는 이미 3천년 전에 생명의 생성변화를 생사일여(生死一如)라고 하여 생명의 실존문제의 해결방법을 제시하고 있다. 모든 생명체는 생(生)·주(住)·괴(壞)·공(空)의 생성순환의 원칙에 의해 존재하며 생사를 반복하고 있다고 한다. 즉 윤회(transmigration)란 생명의 실존 순환임을 암시하는 것이다. 인간은 누구나 반드시 죽으며, 죽음은 어느 누구도 피할 수 없는 자연현상이다. 불교의 『대반열반경』에서는 "모든 인과 연으로 화합된 존재자들은 모두 늙고 썩어 없어진다[諸因緣和合法皆歸老朽]"고 존재의 생멸법을 밝히고 있다.

현대에 있어서 이러한 윤회의 생멸법에 대해 현대 정신의학자 브리언 엘 웨이스(Brian L. Weiss)도 그의 저서 『고통 속에서의 치유(The rough time into healing)』에서 최면회소법을 받은 많은 사람들이 여러 생의 윤회를 거쳤던 예들을 소개했다. 대부분의 환자들은 최면회소법을 받고 전생으로 거슬러 들어가 윤회를 인증했고, 또는 명상 혹은 꿈을 꾸게 하는 방법을 사용하여 그들의 전생의 이름, 연대, 지형, 생활상 등등을 상세히 기억하게 한 후, 현재 그들이 갖고 있는 병의 증세를 치유하는 데 활용했다고 한다.

여기에서 우리들이 알 수 있는 것은 육체가 사망할 때 사실 우리들은 진짜로 죽는 것이 아니라는 것이다. 인간의 영혼 혹은 정신은 육체를 따라서 죽지 않는다. 영혼은 육체 생명의 죽음 후에도 능히 계속해서 다른 삶의 형식을 취하여 생명의 여정을 지속한다는 점이다. 웨이스는 명상법으로 전생을 연구했는데 이 방법은 능히 사람들로 하여금 마음을 편안하게 하는 데 효과가 있었고, 심령을 집중하게 함으로써 잠재의식을 드러나게 하는 데도 효과가 있었다. 일반적으로 우리들이 일상생활에서 기억하는 활동은 극소수의 부분에 해당된다. 우리들의 현재 의식 아래에 있는 잠재의식은 이전의 경험과 인상을 모두 기록해 보존하고 있다.

불교의 『중일집경(增一集經)』에서 잠재의식으로 전생을 알 수 있었던 예를 나타낸 내용이 있음을 볼 수 있다. 예를 들면 숙명통으로 전생의 5백 겁의 생애를 계통적으로 현재에 이르기까지 기록하고 있다. 『청정도론』에서도 숙명통을 얻어 전생을 알 수 있었음을 말하고 있다. 또한 선정(Samadhi)은 숙명통을 얻는 방법으로, 스님들은 반드시 선정을 수련해야 하고 초선(初禪)에서 제사선(第4禪)의 경지에 도달했을 때 신통을 얻는다고 한다. 제사선에 이르면 기억력이 또렷해져 아주 상세히 모든 것을 다 기억한다고 한다. 현세에서 과거세에 이르기까지 하루, 이틀, 오일, 열흘, 반 개월, 일 개월, 일년, 십 년, 이십 년…… 등등 더 나아가 모태 안에서 생명에 안착할 때의 상황에서부터 전 일생의 임종시 정신과 육체의 상태까지도 다 기억을 한다고 한다. 이 선정의 지혜로 말미암아 능히 한 생이 아닌 다생의 일들을 다 기억한다고 한다. 불교의 선정이나 웨이스의 명상법에서 우리가 볼 수 있는 사실은 인간의 잠재의식 안에 의식의 활동을 다 기억해 놓고 있다는 점이다. 이처럼 불교의 선정에서 과거의 일체를 알 수 있는 능력인 숙명통을 얻는 일이나 웨이스의 명상법에서 전생을 알 수 있는 일, 양자 모두 일치한다고 봐야 한다. 그럼 어떻게 선정은 숙명통을 열 수 있고 전생도 알 수 있을까? 선정은 비록 금생에서 진행되는 것이나 선정의 정력(定力, Mind concentration)에 의해 능히 전생뿐 아니라 내세의 오묘한 비밀까지도 알 수 있다.

결론적으로 불교에서 말하는 생사윤회의 생멸법은 현대의 심리학자나 정신의학자나 현상학자들에 의해 전생과 내세에 대한 연구로 인증(認證)이 되어지고 있다. 불교에서는 과거・현재・미래를 삼세(三世)라고 말한다. 이 삼세는 서로 인과관계로 연결되어 있어 현재를 보면 그 사람의 전생을 알 수 있고, 현재 그 사람의 인생의 향방을 보면 그 사람의 내세를 알 수 있다고 한다. 이처럼 전생과 내세는 동시성(同時性)의 연결 고리로써 '동시존재(同時存在)'라는 점 역시 현대의 심리학자나 정신의학자들에 의해 인증이 되어지고 있다. 바꿔 말해 전생・현세・내세는 상호작용의 관계이다. 바로 웨이스의 명상법에서 나타났듯이 전생이나 미래는 금생을 통하여 열어 보여지고 있고, 또한 능히 생사의 베일도 열려지기 시작하고 있다. 또한 선정을 통하여 생사고해의 진상 내지 더 나아가 대해탈(대자유)의 방향을 제시하고 있다는 점도 주목할 만하다. 그러므로 무엇보다도 정신적 삶의 의식을 철저히 통찰하여 진실한 생명의 실상을 꿰뚫어 보아야 할 것이다.

2. 서양에서의 재생

1) 기독교의 관점

사실 기독교 문화권인 서양에서는 재생(rebirth) 혹은 윤회라는 용어가 19C에 들어와서야 비로소 생소하지 않게 인식되어지기 시작해졌고, 20C에 들어와 심리학과 정신의학에서 근사에 대한 임상실험을 통한 학설과 인증이 활발하게 연구되어지자 여기서 더 발전되어 사망학이라는 학문까지 생기게 되었다. 일반적으로 재생과 윤회의 개념을 혼돈하여 사용하거나 혹은 다르게 사용하고 있으나 사실 재생과 윤회의 의미는 엄격히 구분된다. 재생의 의미는 부활과 유사성을 갖고 있다. 재생이란 죽은 후 다시 동일 개체로 그대로 부활(reincarnation)한다는 것을 의미하고 있지만, 윤회(saṃsāra; cycle of existence)의 개념은 죽은 후 동일성의 개체를 그대로 갖고 태어나는 것이 아니라 전생(轉生, transmigration), 즉 생을 바꿔서 전환한 생명의 개체로써 바뀌어 태어남을 의미한다. 다시 말해 재생은 직선상(直線上)의 동일한 차원의 개체로 그대로 다시 태어남을 의미하고, 윤회는 순환의 원형상(圓形上)의 변형된 다른 차원의 개체로 바뀌어 태어남을 의미한다.

서양에서는 윤회보다 재생이라는 용어가 더 익숙하고 재생보다 부활이 더 보편적으로 인식되어져 있다. 그것은 성경을 근거로 발전한 문화이기 때문이다. 그 문화적 배경을 살펴보면, 첫째 구약이나 신약성경에서는 윤회를 언급하고 있지 않다는 점이다. 예를 들어 신약성경 가운데 요한복음(John) 9:1-3절을 보자.

"예수께서 길 가실 때에 날 때부터 소경 된 사람을 보신지라, 제자들이 물어 가로되, 랍비여! 이 사람이 소경으로 난 것이 뉘 죄로 인함이오니이까? 자기오니이까, 그 부모오니이까. 예수께서 대답하시되, 이 사람이나 그 부모가 죄를 범한 것이 아니라, 그에게서 하나님의 하시는 일을 나타내고자 하심이니라."

이 인용문에서 볼 수 있듯이 예수는 "저 사람은 왜 맹인이 되었는가? 그는 이전에 죄를 범했기 때문인가?의 물음에 대해, 이전에 죄를 지어서가 아니고 신의 영광이 맹인의 신상에 현현해 나타났을 뿐이다"라고 대답하여 윤회를 긍정하지 않았다. 기독교 사상에서는 성경의 이러한 내용들이 윤회를 긍정할 수 없다는 근거로 작용했다고 볼 수 있다.

둘째, 하지만 조기교부(早期敎父)에 있었던 일들을 살펴보면, 조기교부들 중에는 윤회를 믿었던 학파가 있었는데 도중에 교황의 탄압으로 윤회설이 사라졌다. 즉 기독교인 가운데 그노시스(Gnostic)학파들은 윤회를 믿었었다. 예를 들면 오리게네스(Origenes, 185~254)는 『원리에 관해(On The Principles)』에서 윤회설을 거론하였다. 529년에 로마황제 자스티니언(Justinian)은 아테네대학을 봉쇄하기 시작했고, 547년에는 시노드 콘스탄티노플(Synod of Constantinople)이 오리게네스의 윤회사상을 정면으로 반대했고, 553년에는 제2회 콘스탄티노플 회의에서 교황 비실리우스(pope visilius)는 윤회를 말하는 사람들을 처벌하기 시작했다고 한다. 그리고 1274년의 리용(Lyons)회의와 1439년의 훠렌스(Forence)회의를 통해 두 차례에 걸쳐서 만민(萬民)에게 "죽은 후 인간은 심판을 받는데 천당과 지옥에 간다"고 선포를 했다고 한다. 조기교부 가운데 이레내우스(Irenaeus, ?-202년)의 만유회복구원론(Recapitulation Theory)은 '인간이 신에 의해 창조되어졌을 때 인간은 완전하지 않았다. 인간은 잘못을 저질러가면서 세상에서 학습을 해간다. 그러므로 인간은 점진적으로 완전한 미덕의 목적을 지향해 가는 것'이라고 말한다. 현세에서의 학습이란 종교적으로 신성치료법(divine therapy)으로 물론 학습의 진보도 있을 수 있으나, 또한 퇴보도 있을 수 있다고 한다. 만약에 일생 중 목적을 달성하지 못하면 그 사람은 다음 생의 삶에서 진보된 상태로 계속 최후의 목적을 향해 간다고 한다.

셋째, 신학자들이 논하는 윤회설을 살펴보면, ① 현대의 진보파 신학자 존 힉(John Hick)은 『죽음과 영생(Death and Eternal Life)』에서 신학상의 이율배반(antinomy)의 문제를 제시했다. 즉 신은 완전한 선(모든 사람들이 착하기를 원하는 것)이며 전능하다. 그리고 신은 인간에게 자유의 선택권을 주었다. 즉 자유의 선택이란 영생과 영원한 죽음[永死·永罰]이다. 하지만 현실적으로 볼 때 신은 정말로 완전한 선[全善]이고 전능한가? 이율배반의 문제에 빠진다는 것이다. 현실적으로 모든 사람들이 일생 중 능히 덕을 구비하려고 음덕(陰德)을 쌓는가가 문제이다. 신이 정말로 완전한 선이고 전지전능하다면 신은 왜 모든 인간들을 구원하지 않는 것인가? 다시 말하면 신이 창조한 인간들이 왜 모두 선하지 못하고 악하고, 또한 왜 다수의 사람들은 신을 믿지 않는가? 신이 정말로 전지전능하고 만물을 창조했다면 모든 인간을 선으로 구원하고 모든 인간으로 하여금 신을 믿게 해야 하지 않는가? 결론적으로 존 힉은 신학상의 이율배반의 문제를 해결하기 위해 하나의 이론을 제시했다. 전말세론(前末世論), 즉 인간은 완전하게 천당의 완전한 복락을 얻기 전까지는 여러 차례의 생사윤회를 하게 된다. 그러나 이 윤회는 단순한 평면식으로 죽어서 다시 현세에 태어나는 방식이 아니라 수직식으로 인간이 윤회를 하여 생(生)을 바꿀 때 바꾸어진 생은 이전보다 더 한 단계 앞서간 생명의 경계로 다른 생에서의 학습을 위한 길이라고 그는 주장하고 있다.

넷째, 교회에서 윤회를 반대하는 이유는 ① 성경에 윤회의 근거가 없기 때문이고, ② 만약에 윤회를 긍정할 경우 신도들에게 한 생 안에서 선(善)을 완성하도록 촉구하는 설득력이 약해지기 때문이고, ③ 윤회와 부활이 서로 융화될 수 없기 때문이다. 즉 기독교에서 부활의 의미는 죽은 후 인간은 반드시 예수재림 때 생전의 육체를 그대로 지닌 상태로 다시 생명과 결합된 육체적인 존재자(embodied being)로 존재한다고 한다.

그러나 윤회의 의미는 생전의 육체를 그대로 지닌 상태로 다시 생명이 부여되는 것이 아니라 전생에 행한 의식의 선행(善行) 혹은 악행의 과보로 새로운 생명을 받아 태어남을 의미한다. 즉 전생에 행한 행위에 따라 과보를 받게 되므로 새로운 육체를 받게 되는 것이다. 그러므로 윤회는 죽은 후 새로운 육체를 취득하지만, 부활은 죽은 후 다시 생전의 몸 그대로를 취득한다는 의미이다. 이처럼 양자의 이론은 융화하지 못하는 것 같으나 깊은 내면의 본질에서는 서로 융화가 된다고 존 힉은 새롭게 해석을 하기도 한다.

결론은 동양의 윤회이든 서양의 재생이든 간에 생명은 반드시 필연적으로 죽음을 포용하고 있다는 점이고, 또한 죽음은 생명의 단절이 아니라 새로운 생명의 전기를 맞이하는 구성요소라는 점이다.

2) 고대 이집트의 관점

다음은 고대 이집트 문명에서 찾아 볼 수 있는 재생 혹은 내세사상을 간략하게 살펴보겠다. 고대 이집트는 세계에서 가장 오래된 문명 가운데 하나이다. 고대 문물과 『사자의 책』이 발견됨으로써 이미 칠 천년 전후의 역사를 가지고 있음을 알게 되었다. 고대 이집트에서는 이미 제사를 위한 제사장이 있었고, 이는 이집트뿐만이 아니라 중동지역의 고대풍습에서도 역시 마찬가지였다. 이들 제사장들은 종교뿐만이 아니라 정치에 대한 권리를 갖고 있었고, 또한 학문을 겸한 사제(司祭)의 신분이었다. 이집트인은 인간이 육체와 영혼으로 구성되어 있고 인간이 죽으면 적어도 인간의 본질적인 생명의 한 부분은 존재한다고 믿고 있었다. 『사자의 책』에서 그들의 영혼불멸의 재생사상과 내세사상을 알 수 있다. 특히 『사자의 책』에서는 인간이 죽으면 어떤 방법으로 지하세계의 수호신들을 방문하고, 어떻게 대처해야 하고, 어떤 길을 택해야 행복한 곳으로 갈 수 있는가 등의 문제 해결을 위한 주문과 기도 방법들을 서술하고 있다. 즉 죽은 자를 위한 사후세계에 대한 안내서라고 할 수 있다.

  인간은 죽은 후에도 살았을 때나 기본적으로 별다름 없이 새로운 삶을 시작한다고 믿고 있다. 인간이 죽으면 우선 오시리스(Osiris)와 42명의 심판관 앞에 가서 직접 심판을 받는다. 오시리스는 죽음의 신으로 보좌에 앉아 있고 그의 옆에는 42명의 심판관이 서 있다. 오시리스 앞에는 커다란 천칭(天秤) 저울이 놓여 있다. 그 저울의 한편에는 종이가 놓여 있는데 그건 정의를 상징하는 것이고, 다른 한편에는 죽은 자의 마음을 올려놓고 아누비스(Anubis)신이 죽은 자의 마음을 달면 모든 신들의 비서인 토트(Toth)가 판정을 기록한다. 또 한편 감시인이 와서 판결안을 갖고 집행을 하면 죽은 자는 그 앞에서 자신이 죄 없음을 변론하고, 그 다음 죽은 자의 영원한 운명이 결정되어진다. 즉 아누비스에 의해 판결이 나면 선한 자는 행복한 낙원으로, 악한 자는 무서운 형벌을 받는다. 약간의 과실이 있는 자는 그런 대로 의인(義人)의 대열에 낄 수 있지만 정말 악한 죄인은 각 신들로부터 엄한 형벌을 받고 어떤 경우에는 하등 동물로 변하게 되거나 다시 내세에 죄의 대가를 받게 한다고 한다.

  여기에서 우리가 배울 수 있는 교훈은 살아생전 도덕적 양심의 소리가 중요하다는 것과 마음의 정의와 죄 없음만이 바로 유일하게 사후세계 혹은 내세에서 자신을 구원하는 재생(再生)의 길이라는 점이다.

제2절. 죽음과 제사

인간은 죽으면 어디로 가는 것일까? 예로부터 고금동서를 막론하고 삶과 죽음의 갈림길에서 망자의 갈 길을 열어준다거나 혹은 산 자와 죽은 자를 위해 혹은 자손과 조상을 연결시키는 교량 역할이 바로 제사(祭祀)라는 의식이었다. 특히 원시종교의식에서 신과 인간을 연결해주는 매체가 바로 제사의식이었고, 제사장은 전문적으로 제사를 맡았던 사람이다. 동서고금을 막론하고 죽음과 제사에 관한 문헌들을 쉽게 찾아 볼 수 있다. 기독교의 성경에 산 자의 평안을 위해 아브라함이 하나님께 자신의 아들을 제물로 혹은 양을 제물로 제사를 드렸다는 이야기라던가, 고대인도시대에 우주만물의 창조주인 브라만(Brahman) 범신(梵神)에게 동물과 사람을 제물로 바쳐 제사를 드렸다는 이야기라던가, 그리스 신전에서 소크라테스가 신에게 제사를 드렸다는 이야기라던가, 혹은 조상에게 공자가 제사를 드렸던 이야기 등등 각각의 제례(祭禮)를 볼 수 있다. 더욱이 인도에 있어서 제사는 바로 모든 생활의 중심이기도 하다. 중국이나 한국 역시 제사는 죽은 자와 산 자의 교량역할로 죽은 조상에 대한 중요한 예경법이면서 동시에 효행법이기도 하다. 여기에서는 예로부터 전해져 오고 있는 제례법(祭禮法)을 고대문명의 발상지를 중심으로 살펴보고자 한다.

1. 고대 인도사상에서 본 제사의례

고대 인도에서 제사의례는 바라문교의 중요한 강령의 하나이기도 하다. 고대 인도문화사상에서 찾아 볼 수 있는 제사의 의미와 종류에 대해 살펴보자.

1) 제사의 의미 및 종류

고대로부터 내려오는 제사(祭祀)의 종류는 매우 다양하다. 매일 행하는 제사의례에서부터 매월 초하루와 월말에 하는 제사와 연례로 행하는 제사의례 등 종류가 많다. 바라문교의 제사의 종류를 크게 가정의 제사와 하늘의 제사로 분류할 수 있다. 가정의 제사는 가정의 주인이 주체가 되어서 하지만, 하늘에 지내는 천제(天祭)는 어떤 신을 위주로 제사를 지내므로 바라문이 집전을 한다. 즉 『야쥬르-베다』에서 규정한 대로 순수한 종교의 제전이다. 신의 계시에 의해 바라문이 집전을 행하는데, 제사를 집전할 수 있는 바라문의 자격은 우선 음성이 좋고 생김새가 단정한 노년층으로 학문과 덕을 겸한 자라야 한다. 만약 제사를 집전하는 사람이 청정하고 순수하지 않다면 제사가 효험이 없다는 이유에서이다. 그래서 바라문의 책임이 크고 개인의 수양을 아주 중요시한다.

가정의 제전(祭典)을 총칭하여 삼스카라(Saṁskāra)라고 한다. 이 의미는 원래 완성의 뜻인데 후에 청정하고 신성한 의미로 쓰이면서 정법(淨法)·성례(聖禮)의 뜻으로 바뀌었다. 인도인들의 삶 그 자체가 제사의례라 해도 과언이 아닐 정도로 인도 가정의 제사의례는 종류가 아주 다양하다. 예를 들면 ① 수태제례(受胎禮, garbhadāna)·② 출산제례(出産禮, jātakarman)·③ 남아제례(男兒禮, puṁsavana)·④ 명명제례(命名禮, nāmadheyakaraṇa)·⑤ 출유제례(出遊禮, niṣkramana)·⑥ 결발제례(結髮禮, cuḍakarman)·⑦ 입법제례(入法禮, upanayana)·⑧ 귀가제례(歸家禮, samāvartaṇa)·⑨ 결혼제례(vivāha) 등등 인간이 수태에서부터 결혼을 하기까지 모두 다 제례(祭禮)를 드린다. 여기서 일일이 다 열거할 수는 없지만, 다음의 예를 통해 인도인들이 왜 제사의례를 중요하게 여기는지 이유를 엿볼 수 있다.

수태제례를 행하는 이유는 자식에 의해 자신의 육신이 미래까지 상속될 수 있고, 자신이 죽은 후 영혼 역시 자식에 의해 봉양을 받고 하늘에 승천할 수 있다고 생각하기 때문이다. 이 제례는 결혼 후 나흘째 되는 날에서부터 신부가 월경을 하지 않을 때까지, 즉 임신하기 전의 기간 동안 반드시 매월 올린다고 한다. 부부가 함께 열 명의 신에게 주문을 외우며 제사를 올린다[66]고 한다. 물론 우리사회도 선조 때부터 태교를 중요시 해왔지만, 인도의 수태제례(受胎禮)는 하나의 생명이 태어나기 전부터 부모가 자신들의 생명과 새로운 생명의 태동을 경이롭게 맞이하는 아름다운 생의 외경이라고 본다.

또 자식의 이름을 지어주는 명명제례를 보면, 이 제례는 생후 10일 정도에 행한다. 부모와 아이 세 사람 모두 목욕을 하고 새 옷을 입고 모든 신들에게 제사를 드리고 아이의 수명장수와 행복을 기원하고 미리 지어 놓은 아이의 이름을 크게 읽음으로써 아이에게 이름이 주어진다.

---
66) 고관노 역, 인도철학종교사, pp.336-348, 대만상무인서관, 민국80년.

이처럼 인도인들은 현세와 내세(삶과 죽음)·자신과 조상·인간과 신의 관계에서 인생을 시작하고 마친다고 볼 수 있다. 그렇기 때문에 예로부터 제례를 중요하게 생각하고 생활화한 풍습을 갖고 있다. 이런 관습을 우리 현대인들은 미신이라고 볼 것이 아니라 삶과 죽음을 함께 하고, 자신과 조상이 함께 공존하고, 인간과 신이 함께 하는 삶에 대한 생의 외경과 경의(敬意)의 뜻을 함의하고 있다고 봐야 할 것이다.

또한 『백단범서』에 의하면 다섯 가지의 제사가 가장(家長)의 일상적 의무라고 한다. ① 신제(神祭, Devayajña)·② 범제(梵祭, Brahmayajña)·③ 조상제(祖上祭, Pitṛyajña)·④ 만령제(萬靈祭, Bhūtayajña)·⑤ 인제(人祭, Nṛyajña)이다.

신제란 모든 신에게 제사 드림을 말하고, 범제는 모든 베다경전을 염송하고 연구해야 함을 말하고, 조상제는 조상에게 제사 드림을 말하고, 만령제는 모든 축생들에게 공양해야 함을 말하고, 인제는 바라문에게 보시(시주)하고 극빈자에게 적선의 자선사업을 해야 함을 말한다.

특히 베다의 경서 가운데 하나인 『가정경(家庭經, Gṛhya sūtra)』에서 이 일상적인 5대제사(Pañca mahā yajñah)를 일체의 근본이라고 했다. 가정의 정기제사로는 ① 신만월제(新滿月祭, Pārvaṇa)라 하여 매월 초하루와 말일에 가장이 행하는 제례로서 쌀이나 밀 등으로 만든 음식을 차리고 자신이 원하는 신에게 제사를 올리는 의식이다. 이 제사의 목적은 가정과 자손의 번영을 위한 기원이다. ② 스라와니제(Śrāvani) 혹은 스라와나제(Śravaṇa)라 하여 7~8월에 원하는 날에 행하는 제사이다. 이 때는 장마철이기 때문에 독사 등의 독충들이 독을 가장 많이 품고 있는 시기이기도 하여, 제사를 드리는 목적이 그런 독충으로부터 해를 당하지 않기 위해서이다. 집 밖에 성화(盛火)의 단을 설치하고 쌀이나 콩 종류로 만든 부침과 유제품을 차려놓고 제사를 드린다. ③ 아스와유지제(Āśvayuji) 혹은 아스위나(Aśvina)라 하여 인드라여신(Indrānī)과 샹카라신(Śaṅkara) 파수파티(Paśupati)신 등에게 올리는 제사로 역시 가정의 안정과 번영을 위한 제사의식이다. ④ 아그라하야니제(Āgrahāyanī)라 하여 10월 이후 한달 가운데 원하는 날 밤에 행하는 제사이다. 이 제사는 일년 동안 춘하추동의 절기가 순조롭기를 기원 드리는 제사이다. 원래는 10월 수확의 제사였던 것이 후대에 와서 신년제사와 합쳐져 일년제사가 된 것이다. 이 제사에는 가장과 부인이 함께 새 옷을 입고 집안을 깨끗이 정돈하고 향을 사루고 여섯 가지 나물과 밥을 차리고 성화(聖火)를 밝히고 모든 신들에게 제사를 드린다. 이때 가장은 왼쪽에서 오른쪽 방향으로 집을 돌거나 혹은 돌에다 물병을 올려놓거나 공양물을 올려놓는다. ⑤ 카이트리(Caitri) 혹은 카이트라제(Caitra)라고 하여 3~4월 월말에 행하는 제사이다. 이때는 음식으로 동물의 형상을 만들어 인드라신이나 나크사트라(Nakṣatra) 별신[星神]에게 제사를 올린다. ⑥ 아스타카(Aṣṭaka)라 하여 겨울철에 3-4회 정도 올리는 제사이다. 이 제사는 모든 신들에게 제사를 올리고 일년의 휴식기에 즐거움을 위해 행하는 제사이다. ⑦ 스라타(Śrāddha)제라 하여 조상제이며 매월 초하루와 말일에 행한다. 이 제사의 목적은 산 자를 위한 기원과 감사, 그리고 죽은 조상이 좋은 곳으로 선처되기를 위해 올리는 제사이다. 이때 학문과 덕망이 있는 여러 명의 바라문을 초대하여 행하는데 발씻을 물을 올리고 제단을 만들고 여러 가지 음식과 향과 꽃과 의복을 차리고 제사를 드린다.[67]

---

67) 상게서, pp.349-352.

2) 상례의 의미 및 종류

　상례(喪禮)의 의례에 대해 살펴보면, 가장 오래된 문헌인 베다에서는 인간의 육신이 죽는다 해도 영원불멸의 사려·정감·의지의 심리적 주체(인격존재), 혹은 영혼·생기(生氣), 즉 죽은 자의 망령이 존재한다고 믿었다. 이 망령을 일러 서자(逝者, preta) 즉 돌아가신 자라고 했고, 제사를 지낼 때는 통례적으로 부조(父祖, pitṛ), 즉 조상이라고 칭했다. 그 당시 사람이 죽으면 상례로 화장(火葬, agnidagdha)과 매장(埋葬, nikhāta)을 주로 했다. 가장 오래된『리그-베다』에서는 상례를 아주 중요하게 생각해서 가장 중요한 인생의 시작인 혼례와도 같은 동격으로 취급하였다.『리그-베다』에는 흙과 죽은 유골이 친하기를 기도하는 매장의 시편(詩篇)과 화장에 대한 시편들이 있다. 그 후의『아타르바-베다』에서는 매장보다는 화장을 더 찬탄하는 시편이 있다. 특히 아타르바베다시대에는 매장·화장뿐만이 아니라 들짐승들이 먹게 갖다 버리는, 일종의 고려장과 비슷한 프라스타(prāsta)와 티벳의 천장(天葬)과 비슷한 우히타(uddhita) 등 4종류의 장례방법이 있었고 화장을 못할 경우 수장(水葬)을 한다고 했다. 그러다 후대의 범서(Brāhmana)시대·경서(Sūtra)시대에 와서는 화장이 정식 장례의례가 되었다. 허나 아이들에 한해서는 매장을 하고 그밖의 사람들은 화장을 하였다.

　특별히 화장을 하는 이유는, 죽은 자의 사후의 운명이 좌우되기 때문이다. 불의 화신(火神) 아그니(Agni)는 죽은 자의 영혼을 천국에 가도록 처리하는 하늘의 사자(使者, Dūta)라고 한다.『아타르바-베다』에서는 영혼 혹은 의식(意識), 생기(生氣)를 위한 기도문에서 화장을 할 때 사지나 피, 유골을 모두 남기지 말라는 말이 있다. 왜냐하면 베다의 신앙에서는 현세와 내세는 아주 멀기 때문에 반드시 망자를 안내하는 자가 있어야 한다고 한다. 특히『리그-베다』에 의하면 죽은 자가 무사히 내세에 도달하기 위해 화장을 할 때 산양(aja)과 죽은 자의 시신을 함께 태운다. 산양은 능히 죽은 자를 암흑의 계곡을 넘어 천국에 들어가게 하는 안내를 하고, 혹은 산양이 조상신(puson)의 차를 이끌어 죽은 자를 무사히 조상들이 사는 천국으로 들어가게 하거나 혹은 정의세계(正義世界)로 안내하기 때문이라고 한다.『리그-베다』에 의하면 인간이 죽은 후 3개월간은 죽은 자의 망혼이 비록 망자(Preta)라 해도 이 세상에 머물러 있으므로 3개월이 지나서야 비로소 조상위(Pitṛ)에 오르며, 그때 음식의 제사를 받을 수 있고 혹은 조상들과 함께 제사를 받는다고 한다.68)

불교의『유부비나야잡사(有部毘奈耶雜事)』권18에 보면 스님이 죽으면 반드시 화장(다비, jhāpita)을 하라고 한다. 만약 화장을 하지 못할 경우 수장이나 매장 혹은 들이나 산에다 버리는 임장(林葬)·야장(野葬)을 하라고 한다. 이 임장의 장소를 시다림(尸陀林)이라고 한다. 인도 불교에 있어서도 역시 인도 문화의 영향으로 화장을 정식장례로 본다. 그 이유는 생(生)과 사(死)를 하나로 보기 때문으로, 능히 화장을 하거나 아니면 임장을 하여 배고픈 들짐승들의 먹이가 되도록 시다림이나 혹은 들이나 산에다 갖다 시신을 버리는 것이다. 이것은 일체 생명을 나의 생명으로 보는 동체대비(同體大悲) 사상에서 나온 자비행(慈悲行)이기도 하다.

---

68) 상게서, pp. 353-355.

2. 동양삼국에서의 제사의례

동양삼국 역시 예로부터 관(冠)·혼(婚)·상(喪)·제(祭)의 예(禮)를 중요시했을 뿐만 아니라 대례(大禮)로써 지냈다. 왜 옛사람들은 이처럼 예를 중요시했을까? 우선 예(禮)의 의미에서부터 알아보고 제례(祭禮), 상례(喪禮)의 뜻을 살펴보도록 하겠다.

1) 예(禮)의 의미

사실 예의 의미는 비교적 광범위하여 제사의례에서부터 관, 혼, 상례에 이르기까지 예가 아닌 것이 없으며 인간관계의 참된 기틀이 되기도 한다. 예의 의미는 간단히 말해 인간의 내적인 감정의 표현이며, 이는 개인으로부터 시작을 하지만 더 나아가 사회 전체의 질서 확립의 기초가 되는 것이다. 이와 같이 예의 출발은 근본적으로 개개인의 진정한 내심을 기초로 하기 때문에, 예란 우선 겸양의 마음을 기본으로 시작하여 행위의 규범이 되고, 더 나아가 이러한 예의는 바로 질서와 미덕을 갖춘 사회의 규범이 된다고 본다.

『예기·예운(禮運)』에 의하면 "공자가 어느 날 조정의 연말 제사(蜡祭)에 참석을 하고 나서 한탄을 하자 옆에 있던 언언(言偃)이 왜 탄식을 하냐고 물었다. 그러자 공자는 '지금 이 시대는 대도(大道)가 이미 소멸되어 세상의 사람들이 하나같이 이기적이다. 사람들마다 자기의 부모나 자식만을 사랑하고 재물이나 일은 자신만을 위해 쓰고 있다. 군주의 자제가 대통을 이음에 예(禮)를 알아야 나라가 안전하게 된다. 또한 예의로써 기강을 세워야 군주와 신하의 위치가 바로 서고, 부자(父子)가 서로 친하게 되고, 형제가 서로 화목하게 되고, 부부가 서로 화합을 하게 된다'라고 했다. 언연은 다시 '그럼, 예(禮)가 그렇게 중요한 겁니까?' 하고 물었다. 공자가 말하길, '예(禮)는 고대의 군왕께서 천도(天道)를 봉행할 때 사용한 것이고, 사람의 인정을 다스리기 위해 사용한 것이다. 그래서 예(禮)를 상실하면 삶의 길을 잃는 것이요, 예가 있어야 바로 생존을 할 수 있음이다. 성인(聖人)은 예(禮)로써 사람을 교육시켜 세상의 나라를 바르게 확립시킨 것이다. 이처럼 예(禮)라는 것은 인륜의 대도로써 인간 사회의 기강을 바로 세우는 질서이다.' 예가 무너져 무례하다면 개인과 개인간의 관계에서는 물론이고 그 국가나 사회나 가정이 무질서하게 된다."라고 했다. 이처럼 아수라장의 다툼의 세계로 변하기 때문에 예의의 중요성을 강조한 것이다. 그 적용범위가 바로 인간 사회의 제례(祭禮)·혼례(婚禮)·상례(喪禮)·효도(孝道) 등의 예이고, 개인과 개인, 개인과 단체, 단체와 단체 등등의 인간관계와 사회의 기강을 확립하기 위한 도와 덕이다.

하지만 요즘 현대인들은 예의를 중요하게 생각하지 않고, 또 예를 주장하면 전근대적이고 봉건적이고 시대에 뒤떨어진 관념으로 생각하는 젊은이들이 매우 많다. 과연 인간사회에 예의가 없다면 어떻게 되겠는가? 아마 그런 사회는 매우 삭막하고 공허한 사회가 될 것이다.

또 『예기·예운』에 의하면 "성인(聖人)이 능히 세상을 한 가정의 일가(一家)로 생각하고, 국가를 한 사람의 일인(一人)이라고 볼 수 있는 것이 억측만은 아니다. 백성을 깨우치기 위한 사상의 정감을 알아야 하고, 백성을 개발시키기 위한 도리를, 무엇이 인간에게 이로운가를 명확히 알아야 하고, 인간의 화근이 무엇인가를 알아야 비로소 모든 일을 할 수 있는 것이다. 왜 인간에게는 정감(情感)이 있는가? 기뻐하고 [喜] · 화내고[怒] · 슬퍼하고[哀] · 무서워하고[懼] · 사랑하고[愛] · 사악하고[惡] · 이기적인 욕심[欲], 이 일곱 가지 칠정(七情)은 사람이 배우지 않아도 할 줄 안다. 인간의 도리가 무엇인가? 부친이라면 응당 자애로워야 되고, 아들이라면 응당 효성스러워야 되고, 형이라면 응당 선해야 하고, 동생이라면 응당 우애로워야 하고, 남편이라면 응당 의로움을 지켜야 하고, 부인이라면 응당 순종해야 하고, 윗사람이라면 자비롭고 은혜로워야 하고, 아랫사람이라면 응당 화순(和順)해야 하고, 임금은 응당 인애(仁愛)하고, 신하라면 응당 진실로 충성을 다해야 한다. 이 열 가지가 바로 인간의 도리를 다함이다. 성실한 믿음의 충성과 화목을 배워야 함이 바로 인간의 이익이요, 다툼과 서로 죽임이 바로 인간의 화근이다. 그래서 성인은 인간의 칠정(七情)을 절제하라고 한 것이고, 열 가지 도의(道義)를 배우라는 것이다. 음식과 남녀이성간의 일은 인간의 가장 큰 욕망이요, 죽음과 빈곤은 인간이 가장 싫어하는 것이다. 그래서 예의는 인생의 중요한 덕목이다. 다만 성인(聖人)만이 참으로 예의의 뜻을 알기 때문에 저버리지를 못하는 것이다. 일개의 국가가 망하고, 일개의 가정이 망하고, 일개의 개인이 훼손됨에는 반드시 제일 먼저 예의를 저버리게 된다. 그래서 예의와 인간의 관계는 바로 술을 제조하는 데 있어 사용해야 할 효모(酵母)와 같다는 것이다. 따라서 군자는 예의를 더 사용하려고 하지만 소인은 그렇지 못하기 때문에 예의가 아주 희박하다. 그러므로 예는 가장 큰 근본이며 인간사의 각 방면에 쓰이는 것이다. 즉 재물을 버는 데 있어, 일에 종사함에 있어, 사양함에 있어, 음식을 먹음에 있어, 관례(冠禮)에 있어, 혼례에 있어, 상례(喪禮)에 있어, 제례(祭禮)에 있어, 활을 쏨에 있어, 임금의 어전에서, 나라의 조정에서 등등 각 방면에서 예를 실행하는 것이다."
라고 했다. 예의는 총체적으로 인간관계의 질서이기 때문에 천하의 근
본이 된다는 의미다.

2) 제사의 의미

『예기 · 제통(祭統)』에 보면, "제(祭)는 가르침의 근본이다. 사(祀)란
명당이로다! 그렇기 때문에 제후의 효를 가르치는 것이다"[69]라고 했
다. 즉 제사의 가장 큰 의미는 무엇보다도 효행을 가르치는 윤리의 기
능이라는 뜻이다. 또한 『예기 · 제통』에 보면, 효자가 부모를 섬김에는
세 가지 도가 있다. 살아서는 봉양을 함이요, 돌아가시면 상(喪)을 치름
이요, 상을 마치면 제사를 지냄이다. 봉양은 즉 그의 효순을 보는 것이
요, 상은 즉 그의 애도를 보는 것이요, 제사는 즉 때때로 그의 공경을
보는 것이다. 이 세 가지 도를 지성으로 다함이 효자의 행이다[70]라고
했다. 이와 마찬가지 의미로 공자도 "생전에 예로써 공경하고, 장례를
예로써 하고, 제사를 예로써 하라"고 했다. 이는 다 인생의 근본문제를
효행의 예로 강조한 것이다.

또한 「제통」에 보면, "외적으로는 물질로 지성을 다하고, 내적으로
는 마음으로 다하라. 이것이 바로 제사의 마음이다"[71]라고 했다. 이처
럼 제사는 선망부모 · 조상에 대한 백골난망(白骨難忘)의 은혜에 대한 효
행의 사상을 뜻하며 인간의 근본적인 윤리를 뜻한다. 이런 의미에서

---

69) 祭者教之本也. 祀乎明堂, 所以教諸侯之孝也.
70) 孝子之事親也有三道焉. 生則養沒則喪喪畢則祭, 養則觀其順也, 喪則觀其哀也,
 祭則觀其敬而時也. 盡此三道者孝子之行也.
71) 外則盡物, 內則盡志, 此祭之心也.

제사의 제문(祭文) 역시 원래 효사상(孝思想)에서 성립한 것이다. 바꿔 말해 "지성이면 감천이다"라는 옛말처럼 효의 정신을 바탕으로 복의 근본을 삼은 것이다. 이것이 최대의 선도(善道)이고, 이게 바로 제례(祭禮)의 완성이다. 그래서 임금은 천지에 제사를 지내고, 제후는 종묘사직에 제사를 지내고, 백성은 신에게 제사를 지내고 선망부모 조상에게 제례를 지내는 법도가 고대로부터 내려온 것이다. 특히 산 자는 자신의 부모와 조상에게 응당 제사를 지내는 것이 바로 인간 최대의 도리인 것이다. 이와 같은 제사의 넓은 의미는 바로 백성에게 덕행을 가르치는 방법이기도 하다. 그래서 공자도 신종추원(愼終追遠)72)이라 하지 않았던가! 바로 상례의 예를 다하고 제례를 지성으로 다하여 이미 가신 조상 부모를 기리는 일은 인간에게 부득이한 일이다. 그 목적은 단순히 돌아가신 선망 부모 조상을 기리는 일만이 아니라 더 나아가 삶의 의미를 부여해주는, 바로 덕행의 근본을 가르치는 데 큰 뜻을 둔 것이다.

3) 제사의 중요성

예로부터 동양삼국은 제사를 제례로써 중요하게 지내왔다. 예를 들면 유가(儒家)에서는 천지에다 제사를 지내는 천제(天祭)와 조상에게 지내는 조상제를 아주 중요시한다. 천지의 제사이든 조상제이든 제사를 중하게 여기는 이유는 제사가 바로 살아생전과 사후의 문제를 해결하는 연결 고리의 작용이기 때문이다. 살아생전에는 산 자가 제사를 지

---

72) 신종추원(愼終追遠): 상례(喪禮)는 예로써 다하고, 제사(祭祀)는 정성으로, 다하여 선망부모 조상님을 기린다는 의미이다.

내고 죽은 후에는 그 자손이 제사를 지내는 것이 유가의 해법이다. 그 예를 보면, 한번은 번지(樊遲)가 공자에게 효에 대해 묻자 공자가 대답하길, "살아서 일을 예로써 하고, 죽음의 장례를 예로써 하고, 제사의 일을 예로써 하라"73)고 했다. 부모님을 예로써 공경하는 일을 살아서만이 아니라 돌아가신 다음도 역시 마찬가지로 하라는 말이다. 사람이 죽으면 장례뿐만이 아니라 제사도 역시 살아생전과 마찬가지로 지극한 예(禮)로써 올리라는 것이다.

물론 유가에서는 인간이 죽어 어디로 가는가의 사후세계에 대해 적극적으로 논하지는 않지만, 사람이 죽으면 그 자녀는 예로써 장례와 제사를 지내 부모님에 대한 공경을 드리는 것을 진정한 효행으로 본다. 또한, 한번은 자공(子貢)이 인간이 죽으면 아는가 모르는가에 대해 묻자 공자는 "안다면 즉 아마 자손이 효순할 것이고 …… 모른다면 즉 자손이 불효하여 버리고 장례를 치르지 않을 것이다. 자네가 죽으면 알 것이다. 아직 늦지는 않았다"74)라고 대답을 했다. 이와 같이 유가에서는 죽음 후의 사후세계에 대해선 언급을 회피하지만 제사는 역시 중요한 효행 가운데 하나였다. 공자는 조상에게 제사를 지낼 때 마치 조상이 정말 살아 계시듯이 했고, 신에게 제사를 지낼 때는 신이 정말 있듯이 했다고 한다. 공자가 말하길 "내가 만약 제사에 참여를 안 했다면(다른 사람이 대신 제사를 지내준다면) 그건 제사를 지내지 않은 것과 같다"75)라고 했다. 즉 조상에게는 그 자손이 친히 제사를 모셔야 한다는 말이다. 만약 다른 사람이 대신 차례를 준비한다거나 제사를 지내준다

---

73) 生事之以禮, 死葬之以禮, 祭之以禮.(『논어 · 위정(爲政)』)
74) 謂知則恐孝子順孫……謂無知則不孝子棄而不葬. 汝死自知, 未爲晚也.
75) 祭如在, 祭神如神在. 子曰吾不與祭, 如不祭.(『논어 · 팔유(八佾)』)

거나 한다면 그 조상이 감응을 하지 않고 제사를 받지 않는다는 것이다. 제사에서 신이나 조상들이 직접 음식을 드시는 것이 아니라 감응으로 받기 때문에 후손의 정성이 중요한 것이다. 왜냐하면 유가의 생사관에서 보면 조상으로부터 부모의 생명이 왔고 부모로부터 자신의 생명이 왔고, 자신의 생명은 자식에게 전달되고, 따라서 자식이 바로 부모의 생명을 재현한 것이고, 자식이 바로 나의 분신으로 또 다른 하나의 나 자신인 것이다. 그래서 부모는 정말 어디에 계시느냐? 바로 나 자신이고, 나 자신은 어디에 있느냐? 바로 내 자식에게 있다는 논리이다. 그래서 일대 일대 대를 이어 끊임없이 생명이 이어지는 것이다. 이것은 바로 가족의 생명이고 종족의 생명이고 인류의 생명이 영원히 지속되는 대사(大事)이다.

그러므로 유가의 입장에서 보면 조상에게 예의를 드리는 것은 가장 중요한 일이며, 장례를 치르는 일도 살아생전에 예의를 드리듯이 깍듯이 해야 하고 산 사람에게 대하듯이 깍듯이 해야 한다고 말한다. 왜냐하면 만물의 근본은 하늘에 있고 인간의 근본은 조상에 있다[萬物本乎天, 人本乎祖]는 게 유가의 정신이기 때문이다. 유가는 이처럼 인류의 총체적 입장에서 효사상을 제사의 의미로 표현했고, 이런 효행이 바로 인간의 삶과 죽음을 잇는 생명의 영원한 교량 역할이라고 본 것이다. 이런 역사적 문화의 전통이 바로 유가의 생사해법이다.

공자는 "오십에 천명을 알았다"고 했고, 맹자는 "도를 다하고 죽는 자는 정명이다[盡其道而死者正命也]"라고 했다. 즉 인간으로써 인륜의 도를 다하고 천도(天道)에 부합되어 천인합덕(天人合德)에 도달함을 유가의 궁극적 목적으로 두어 이처럼 끊임없이 이어지는 정신적 생명의 가치를 인생의 의미로 제시한 것이라고 볼 수 있다.

여기서 주지하고 싶은 것은, 현대인들은 옛사람들의 효사상을 경시한다는 점이다. "만복의 근원은 효도이다"라는 옛 성현들의 격언이 있다. 요즈음 우리 사회에는 서양의 복지사상과 사회사업 방법론이 도입되어, 굳이 늙어 자식의 효도를 받을 게 아니라 늙으면 양로원에 간다고들 말한다. 물론 지금은 핵가족 사회이기도 하지만 젊어서부터 노후를 준비하고 '나는 자식 덕을 안 받을 거다'라는 말들을 흔히 한다. 이 점이 바로 현대인들의 노후복지 관념의 맹점이다. 물론 자식을 키우는 것이 늙어 효도를 받으려고 키우는 것은 아니다. 그러나 부모가 젊어서 자식을 양육하고 부모가 늙으면 그 자식이 노부모를 보양하고 효도하는 것은 인륜의 근본법칙이다. 부모에게 효행으로 부모님에 대한 보은(報恩)을 함으로써 내 자식도 그 본을 배워 역시 나에게 그렇게 보은의 효행을 하는 것이고, 우리들 자신도 역시 이런 인생의 과정을 밟으며 살아가는 것이 삶의 여정이다. 이것이 바로 자연적이고 선천적인 인간의 노후복지법이다. 이런 점이 바로 현대인들에게 결핍된 옛사람들의 삶의 지혜이며 동시에 동양인의 지혜인 것이다.

굳이 늙어서 외롭게 홀로 독거노인으로 혹은 늙은 두 내외가 살거나 아니면 양로원에서 말년을 쓸쓸하게 황혼을 보내는 것이 좋을지? 굳이 서양의 노후방법을 꼭 답습만 해야 할 것인지? 우리 스스로 자문해 보아야 할 일이다. 인생이란 긴 것 같지만 아주 찰나적인 순간에 불과한 것이다. 요즘 아무리 고령화시대로 접어들어 인간의 수명이 길어져 백세를 산다 해도 누구나 5·60세만 넘으면 벌써 기력이 쳐지기 시작하여 몸은 병을 수반하기 시작하고 눈은 어두워지고 귀는 먹어가고 마음은 소침해지는 등 병마와 늙음이 닥쳐 서서히 죽음이 엄습해 오는 것을 누구나 피할 수 없다. 이것이 바로 우리들의 생사여정이다. 이

기회에 각자 모두 삶의 의미, 진정한 인생의 의미가 무엇인가 다시 한 번 성찰해 보아야 할 것이다.

4) 상례의 의미

상례(喪禮)는 죽은 자에 대한 애도의 예이다. 즉 시신은 반드시 염을 해 관에다 넣고 매장을 해야 하고, 죽은 자에 대한 애도와 예경의 뜻으로 유족은 일정기간 상복을 입는다. 선진유가시대에는 상복의 기간을 길게는 3년까지도 했는데, 이는 죽은 자에 대한 깊은 애도의 상징이었다. 또한 상장(喪葬)에 있어 그 장례를 산 사람에게 하듯이 지극 정성으로 하라고 했다. 이는 죽은 자에게 살아생전과 마찬가지로 마지막 임종에 공경의 예를 올리는 일이다. 만약 임종자가 부모일 경우 거짓된 형식의 효행이 아니라 생전과 같이 부모에 대한 효행심과 은혜에 감사하는 마음을 갖는 데 의미가 있는 것이다.

예로부터 중국이나 한국, 일본은 상례의 예법으로 매장(埋葬)을 위주로 행해왔는데, 이외에 수장(水葬,) 세골장(洗骨葬), 순장(殉葬)의 풍습이 있었고, 불교가 전래됨으로써 화장(火葬)의 풍습이 생기게 되었다. 매장이 주요 풍습이었던 것은 유가의 영향을 받아 관(冠)·혼(婚)·장(葬)·제(祭)를 모두 대례(大禮)로 중요시했기 때문이다. 불교가 전래되기 전에는 화장은 대단한 불효이며 치욕이었다. 유가의 관념에서 화장법은 부모님에게 불효이며 예의가 아니므로 중국에서는 지금까지도 일반적으로 매장식이 행해지고 있다. 중국불교도 유가의 영향을 받아 장례를 아주 중요하게 여겼지만 대부분 화장을 위주로 행했다. 특히 선종(禪宗)의 장례법으로는 두 가지가 있는데 화장식의 다비와 전신을

탑에 넣는 일종에 매장식이 있다. 인도를 비롯한 동남아불교국가에서는 화장을 하거나 시다림76)을 한다. 한국불교에서도 스님은 기본적으로 다비의 화장을 하지만 재가불자의 경우는 본인의 의사에 따르고 있다. 하지만 일본은 불교가 전래된 이후 화장을 행했고, 평안시대(へいあんじだい, 974~1192)에는 요즘 우리가 말하는 화장터가 정식으로 설립되었고, 이를 삼매장(三昧場) 혹은 삼매소(三昧所)라고 칭했다.

티벳불교에서는 스님이 열반을 하면 일반적으로 다비의 화장이 아니라 천장(天葬)을 주로 한다. 이는 인도의 시다림과 유사한 성격을 갖고 있다. 다만 차이점이라면 시신을 높은 산이나 들에 그냥 갖다 놓아 들짐승에게 보시를 하는 게 아니라 들짐승이나 조류들이 먹기 쉽게 시신을 모두 잘라서 갖다 놓는다는 점이다. 마치 요즘 우리사회에서 죽음과 동시에 장기기증을 하는 사람들의 경우처럼 천장도 마찬가지로 죽어서도 중생을 제도한다는 동체대비심(同體大悲心)에서 유래된 것이다. 그리고 일반인일 경우에도 매우 가난한 사람들은 천장을 주로 하고, 생활이 괜찮은 사람들이나 부자일 경우에 화장을 한다. 특히 분묘를 쓰는 경우는 주로 특수한 상황으로 전염병을 앓았거나 했을 경우에나 가능하다. 그러므로 티벳에서는 분묘를 찾아 볼 수 없다. 왜냐하면, 망자가 49일 안에 윤회전생을 하므로 심식(영혼)을 떠난 육신은 한낱 헌 옷에 불과하다고 생각하여 시신을 중요하게 여기지 않기 때문이다. 또 하나 티벳 사람들이 매장을 반대하는 이유는 매장을 하면 망자의 영혼을 만날 수 있다는 믿음에서이다. 만약 매장을 해 망자의 영혼이 분묘를 들락거리고 강시가 되거나 흡혈귀가 될 경우 산 사람에게

---

76) 시다림(尸陀林): 범어 śitavana의 음역으로, 죽은 시체를 갖다 놓는 장소, 산림을 뜻한다.

해로움을 준다는 이유에서 화장이나 천장의 방법을 선택하고 있다. 또한 티벳사람들은 상장법(喪葬法)으로 시신에 목관을 사용하지 않는다. 단지 시신을 가볍게 들 수 있을 정도의 들것을 만들어 천을 덮고 그 위에 시신을 눕혀서 들어다 화장을 한다. 이와 비슷하게 시킴(Sikkim, 부탄과 네팔 중간의 히말라야 산록의 왕국)에서는 장례 때 시신을 들것에 눕히지 않고 앉은 자세로 만들어 들어다 화장을 한다. 그리고 티벳이나 시킴에서는 장례일이 3일장, 5일장, 7일장 등등 우리처럼 정해져 있지 않다. 일반인들이 장례식을 할 경우 반드시 상을 볼 줄 아는 라마(스님)의 지시에 따르고 유족은 49일 동안 끊임없이 망자를 위해 티벳『중음제도경』을 독송하고, 라마는 시신을 어느 정도 집에 모셔둘 것인가와 어느 날 화장을 할 것인가 날짜를 정하고, 또한 화장식날 망자와 가장 친밀한 본존불(本尊佛)이 어느 분인가를 판단하여 그 본존불의 만다라를 만들어 장례의식을 행하며, 누가 시신을 만지고 처리를 하고 누가 들것을 들고 운반을 하고 등등을 가려서 행한다고 한다. 그 이유는 허공 중의 무수히 많은 죽은 귀신[死魔]들이 모여들어 해치기 때문으로, 죽은 자의 망령을 위해, 그리고 가정과 국가의 안녕을 위해 라마의 가르침에 의해 화공의식(火供儀式)77)을 행한다고 한다.

중국에서는 상례를 대례(大禮)로 행하는 관습이 있다. 심지어 얼마만

---

77) 화공의식(火供儀式): 시킴(Sikkim)에서는 망자의 사후세계를 위해 화장을 마련한 곳에 밀가루를 재료로 한 도안을 만들어 아미타불 만다라를 모셔놓는다. 화장의식이 시작되면 집전하는 주지라마(스님)는 불을 관상(觀想)하여 화신의 불 아미타불을 만들고, 그 다음은 화장대(연화대)에 앉아 있는 시신을 관상하여 아미타불의 만다라와 계합시켜 그의 심식이 아미타불세계에 가 있다고 관(觀)한다. 점화가 되어 불길이 솟기 시작하면 향유(香油) 단향(檀香) 등을 집어넣는 호마법(護摩法)을 치른다. 그 다음 다비(화장)가 끝나고 나면 망자가 살아생전에 행한 모든 행이 정화되어 불로 화한 것으로 보고 그 불 자체가 바로 무량광으로 변한 아미타불이라고 관하는 장례의식을 치른다.

큼 장엄한 장례식으로 대례를 지냈느냐에 따라 자손의 효도를 측정하는 기준이 되기까지 했다. 그래서 역대로 장엄한 장례식을 후장(厚葬)이라고 칭해, 지금까지도 관습적으로 행해져 오고 있는데, 후장을 한두 번 치르고 나면 우리말로 기둥뿌리가 흔들릴 정도이다. 상례의 문제에 있어 분묘의 크고 작음의 문제도 있겠지만 보통 한국은 삼일장·오일장·칠일장이 있고, 주로 삼일장을 한다. 그러나 중국은 보름장, 한 달장이 있고 요즘도 대만의 경우 보름장 내지 한 달장을 지낸다. 물론 시신을 방부제로 처리하여 집안에 모시거나 아니면 빈의관(殯儀館, 장례예식장)에 모셨다가 치른다. 거기에다 악대와 장례행렬이 부자일수록 길어진다. 이는 예로부터 내려온 관습이지만 요즘은 전문적인 장례의례에 사용되는 전문 고적대와 장례행렬대(葬禮行列隊)를 사서 장례를 치르는 형편이다. 그러다 보니 남보다 더 장엄한 장례행렬·더 화려한 장례의식이 조장되어 사회적인 문제까지 대두될 정도이다. 그래서 지금뿐만이 아니라 역대로 후장에 대한 반론이 끊임없이 제기되어 왔다. 화려하고 장엄한 후장을 반대한 대표적 사람으로 묵자와 장자, 양왕손(楊王孫)을 들 수 있다.

  우선 장자의 유명한 고사가 있다. 장자가 임종을 하게 되자 제자들이 후장을 하겠다고 했다. 그러자 장자가 말하길 "나의 죽음은 천지를 관으로 삼아 해와 달이 양쪽의 옥벽이고 별들이 옥실이고 만물이 바로 부장품이거늘 나의 장례가 이만하면 족하지 아니한가! 어찌 후장이 필요한가!"(『장자·열어구(列御寇)』)라고 대답을 했다. 그래서 그의 유언에 따라 제자들이 산에다 버려 천장을 했다고 한다.

  또한 한무제 때 양왕손은 임종을 맞이하자 자신을 나장(裸葬)을 하라고 자손에게 요구했다고 한다. 나장이란 몸에 수의를 입히는 염습(殮襲)

을 하지 않을 뿐만 아니라 관도 사용하지 않고 맨몸을 그냥 묻는 방식이다. 양왕손의 자식들은 부친의 분부를 따르지 않자니 불효이고, 따르자니 너무 가슴아픈 일이었다. 그래서 그의 친구가 양왕손에게 유가성인의례(儒家聖人儀禮)를 따르라고 권했더니 그가 하는 말이 "선왕이 제정한 제례는 물론 공로도 있다. 그러나 자연의 도(自然之道)에 부합되지 않는다. 내가 하라고 하는 나장(裸葬)은 성인의 제례에 어긋나지만 자연의 도에 부합된다. 인간의 삶과 죽음은 기(氣)의 취산(聚散)에 불과하므로 자연스런 일이고, 죽음은 자연으로 돌아감이며 굳이 상심하며 무서워할 일도 아니다. 내가 만약 금옷으로 염을 하고 간다면 기화(氣化)되지 못하고 빨리 자연으로 돌아가지 못할 것이다. 그렇다면 더 애석한 일이 아니냐!"(『한서·양왕손전(漢書·楊王孫傳)』)라고 말했다. 양왕손은 그 당시 화려한 장례의 후장제도에 대한 병폐를 막기 위해 손수 자신의 죽음을 나장으로 시행하여 교화하고자 한 것이다. 그는 인생이란 자연에 지나지 않으며 죽음 역시 자연으로 귀속함이라고 주장을 했다. 그래서 그의 자손과 친구는 더 이상 만류를 못하고 나장을 치렀다고 한다.

이처럼 도가의 입장에서 삶과 죽음은 생명의 양면에 불과한 것이다. 즉 삶과 죽음은 일체(一體)이며 불가분의 관계이므로 생사를 초월하고 달관하는 자유자재한 인생의 의미를 제시하고 있다. 하지만 문화란 시대변천에 따라 달라지기 마련이다. 상례(장례)문화 역시 동서양을 막론하고 현대인들의 의식구조에 따라 변천하고 있다. 요즘 우리의 상례문화도 매장식보다는 화장식을 권장하는 추세이다. 이는 국토공간의 한계성에서 나타난 현실적인 현상이다. 물론 거시적 관점에서도 화장식이 좋다고 본다. 하지만 중요한 건 매장식이 좋다 화장식이 좋다의 이

분법보다는 우리들 삶의 정신적 의식구조가 더 중요한 것이다. 예나 지금이나 부자들은 자신의 부를 상징이나 하듯이 가족의 분묘를 지나치게 크게 조성하는 등의 장례의식으로 사회적인 문제를 야기하기도 한다. 그런 외형적인 형식은 중요한 것이 아니다. 어떠한 삶의 생사의식(生死意識)을 갖고 인생의 길을 걷느냐가 더 중요하다는 것을 우리는 좀더 사유해야 할 것이다.

3. 고대 메소포타미아에서의 제사의례

다음은 서남아시아 근동의 티그리스강과 유프라테스강 유역을 중심으로 발전했던 고대 메소포타미아 문화의 죽음과 제사에 대한 관점을 간략히 살펴보겠다. 대략 기원전 3-4천 년 전의 메소포타미아의 종교사상을 간략히 요약하면 세 부분으로 말할 수 있다. 첫째는 수메르인의 사상이고, 둘째는 바빌론사상이고, 셋째 셈족에 속한 아무르인의 사상이다.

우선 수메르인의 종교사상을 보면 그들은 우주를 세 부분으로 나눈다. 즉 천상(天上), 천공(天空)의 대기층, 지상(地上)의 땅인데, 이들의 원소는 함께 이루어져 있으므로 세 개의 세계가 공존하고, 또한 세 명의 서로 다른 신들이 존재하고 있다고 한다. 첫째 천상의 신인 안(An)은 최고 능력의 신이고, 둘째 천공(天空)의 신인 엔릴(Enlil)은 바람을 상징하며 대기의 폭풍이나 태풍을 관장하고, 셋째 지상의 신인 엔키(Anki)는 대지의 신이면서 동시에 지하의 신이기 때문에 물을 갖고 있다고 한다. 이 세 명의 신이 가장 중요한 신이고 이외에도 많은 남녀 신들을 숭배한다. 예를 들면 남신(男神)으로써 이갈림(Igalim)·둔와가(Dunvagga) 등등이 있고, 여신으로써 바라(Bala)·바우(Bau) 등등이 있다. 이들 신은 창조신과 조화신으로 구분되며 이들이 하늘·땅·공기·바다를 다 관장한다. 인간과 신은 밀접한 관계가 있고, 신에 의해 창조된 인간의 내면에는 신을 닮은 신성(神性)을 지니고 있다. 신과 인간은 동질의 신성을 갖고 있기 때문에 신은 인간의 보호자라고 한다. 많은 신 가운데 특히 엔릴 신을 신봉하는 이유는 지상의 일체 현상을 관장하기 때문으로 하늘의 신 안보다 더 신봉한다고 한다.

다음 셈족의 사상인 바빌론사상은 다신론사상인데, 그 중 중요한 신은 우주의 세 명의 신으로 아누(Anu)·엔리(Enlli)·에아(Ea)가 있고, 별신(星神)으로 씬(Sin, 태양신)·싸마스(Samas, 달신)·이스타(Istar, 금성신)가 있다. 씬은 바빌론에서 가장 숭배하는 신이고 싸마스는 정의의 신이고 수메르인이 가장 숭배하는 이스타는 전쟁의 신이다. 이처럼 메소포타미아 문화는 하나의 국가와 민족이 아니고 다국가·다민족으로 구성된 문화배경을 가지고 있다. 또한 메소포타미아는 역사적으로 많은 전쟁을 치른 민족 가운데 하나로 페르시아, 알렉산더 대왕, 로마 등이 점령을 했었던 연유로 여러 민족과 지역의 문화가 융화되어 형성된 문화이기도 하다. 이들의 제사의식을 보면, 신이 인간을 창조했으므로 인간은 신들을 존중해야 하고, 또한 인간은 신에게 제사를 지내야 한다는 것이다. 제사에는 두 가지 의미를 담고 있다. 하나는 인간의 죄악을 소멸하기 위한 것이고, 다른 하나는 신과의 동화(同化)이다. 신은 죽지 않는 영원성인데 반해 인간은 죽어야 한다. 그러나 인간은 죽지 않는 영생을 원하고 있다. 바빌론의 신화에 의하면 신들이 인간을 만들 때 신들은 인간이 죽기를 원했다는 것이다. 그래서 인간의 생명은 사망이란 멍에가 씌어져 있고 악인이든 선인이든 의인이든 모두 다 죽음의 고통을 면할 수 없다고 한다. 그러나 인간은 모두 자신의 운명이 영원하고 행복하기를 원하고 있다. 그래서 인간 세상의 고통과 불행과 죄악을 다스리는 에아 신에게 구원을 위해 바빌론인들은 기도와 제사를 드린다는 것이다. 그들의 관념에서 보면 천상은 최고의 공간이며 아버지이고, 일월성신이 인간을 비춰줌으로써 하늘과 인간이 서로 상응하게 되고, 생명의 본원은 천상으로부터 부여받는다.

　이상 간략히 살펴본 것과 같이 고금동서를 막론하고 유명(幽明)지간에 생사의 도를 알고, 또한 죽은 자의 정신을 기리고 애도하는 예경법이 바로 인류의 제사의례의 지혜였다. 제례(祭禮)로써 유명의 길을 밝히고 죽음과 삶의 단절을, 조상과 자손의 단절을, 천(天)과 인(人)의 단절을, 신(神)과 인(人)의 단절을 능히 통할 수 있는 교량인 것이다. 비록 육신은 죽어도 그의 정신은 후손에게 영원히 살아 숨쉬며, 사랑하는 사람의 영원한 기억 속에 존재하는 것이다. 인간의 죽음과 인생의 의미를 인간은 제례라는 의식을 통하여, 즉 천상은 생명의 아버지이며, 대지는 양육의 어머니이고, 생명은 조상으로부터 부여받았고, 대지의 땅에서 우리의 삶과 죽음의 순환이 서로 상응하고, 죽음이 있으므로 새로운 생명이 잉태되는 생명순환의 원리를 보여준 것이다. 또한 만복의 근원을 공경의 효행으로 보았고, 그 효행의 실천을 제례로 행한 정신이 바로 동양인의 생사의 지혜이며 또한 인생의 원리인 것이다.

제6장. 결론 – 안심입명(安心立命)

 이상과 같이 동서고금의 종교·철학·심리학·정신의학 등등 여러 측면을 통하여 죽음과 삶에 대한 인생의 여정을 살펴보았다. 여기서 필자가 주지하고 싶은 것은 우리는 죽음과 삶에 대한 해법으로 어떤 통일되고 단일화된 이론을 찾거나 혹은 보편적인 정석의 해답을 구하려는 것이 목적이 아니라는 점이다. 다만 필자는 삶과 죽음에 대한 다양한 사상을 제시해주고 이를 통해 인생의 의미와 가치에 대해 다시 일깨워주고자 함이다. 물론 그 해법은 바르게 성찰하고 각자 자기 생활양식에 맞게 선택하는 것이다. 왜냐하면 인간의 죽음이나 삶은 어떠한 확고한 범주의 틀에 예속될 수가 없기 때문이다.
 인간의 인성 그 본질 자체는 평등하지만 인간의 인생 그 현실 자체는 모두 하나같이 똑같을 수 없는 차별적인 것이다. 즉 평등의 본질 속에 현상의 차별이 있음을 현실에서 보더라도, 아무리 한 어머니 뱃속에서 나온 형제자매라 해도 외모·체력·지력·재력·권력·지위·명예 등등 모두 다 각각의 능력이 다를 뿐만이 아니라 개인의 차도 아주 크다. 이런 차이는 태어날 때 유전적으로 갖고 태어난 각자의 인격적 요소와 환경적 요소에 의해 서로 다르게 성장하게 되기 때문이다. 허나 제일 중요한 것은 자기의 삶과 인생에 충실할 수 있고 한 점의 부끄러움도 없는 그런 입지(立志)를 갖고 살아갈 수만 있다면 그 이상의 행복이 없다고 본다.

산다는 것은 바로 과거도 미래도 아니다. 바로 지금 이 찰나의 순간이 바로 영원한 삶이고, 이 찰나의 순간이 바로 진실한 생명이다. 그래서 불가(佛家)에선 "일념이 만년이고, 만년이 일념이다(一念萬年, 萬年一念)"라는 말이 있다. 우리는 너무 오늘과 내일에 집착을 하고 근심하면서 살지 말아야 한다. 개개인의 존재의 생명은 유한하면서도 무한한 것이다. 목숨이 오고가는 생명의 존재를 누가 마음대로 자유자재할 수 있단 말인가! 우리의 생명 그 자체는 독립된 실재로 우리의 손으로 주무를 수 있는 것이 아니다. 그것이 바로 생명의 신비이며 독립된 실재인 것이다. 그래서 장자는 "그것(생명)을 어찌할 수 없음을 알고, 다만 안심입명한다"[78)라고 했다. 바로 주어진 세상에 순응하며, 이치와 도리에 따르며 삶에 안주하는 것이다.

장자의 이런 지혜는 인생의 지혜로써 바로 삶으로부터 나온 것이다. 인생의 지혜는 지식의 이론이 아니며 살아온 삶의 실천으로부터 얻은 경험의 결과이다. 그러므로 인간의 삶의 기초는 바로 존재이고, 지혜의 근원은 바로 현실의 인생이다. 하지만 이 현실의 인생은 고뇌가 충만한 곳이다. 인간은 오직 이 고뇌를 통해서만 인생의 지혜를 얻을 수 있다. 인류가 자칭 만물의 영장이라고 하는 중요한 근거도 바로 인간에게는 사유의 사상이 있고 정감이 있고 더 중요한 것은 고뇌로부터 나온 인생의 지혜가 있기 때문이다.

동서양을 막론하고 수많은 종교와 철학, 사상들이 실질적인 실천수

---

78) 知其不可而安之若命.(『장자 · 인간세』)

행의 덕목을 중요시한 것도 우리의 심성에 의한 자각(自覺)에서 비롯된 마음의 승화이고, 정신적 함양에서 비롯된 영성적(靈性的) 생존의 욕구에서 나온 지혜이다. 그렇기 때문에 고대 그리스 철학자 플라톤은 "오직 지자(智者)만이 지와 덕을 갖고 있다"고 했고, 또 중국의 장자도 "참된 진인(眞人)만이 참된 앎이 있다"고 했다. 그리고 불교에서는 "고뇌(번뇌)가 즉 지혜(보리)이다"라고 했다. 이런 말씀들은 모두 다 내적인 의식에서 나온 정신적 생명을 일컫는 말들이다. 그래서 중국 송대의 육상산(陸象山)은 "삼천 년 전의 성인(聖人)이나 삼천 년 후에 나올 성인의 마음은 모두 같다"고 했고, "내 마음이 즉 우주이고, 우주가 곧 내 마음이다"라고 말한 것이다.

죽음은 우리 모두 각자가 가야 할 길이지만 살아생전에 어떤 인생의 길을 걸었느냐에 따라 천차만별의 임종을 맞는다. 그 책임은 바로 하나님도 아니고 부처님도 아니고 어떤 한 절대자도 아니고 바로 인생을 살아온 우리 각자의 손에 달린 것이다. 이 세상 수명이 다 되어 임종을 맞이하는데 있어서 어떤 이는 갖고 나온 수명을 다 누리고 잠자다 조용히 마치는 이가 있다. 이것을 바로 선종(善終)이라 칭하는데 가장 평화롭고 순조로운 임종이다. 하지만 이런 임종을 맞는다는 게 그렇게 쉬운 일은 아니다. 물론 현대인의 평균수명이 늘어가고 고령화 추세에 있어서 한국도 평균수명이 여성은 80세이고 남성은 75세 정도에 이르렀고, 일본은 이미 100세 이상의 고령자가 2만 명을 넘는 실정이다. 이처럼 현대인들의 수명이 늘어나는 추세에 비해 요절 역시 그에 못지않게 늘어가고 있는 추세이다. 요즘 젊은 청년 혹은 한창 일할 나이인 장년임에도 불구하고 의사로부터 당신은 앞으로 한 달 정도 혹은 일년 정도밖에 살 수 없다는 선고를 받는 게 비일비재한 일들이다. 그뿐만이 아니다. 10세 아동 암 환자수도 상당수이다. 이처럼 현대인의 평균 수명이 늘어나 인간백세를 누리고 삶을 만끽하고 즐긴다지만 자신의 임종을 선종(善終)으로 맞기란 그리 쉬운 게 아니다. 그래서 불가(佛家)에서는 "삶을 요달하고 죽음을 해탈하라"는 말이 있다. 즉 삶을 통달한 자만이 죽음도 해탈할 수 있다는 의미이다. 왜냐하면 삶과 죽음은 서로 인과의 관계에 있기 때문이다. 삶을 통달하지 못하고 어떻게 죽음을 초탈할 수 있겠는가! 또한 죽음의 의미를 모르고 어떻게 삶의 의미를 알겠는가! 삶만을 집착하고 영원히 살고자 인간이 아무리 발버둥을 쳐도 죽음의 사신(死神)은 그냥 놔두지를 않는 것이 바로 우리의 생명이고 수명이다. 그건 바로 태어남과 죽음이 형제이기 때문이다. 또한 생의 삶도 쉽지 않지만 죽음은 더 어려운 것이다. 우리는 살기 위해 얼마나 많은 생존의 노력을 하고 고통을 인내해야 하며, 가정적으로 사회적으로 얼마나 많은 감내와 책임을 져야만 하는가!

인간의 일생은 부단히 갖가지의 삶을 선택·전개하면서 자신의 인생에 대해 설계를 한다. 이 생(生)이란 원래 실존의 문제를 갖고 있는 것이다. 인간은 끊임없는 욕망의 현실로부터 생존하기 위하여 유한한 환경조건의 삶 안에서 무한의 욕망을 극복·극기해야 하기 때문에 걱정과 고통으로 구성된 고해이다. 이와 같은 삶의 영역으로부터 우리는 어떻게 해방될 수 있으며, 그 구원은 누가 해줄 수 있는 것인가! 인류의 모든 종교들이 구세·구원을 주장하고 있다. 과연 무엇으로부터 우리는 구원될 수 있는가? 구원이란 어떠한 의미인가? 불행하게도 갖가지의 종교적 의식행위나 기도를 통한 구원을 믿음의 목적으로 잘못 알고 있다. 요즘 기도가 만능해결사인 양 무엇이든 기도로 다 해결하려고 한다. 예를 들면 대학입시를 위해 입시기도가 요즘 종교계에 유행하고 있다. 이러한 현상도 사실은 현대인들에게 물질적 삶을 추구하게 부추기는 요인 가운데 일부이다.

　금일 우리 사회의 병리현상의 원인은 바로 우리들이 삶을 추구하는 가치기준이 밖으로 물질적 삶만을 추구하고 내적인 정신적 승화의 깨달음이 없기 때문이다. 누구든 우리의 삶은 현실적 생활로부터 시작하기 때문에 인간의 존재는 태어나 살다 가야만 하는 자연적 존재(natural being)로써, 나 홀로만 살 수 없는 사회적 존재(social being)로써, 시간의 흐름을 지닌 역사적 존재(historical being)로써, 인륜의 도덕적 존재(moral being)로써 이런 실존이 동시성이면서 상호성이고, 또한 인간의 정체(totality) 활동인 것이다. 그러므로 인간 삶의 정신적 가치는 바로 현실적 존재(actual existence)와 진실한 존재(real existence)로, 이 두 가지 양식에 속한다. 인간 삶의 존재는 물론 현실적 존재로써 시작을 하고 누구나 행복을 추구한다. 하지만 인간의 가치 의미에서 본다면 현실적 존재 가치도 중요하지만 더 중요한 것은 참되고 진실한 존재 가치이다. 왜냐하면 인간의 내적인 진실성은 자아 실현과 완성(self-perfection)의 필요조건이기 때문이다. 이것은 바로 삶과 죽음을 통달하고 초탈할 수 있는 첩경이기도 하다.

　인간 삶의 고(苦)란 즉 본성 혹은 심성에 의해서 비참해지거나 부당해지거나 부도덕해지는 것이 아니다라고 강조하고 싶다. 인간이 삶을 영위함에 있어서 비참한 인생으로서, 수많은 과실의 행위로 일생을 낭비하는 원인은 바로 어리석음, 즉 지혜롭지 못한 무명(無明) 혹은 무지에서 비롯된 것이다. 그러나 능히 그 고(苦)의 원인을 제거할 수 있고 인간행복(Human welfare)의 구원의 길을 열 수 있는 것이 바로 우리들 각자의 입지에 달린 것이다. 불교경전에 의하면 인생을 핍박하는 열

가지 고통[十苦事]이 있다. ① 태어나서 생존하는 고통의 핍박이요, ② 늙어야 하는 고통의 핍박이요, ③ 병들어야 하는 고통의 핍박이요, ④ 죽어야 하는 고통의 핍박이요, ⑤ 걱정을 해야 하는 고통의 핍박이요, ⑥ 뜻대로 되지 않아 원망하는 고통의 핍박이요, ⑦ 우환을 당하는 고통의 핍박이요, ⑧ 걱정 근심을 해야 하는 고통의 핍박이요, ⑨ 번뇌·고뇌를 당하는 고통의 핍박이요, ⑩ 태어나고 죽어야 하는 생사유전의 핍박이다.

또한 인간은 무수한 세월동안 지은 과실로 항상 열 가지 큰 독화살을 맞고 있다. 즉 ① 자신과 현실적 삶에 대한 맹목적 집착·애착의 독화살이요, ② 무지의 독화살이요, ③ 욕망의 독화살이요, ④ 탐욕의 독화살이요, ⑤ 실수의 독화살이요, ⑥ 어리석음의 독화살이요, ⑦ 교만의 독화살이요, ⑧ 아견의 독화살이요, ⑨ 많은 것을 소유하고 잘났다고 우쭐하는 우월감의 독화살이요, ⑩ 소유한 게 별로 없고 못났다고 비하하는 열등감의 독화살이다. 이러한 세상 사람들의 고(苦)의 원인을 크게 분류하면 물질적 속박과 정신적 속박이다. 일체로부터 해방·해탈의 길이란 역시 물질적 속박과 정신적 속박으로부터의 자유 혹은 깨달음이다. 물질적 속박이란 이기적이고 사리사욕의 재욕의 집착을 의미한다. 정신적 속박이란 이기적이고 사욕의 나 자신만을 아는 아상(我相)의 집착이나 아견(我見)의 고집·명예욕 등을 의미한다.

이와 같이 열 가지 고통의 핍박으로부터 벗어나 지혜를 얻기 위한 길은 오직 집착심이 없는 정도(正道)의 신심(信心)으로써 청정한 마음으로 닦아 만물과 내가 함께 공존할 수 있는 동체대비의 평등심을 지녀야 하는 것이다. 어떤 종교를 갖고 있느냐, 어떠한 사상적 이데올로기를 갖고 있느냐, 그런 것들이 중요한 것이 아니라 어떻게 내적인 마음의 승화와 깨달음을 얻어 완전한 인격으로 승화시키느냐가 인생에 있어서 더 중요한 일이다. 누구든 동체대비의 물아일체의 깨달음을 얻기 위해서는 『법구비유경』「독신품(篤信品)」제4에서 말하는 일곱 가지 재물을 기본적으로 지녀야 한다. 즉 ① 신재(信財), ② 계재(戒財), ③ 참재(慚財), ④ 괴재(愧財), ⑤ 문재(聞財), ⑥ 시재(施財), ⑦ 혜재(慧財)이다. 올바른 믿음의 재산, 도덕적 규범의 계를 지키는 재산, 항상 반성하는 재산, 수치스러움을 뉘우치는 재산, 항상 진리를 배우는 재산, 남에게 베푸는 재산, 어리석지 않고 지혜로운 재산 등, 이것이 참다운 인간으로서 꼭 지녀야 할, 물질적·정신적 속박으로부터 해탈된 진정한 재산인 것이다.

사실 종교가 인류를 구원하는 것은 어떠한 기도나 종교적 의식에 의존한 재물의 구함이나 천당에 가고자 하는 그런 구원이 아니다. 구원은 인간 마음의 일체 끊임없는 욕망의 집착을 끊어 버리고 심신의 대자유(Perfect freedom)를 얻는 것이다. 지금 우리 사회는 물질적·경제적 빈곤이라는 사회현상의 해결보다도 우선 인간이 왜 인간이며 인간의 가치가 어디에 있으며 진실한 삶의 자세란 무엇인가 하는 가치관의 확립이 더 중요하다. 내적인 정신적 가치관이 없는 데서 기인한 맹목적·맹신적 삶, 끊임없는 욕망을 따라 혼(魂)빠진 상태로 고통스러워하는 삶의 형태가 우리 사회의 병리현상의 근본 원인인 것이다. 금일 우리는 왜? 무엇을 위한 걱정을 하고 있는 것일까? 각자 스스로 대성찰의 사유와 의식적 각성이 필요하다. 내면의 정화가 이루어져야만 진정한 삶의 방향을 찾을 수 있으며, 그것이 해탈의 길이며 죽음을 초월할 수 있는 길이고, 또한 지상낙원의 정토(淨土)를 건설하는 길인 것이다.

그렇다면 우리의 삶을 어떻게 안심입명할 수 있는가? 간략하게 역대 철학자들의 사상을 통하여 짚어보자. 인간은 물질적 삶의 가치보다는 정신적 삶의 가치에 인생의 의미를 두어야 한다. 그래서 아리스토텔레스는 "배부른 돼지보다 배고픈 인간을 택하겠다"고 했는지도 모른다. 인간은 사유하는 동물이면서 또한 사회적 동물이다. 인간은 내적으로 자기의 인격을 완성하고자 하고, 외적으로 만물과의 조화를 이룬 공존사회의 건립을 끊임없이 추구해 오고 있다. 아리스토텔레스는 실재론(Realism)의 각도에서 인간을 말했고, 우주만물 가운데 인간은 능히 상(천당)·하(지옥)의 길을 왕래할 수 있고, 또한 인간은 선(善)의 수행 혹은 노력으로 본질의 미(절대자)를 성취하고 행복의 경지에 다다를 수 있다고 했다. 다시 말하면 유한의 존재자(concrete substance)인 인간은 유한한 생명을 통하여 즉 정신생명의 활동으로써 무한한 존재자(First substance)를 추구하고 행복을 찾고자 한다는 것이다. 바로 우주만물의 근원인 그 본질은 무한이며, 완전한 생명의 미[完美]이다. 이처럼 인간의 본성 혹은 본질에 있는 자각의 능력으로 그 무한한 생명을 알 수 있기 때문에 인간은 상(천당)·하(지옥)의 길을 왕래할 수 있다는 것이다.

아리스토텔레스는 "모든 인간은 선천적으로 알고자 하기를 욕망한다"고 했다. 여기서 말하는 알고자 함이란 단순한 이론적인 지식뿐만 아니라 형이상학적인 영역을 의미한다. 다시 말하면, 인간이 추구하는 '알고자 함'은 경험적인 인식의 지식뿐 아니라 인간의 인지능력 및 미지의 형이상학적 대상까지를 포함해 말한 것이다. 예를 들면 보편적 원인·형이상학적 원인·긍정을 안 할 수 없는 원인, 혹은 철학의 궁극적 원인(ultimate cause) 등등, 인간은 인식의 주체로서 의문을 제기하는 사유하는 동물인 것이다. 사실, 인간이 추구하는 진리는 경험적인 것이 아니다. 왜냐하면 진리는 실용의 지식이 아니고, 선험적인 형이상학으로 인간을 자유롭게 해 주는 길이다. 즉 진리는 인간으로 하여금 자유 자재하게 하는 생명력이며 원동력인 것이다.

인간의 주체, 즉 이성과 의지가 추구하는 대상은 절대진리(Absolute true)와 절대선(Absolute good)이기 때문에, 우주정체(宇宙整體)의 본성인 절대적인 진선미를 추구함으로써 인간은 비로소 진정한 행복을 찾게 된다. 또 칸트는 철학의 영역을 지식론과 형이상학·윤리학·종교학·인류학의 4가지 문제로 귀결시켰다. 하지만 근본적으로 이 모든 문제를 인류학 내에서 해답을 찾을 수밖에 없었다. 왜냐하면 인간 이성의 최종목적은 도덕적인 본질의 인간 자신이기 때문이다. 다시 말하면, 도덕적 형이상학의 각도에서 볼 때 인간은 목적 그 자체이다. 즉 인간은 수단이 아니라 인간 자신이 최종의 목적인 것이다. 그래서 그는 말년에 『실용인류학』에서 인간에 대해 토론했을 뿐 아니라 철학의 전반에 관한 문제들을 총체적으로 다루었다.

칸트에 의하면 인간은 우주만물 중 가장 중요한 존재이며, 인간 자신은 원래 자아의식을 갖추고 있으므로, 인간은 우주만물 중 가장 최상이다고 했다. 다시 말하면 인간의 활동 방식이 곧 세계의 활동 방식인 것이다. 칸트가 말하는 인간은 두 가지 의미를 두고 있다. 하나는 개체적 개인을 말하고, 다른 하나는 인격을 말하고 있다. 인격 가운데 의식은 자아의식을 완성한다. 인격의 완성이란 자유를 의미하며, 자유 안에서 자기의 자아의식을 실현한다. 그것은 곧 인간의 본성이며, 인간의 자유인 것이다.

또한 헤겔은 『정신현상학(Phanomenologie des Geist)』에서 인간은 두 가지의 본성(本性)을 갖고 있는데, 제일천성은 자연성 혹은 동물성이고, 제이천성은 사회 윤리성이라고 했다. 그러나 제이천성이 인간의 본질을 나타낸다고 한다. 그렇다면 인간의 본질이란 무엇인가? 그는 강조하길, 모든 만물의 주체는 정신이다고 했다. 만약에 정신이 존재하지 않는다면, 모든 존재자(beings)도 존재할 수 없다고 주장한다. 오직 정신만이 진정한 진실이라고 한다. 정신의 기본은 자유를 드러내 보이는 것이며, 그것은 인간으로부터 발현하여 드러내 보인다. 그러므로 인간은 정신이며, 사유하는 이성이다. 즉 인간은 절대적인 정신이며, 동시에 우주의 전체라고 한다. 정신은 진정한 존재이며, 또한 자유이며, 절대이다. 그러므로 진정한 정신은 자유이며, 정신의 표현이 자유이다. 인간의 마음은 능히 정신세계 내에서 자유를 실현하는 것이다. 정신세계의 계발을 성취하는 최고의 경지는 절대적인 정신체로 절대의 자유이다. 그러므로 인간은 만물 가운데 최고의 가치일 뿐 아니라 스스로 존엄성을 지닌 존재이다. 그렇다면 인간의 존엄성과 생명적 가치를 지닌 이상적인 인간이란 어떠한가? 즉 진인(眞人) 혹은 초인(over-men)을 의미한다. 그렇다면 인간은 어떻게 초인이 될 수 있을까?

니체에 의한 초인(超人)을 보면, 초인이란 본래 일반인(normal-menschen)과 다를 바가 없다. 다만 일반인을 초월했을 뿐이다. 보편적으로 일반인을 둘로 분류할 수 있는데, ① 정상인과 ② 비정상인이다. 먼저 정상인이란 일반적인 보통사람들을 말한다. 예를 들면, 일반적인 사회규칙을 준수하는 사람을 가리킨다. 하지만 비록 이들이 규범과 법칙을 준수는 하나, 맹목적으로 준수하며 살아가는 사람들이다. 왜냐하면 사회의 관습에 젖거나 영향을 받아 길들여진 일반적인 사람들이기 때문이다. 두 번째 비정상인이란 비범(非凡)에 속한 사람들을 말한다.

이 사람들은 원래 자기의 법칙을 갖고 있다. 자기 스스로 법칙과 규범을 갖고 스스로 법칙을 창조해 가는 사람들이다. 이와 같은 사람들은 일반인이 아니고 사실은 초인에 속한다. 왜냐하면 이들은 맹신적으로 법칙과 사회 규범을 지키거나 혹은 어기지를 않는다. 그렇다고 진정한 초인이거나 진인들이 세간(세상)을 멀리하고 모든 사람들과의 관계가 없다는 것이 아니다. 진실로 인류의 규범인 사람들이 바로 초인이거나 진인이다. 니체가 말하는 초인은 바로 보통사람들과 좀 다른 비정상인에 속한 비범한 사람을 의미한다. 이 의미는 일반인으로서의 정상인을 초월한 초인 혹은 완성인(über-menschen)인 것이다. 그렇다고 초인들이 이 세상을 멀리하거나 일반인들과의 관계성을 끊어버린다는 것이 아니라, 반드시 이 세상과 함께 하며 일반인들과 별다른 다름이 없는 사람들을 일컫는다. 즉 그가 말하는 초인은 가장 정상적인 사람을 말하며, 가장 근본적이고 제일 진실한 특성을 지닌 사람을 의미한다. 단 여기에서의 초점은 일반적인 정상인을 초월한 일반적인 정상인이라는 점이다. 니체는 "인간은 동시에 동물이다"라고 정의를 내렸다.

또한 니체는 『짜라투스트라는 이렇게 말했다』에서 인간의 정신의식의 3단계 변화를 말하고 있다. ① 낙타의 비유: 전통적인 도덕성을 중요시하는 사회의 공동체의식에 길들여져 있는 일반인들의 고정관념, 자아를 바로 인식하지 못하고 창조성이 없는 단순한 사회의 규범에 젖어 책임감을 갖고 살아가는 맹목적인 인간의 모습이다. ② 사자의 비유: 맹목적으로 전통적인 사회규범에 얽매여 있는 자신을 모르는 그런 인간이 아니라 자아를 바로 인식하고 사회를 바르게 비판할 줄 아는 의식적인 인간의 모습이다. ③ 영아의 비유: 비판의 단계를 넘어 창조적인 삶으로, 새로운 가치를 창조해 가는 자유인, 자아를 긍정하고 생명력의 힘에 의해 삶을 창조해 가는 현인의 모습이다. 니체는 이렇게 인간의 정신의식을 3단계로, 그 변화과정의 발전을 묘사하고 있다. 즉 일반적으로 인간은 처음 태어나면서 가정과 민족의 관습, 사회와 국가의 규범, 종교의 교의 등등에 맹종적으로 길들여져 진정한 자기 자신을 모르는 채 답습의 삶을 살아가고 있다. 이 처음의 단계를 벗어난 인간은 비로소 자신을 찾고자 노력하며, 자신을 통찰하고 사회를 비판하고 인간의 존재가 무엇인가를 알고자 의식이 점점 깨어져 가는 단계가 된다. 두 번째 단계를 벗어나게 되면 인간은 자아를 발견하고 인간의 존재 가치를 스스로 창조해 가는 자유인이 된다고 한다. 이와 같이 진실한 사람이란 자기를 긍정하거나 혹은 자기를 인식하고, 자아를 발전시켜 자기를 창조적으로 완성시키는 사람이다. 또한 인간은 이와 같은 정신의식의 3단계의 발전과정을 통하여 비로소 인격을 완성시킨다고 한다. 이렇게 그는 인간정신의 3단계 변화과정을 주장한 것이다. 인간은 태어나 사회적 관습에 젖어 피동적인 사람이 되고, 맹목적인 사람이 되므로 자신의 성찰에 의해 피동적·맹목적 등을 초월했을 때 비로소 초인이 된다는 주장이다. 겉으로 보기에 초인도 일반인들과 다를 바는 없으나, 그들의 공통적인 특성은, 그들은 세계의 정신이며 인류 발전의 정신이라는 점이다. 이와 같은 초인들을 종교적으로 살펴보면 석가모니·예수와 같은 사람들이고, 철학자들로서는 소크라테스·공자·노자·장자를 들 수 있다. 이들은 over-men[超人]이면서 동시에 supermen[神性人]이다. 이들은 평범한 일반인인 동시에 일반인이 아닌, 일반인을 초월한 사람들로서, 자기 자신을 초월한 동시에 자신을 창조하는 오늘의 희망이 되는 사람들이다. 하지만 초인 혹은 진인은 어느 누구든 가능하며, 진실하게 받아들이는 사람으로 자신을 긍정하고 진실을 추구하며 온 우주만물을 사랑하는 사람들이다. 니체는 『짜라투스트라는 이렇게 말했다』에서 "진실로 생명을 발견했을 때, 진실로 사람을 발견하게 되고, 그 다음에 진실로 인간을 인식하게 된다"고 했다.

이상에서 살펴본 동서고금의 철학과 종교의 사상을 통하여 얻을 수 있는 결론으로서 생사(生死)를 초월할 수 있는 유일한 방법은 절대적인 무소유의 자유자재한 정신적인 삶을 추구하는 길뿐이다. 간단히 말하자면 바로 희생의 정신으로 무장하고, 그리고 마음을 열라는 것이다. 일반적으로 보통사람들은 소유(所有)의 생활을 기본으로 하고 있다. 하지만 역대로 현자나 성자들의 삶과 죽음의 지혜를 살펴보면 하나같이 공통점이 있다. 그것은 바로 자신만을 위한 소유의 생활이 아니라 만생명과 인간을 위한 무소유(無所有)의 생활로써 자유인이라는 점이다. 이들은 이미 이 세상의 모든 것에 미련을 갖고 있지 않았으며, 일체 정욕을 해탈했고, 일체 물질적·정신적인 고통으로부터 벗어났고, 시공의 제약을 받지 않았으며, 어떠한 일에도 심적인 구속을 당하지 않았고 묵묵히 자신의 주어진 환경에 적응하면서 즐겁게 일을 전개하였다.

우리의 수명이 길고 짧고가 중요한 게 아니다. 인생을 아무리 길게 살아봐야 겨우 백년 전후에 불과하다. 길게 살아봐야 몇십 년 더 사는 것이고 짧게 살아봐야 몇십 년 더 적게 사는 것에 지나지 않다. 단지 어떻게 의미있는 삶을 살았느냐가 더 중요한 것이다. 그래서 불경에 보면 "백년 동안 재가자(세속인)로 사는 것보다 단 하루를 살아도 출가자(출세간인)로 사는 게 낫다"고 했다. 이 말은 세속적 삶의 세속인을 비하하는 말이 아니다. 세상을 초월한 걸림 없는 자유인으로서, 진실한 진인(眞人)으로 설령 하루를 살다 간다해도 그것이 무의미하게 백년을 사는 것보다 더 의미가 있다는 말이다. 그렇다면 진인의 삶이란 어떠한 것인가? 사람들은 아주 높은 고차원의 경지를 생각할지 모르나, 실은 아주 간단하면서도 실천하기는 쉽지 않은 일이다. 바로 누구든 알고 있는 아주 평범하면서도 쉬운 이치이다. 일상생활 가운데 혹은 인간관계에 있어서 틀린 것을 틀렸다고 솔직하게 말할 수 있고 옳은 것을 옳다고 정직하게 말할 수 있으며, 거짓되지 않고 진실하게 매사에 임하고 언행이 일치가 되어야 하며, 이기적이고 자기 중심적이 아닌 남을 먼저 생각하는 사고방식과 희생의 마음, 자기 심성으로부터 나오는 양심의 소리를 항상 듣고, 매일 매일 좋은 날로 이어지는 생활과 자기 분수에 맞는 삶의 방식을 누리는 것이다. 바로 물질적 유혹에 빠지지 않으며 청정한 정신적 삶을 버리지 않는 안빈낙도(安貧樂道)와 만족할 줄 알고 감사와 행복을 느끼는 지족안락(知足安樂)의 인생관인 것이다.

　우리는 죽을 때 무엇을 갖고 갈 것인가? 이 세상의 부와 명예와 권세가 아무리 좋다 해도 죽을 때 갖고 갈 수 있는 사람은 아무도 없다. 죽음은 평등하여 남녀노소 상하고하를 막론하고 누구든 태어났으면 반드시 죽어야 하며 아무리 이 세상에 많은 재물과 부귀와 명예를 한 손에 걸머졌다 해도 하나도 갖고 갈 수 없는 게 우리의 죽음이다. 불경에서 말하길 "우리의 생명은 오늘 있을지라도 내일은 보장되어 있지 않다"고 했다. 즉 누구에게나 죽음이 오며, 그 죽음이 오는 시기는 불확실하여 알 수가 없다는 말이다. 어느 때고 죽음이 갑자기 닥쳐오면 애지중지 집착하고 소유하고 누렸던 이 세상의 모든 것이 한 순간에 물거품처럼 사라진다. 이 세상에 단 하나뿐인 자신의 생명도 없어지는

데 세상의 물질에 집착을 해 보아야 소용없는 일이다. 그런 삶은 죽은 후에 남는 것은 살아생전에 자신만을 위했던 이기적인 악업(惡業)뿐이다. 그래서 성현들은 자신만을 위한 이기적인 소유의 삶을 싫어하고, 더불어 사는 무소유의 삶을 살다가는 것이다.

이처럼 성현들이 무소유의 삶을 인생의 여정으로 보는 것은 필자의 생각에 두 가지 이유에서이다. 첫째, 노자가 말했듯이 "천지는 사심이 없고 성인은 사심이 없다"고 했듯이 모든 만물과 만인을 차별 편애하지 않고 평등하게 대하는 동체대비심이다. 이는 화이든 복이든 모두 평등하게 보고 집착하지 않음이고, 자신과 타인을 모두 평등하게 대하는 무아(無我)의 마음에서 무소유의 삶을 살 수 있는 것이다. 둘째, 우리가 죽을 때 성현들처럼 안심하고 정신적으로 편히 갈 수 있는 오직 한 가지 방법은, 살아생전에 보이지 않는 음덕(陰德)을 많이 쌓아 무형의 재산인 음덕을 갖고 가는 길뿐이다. 무한한 이타행(利他行), 즉 적선(積善)을 많이 하고 음덕을 많이 쌓은 사람은 죽을 때 악념(惡念)이 없어 평온한 임종(선종)을 맞는다고 석가모니불께서 말씀하셨다. 또한 선덕(善德)을 닦지 않은 자가 죽음(임종)을 두려워한다고 했다. 자신만을 위하고 내 가정만을 위한 이기적인 삶을 살든, 자신보다는 상대편을 먼저 생각하는 희생정신의 삶을 살든 그것은 각자 자기 자신만이 선택을 하는 길이고 그 후의 책임도 역시 자신만이 질 수 있을 뿐이다. 어떠한 인생의 길을 선택할 것인가는 오직 자신만의 선택이며, 그 생사(生死)의 책임 역시 어떠한 절대자나 하나님이나 부처님이 대신 져주지 않는다는 것을 깊이 명심해야 할 것이다.

죽음의 사후세계는 바로 현실의 삶과 함수관계로 정비례한다. 각자 삶을 어떻게 잘 살았느냐가 바로 평온한 마음의 선종(善終)을 맞을 수도 있고, 또한 어떠한 사후세계로 가느냐를 결정짓는 열쇠이기도 하다. 그 길은 부모도 배우자도 자식도 어느 누구도 대신해 줄 수 없는 오직 자신만의 길이다! 그 길을 누가 대신해 줄 수 있단 말인가? 그 길은 무한한 생명의 시간 속으로 오직 홀로 가는 새로운 여정이다. 그러므로 중요한 것은 자신 이외에 어느 누구를 의지해서 진정한 생명의 의의를 획득할 수 없다는 점이다. 왜냐하면 일체 생명의 실상은 모두 자신의 마음으로 말미암아 일어나기 때문이다. 우리에게 오직 필요한 것은 각자 자신의 진정한 인생, 생과 사에 대한 깊은 성찰이다. 인생이란 바로 내적인 마음의 승화(완전한 인격으로의 승화)를 위한 학습과정인 것이다.

부 록

I. 임종 때 누구나 꼭 주의해야 할 점

① 반드시 임종의 순간을 편안하고 고요하게 맞아야 한다.

임종 때 주변 사람들은 임종의 분위기를 온화하게 하여 임종자의 마음을 편안하고 고요하게 만들어 주는 일이 중요하다. 물론 살아생전에 어떤 선행(善行)을 했느냐가 중요하지만, 임종의 순간 그의 마음이 어디에 있느냐에 따라서 죽은 후 어디로 갈 것인가 결정되는 데 크게 작용을 하기 때문에 임종의 순간이 매우 중요하다. 만약 임종 때 마음에 번뇌를 일으키면 바로 악업이 나타난다. 설령 일생동안 수행을 잘 닦았다 해도 임종의 한 순간에 악념(惡念)이 일어났다면 그 일어난 한 순간에 일생의 수행을 헛되게 한다. 즉 임종 때 특히 가족들이 통곡을 하거나 슬픈 소리를 낸다면 그때 임종하는 자의 마음이 산란하고 슬프게 흔들려 고통스러워지므로 악념에 의해 악도(惡道)에 떨어진다는 것이다. 그렇기 때문에 가장 중요한 것은 임종을 하는 순간 마음이 안정되고 청정심·환희심을 갖도록 가족이 평온한 분위기를 만들어 줘야 하는 것이다. 간단히 말해 임종의 찰나에 악념을 선념(善念)으로 바꾼다는 말이다.

② 임종 후 망자의 시신을 적어도 8-12시간 동안은 손을 대서는 안 된다.

임종을 했다고 바로 심식(心識, 意識, 靈魂, 神識)이 육신을 떠나는 것이 아니기 때문에 티벳불교에서는 임종 후 바로 망자를 흰 천으로 덮고 대략 3일 반에서 4일간 시신을 만지거나 옮기지 않는다. 대부분 임종 후 몸의 온기가 완전히 빠져나가고 의식이 떠나는 것은 대략 8시간 후가 된다고 한다. 그래서 사망중음의 기간으로 심식이 육신을 완전히 떠나는 과정을 기다리는 것이다. 만약 시신을 움직여야 할 경우는 심식을 분리시킬 수 있는 라마(스님)가 만진다고 한다.

중국 정토종에서도 심식이 완전히 육신을 떠나는 시간을 적어도 8~12시간 이후로 보고 있다. 그리고 바로 시신을 옮긴다거나 염을 한다거나 2~3일에 바로 화장을 한다거나 하는 일을 금하고, 화장의 경우도 7일 이후에 하라고 하고, 염습을 할 경우도 적어도 8~24시간 이후에 하라고 한다. 그리고 가능한 한 수의를 새로 입히지 말고 입었던 깨끗한 옷으로 하는 것도 상관없다고 한다. 임종 후 의식이 바로 육신을 떠나는 경우는 생전에 완전히 선행을 한 사람으로 바로 천당(천상)으로 가거나, 역으로 완전히 악행만을 한 사람이 바로 지옥으로 가는 경우라고 한다. 그 외의 임종자들은 개인에 따라 차이가 있으나 바로 육신을 떠나지 않으며, 망자도 자신의 죽음을 인식해야 할 시간이 필요하고, 자신의 육신과 심식이 완전히 분리되어 심식이 스스로 육신의 죽음을 보고 난 후 자신이 갈 길을 준비해야 하는데, 그 와중에 그의 몸을 접촉하면 그는 매우 고통을 느끼고 그 고통으로 인해 화를 내게 되고 사망중음에서 악도로 떨어질 수 있다고 한다. 그러므로 적어도 8시간 전에는 시신 만지는 것을 절대로 금하고 있다.

③ 임종 때 반드시 선념과 정념을 잊지 말고 유지해야 한다.

임종 때 자신에 대해, 가족에 대해, 가까운 지인(知人)에 대해 이 생각 저 생각 챙기며 생각을 하다보면 자연히 집착심이 생겨 마음이 근심으로 변하고 심식에 혼란을 초래해 역시 악도에 떨어지기 쉽다. 그러므로 일체 자신에 대한 이 세상의 모든 것들을 마음에서 놓아야 하고, 오로지 임종을 맞는 마음의 준비를 해야 한다. 신앙인이라면 자신의 종교에 의한 기도를 함으로써 정념(正念)과 선념(善念)을 유지하는 일이 무엇보다 중요하다. 예를 들어 무슬림이나 기독교인이라면 하나님의 천국을 염(念)하면 될 것이고, 불자라면 아미타불을 염한다. 그리고 임종자에게는 예의로 엄숙하게 대하고 경어를 사용하며, 임종을 침울하게 맞게 하지 말고 조용하면서도 밝고 숙연한 분위기를 만들어야 한다.

④ 임종을 맞이한 상태에서 유언을 절대 묻지 말아야 한다.

가족들에게 유언이 필요할 경우 건강할 때 미리 유언을 해두거나 유서를 써서 믿을 만한 사람에게 맡겨 두었다고 일러놓으면 된다. 임종 때 소란스럽게 이 사람이 이 일을 묻고 저 사람이 저 일을 묻고 한다면 역시 임종을 맞는 자에게 아무런 이득이 없고 심식만 혼란하게 만들며, 또한 순간적으로 유족에 대한 집착심을 일으켜 고통을 수반시키기 때문에 임종자의 임종준비를 방해하는 일이다.

⑤ 임종 후 망자를 위해 그가 남겨 놓은 유물로 15일 이내에 자선행(慈善行)을 하고 망자를 위한 기도를 하는 일도 매우 중요하다.

임종 후 첫 중음의 단계에서 육신을 떠난 의식 혹은 망령 · 영혼은 끊임없이 계속 변이(變易)를 한다. 바로 사망중음의 기점으로, 사망의식이 7일 이내에 법신의 광명인 본존을 만나게 되는데, 만약 그때 해탈을 하지 못하면 두 번째 단계로 대략 15일경에 내생중음의 단계로 넘어가 찰나지간에 다시 수태의 자궁을 찾아 들어가 태내에서 탄생의식(誕生意識)과 출생의식(出生意識)에 의해 생사의 세계에 다시 태어나기 때문이다. 이 기간에 어떤 종교이든 자신의 종교의식으로 망자를 위한 천도재나 미사를 보는 일도 소홀히 넘겨서는 안되고, 실행을 하는 것이 망자를 고통으로부터 구원해 주는 일이다. 만약 불자라면 49일간 가족들은 힘들어도 술과 고기를 피하고 오신채(파·마늘·달래·부추·양파)가 들어가지 않은 채식을 하고 덕행의 공덕을 쌓는 것이 임종자를 위한 유익한 선행(善行)이다.

⑥ 임종자가 싫어하던 사람은 임종에 참여하지 말아야 한다.

생전에 싫어하던 사람이 임종의 순간 나타나면 임종자가 말은 못해도 의식은 여전히 있어 다 알아차리기 때문에 한 순간에 화를 낼 수 있고, 이 경우 역시 악도에 떨어질 수 있기 때문에 피해주는 것이 좋다.

이상 여섯 가지 조건은 임종자를 위한 꼭 필요한 사항이라서 서술했다.

Ⅱ. 죽음과 삶에 관한 역대 명언들

1. 동양편

존귀한 사람들아! 죽음이 당신을 방문할 것이다.
이 세상을 떠나는 사람이, 다만 당신 한 사람만은 아니다.
죽음은 각자 모두에게 오는 것이다.
이 세상을 붙잡고 희망하고 집착을 하지 말라!

(티벳,『중음제도경』)

인생은 이 세상에 돌아갈 곳도 없고 알 수도 없으며 번뇌와 고통으로 충만하다.
  산 자는 죽음을 피할 방법이 없고, 늙음이 온다면 바로 죽음이 오는 것이다.
  이것이 바로 중생(감정을 갖고 있는 생명체)의 규율인 것이다.
  태어났음에는 항상 면전에 죽음의 위험이 도사리고 있다.
  어린 자나 연장자나 어리석은 자나 지혜로운 자나 할 것 없이 모든 사람은 죽음의 사신(死神)을 벗어날 수 없어, 모든 사람들의 돌아갈 곳은 모두 죽음이다.

(팔리어 경전,『경집』)

이제 그대는 시들어진 낙엽이다. 죽음의 사자가 그대의 곁에 있다. 그대는 죽음의 길목에 서 있다. 그런데 그대에게는 갈 노자마저 없구나! 그대는 스스로 피난처를 만들라! 그리고 서둘러라! 현명하여라!

죄업이 없어지고 죄에서 벗어나면 그대는 천당의 성지(聖地)에 올라가리라!

(『법구경』)

천당을 막지도 않는데 가는 자가 적은 것은 탐욕・성냄・어리석음의 삼독(三毒)을 자기 집의 재물로 삼기 때문이요, 지옥・아귀(餓鬼)・축생의 악도(惡道)가 유혹하지도 않는데 가는 자가 많은 것은 지・수・화・풍의 사대(四大)와 재물욕・식욕・색욕・명예욕・수면욕 등 오욕(五欲)의 헛된 마음을 보배로 삼기 때문이다.

(한국, 원효대사 〈발심수행장〉)

죽음의 왕, 금시조(金翅鳥)는 머지않아 목숨의 명을 삼킬 것이고, 한 생의 업 끈이 끊어지면 생명의 기가 절단됨을 어찌 말로 할 수 있으리요!

(중국, 지자대사 『관심론』)

마음은 생사 열반의 근본이며 만물의 근원이다.
지옥이라 함은 최대의 악이고, 부처의 세계라 함은 최대의 선이다.
마음으로 말미암아 번뇌가 있음을 알고, 마음이 생사의 근본이며 죄 허물의 근원임을 알라!

(중국, 관정대사 『관심론소』)

생(生)을 모르는데 어찌 죽음을 알겠는가?   (중국, 공자 『논어』)

인간의 생(生) 역시 유연하고 약한 것이고, 그 죽음 역시 견고하고 강한 것이다. 초목의 생(生) 역시 약한 것이고, 그 죽음 역시 말라빠진 것이다. 그런고로 견고하고 강한 것은 죽음의 무리요, 유연하고 약한 것이 생(生)의 무리이다.

(중국, 노자 『도덕경』)

죽음에는 위로 군주도 없고 밑으로 신하도 없고, 역시 밤낮의 일도 없는 것이다. 그러므로 천지가 춘추(연령)이므로 비록 남쪽(왕의 자리)에 앉은 왕의 즐거움이 있다 해도 죽음을 면할 수는 없는 것이다.

(중국, 『장자 · 지락편』)

죽음과 삶은 모두 다 생명이다.
선(善)하지 아니하면 죽고, 선하면 사는 것이다.
오직 선함이 아니라면 어찌 나의 삶이 선함을 위하겠는가?
나의 삶은 선한 것이다.
삶과 죽음은 낮과 밤처럼 가기에 멀지 않다.
죽음의 닥침을 역시 멈출 수 없다.

(중국, 곽상 『장자주 · 대종사』)

서서 죽는 자가 있고, 앉아서 죽는 자가 있고, 누워서 죽는 자가 있고, 병으로 죽는 자가 있고, 약으로 죽는 자가 있다.
죽음은 똑같아 갑 · 을의 차이가 없는 것이다.
만약 이 이치를 모르는 선비라면 생을 보지 못하기 때문에 죽음도 볼 수 없는 것이다.

(중국, 관윤 『관윤자사부편』)

만물이 서로 다른 것은 사는 것이요, 서로 같은 것은 죽음이다.
삶에는 현명하고 어리석고, 귀하고 천하고가 있어 서로 다른 것이고,
죽음에는 더럽게 썩고, 소멸하는 것이 똑같은 것이다.
현명하고 어리석고 귀하고 천함을 능히 할 수 있는 것이 아니고,
더럽게 썩고 소멸함도 역시 능히 할 수 있는 것이 아니다.
그런고로 산다는 것이 사는 게 아니고, 죽는다는 것이 죽는 게 아니다.
현명해도 현명한 것이 아니고, 어리석어도 어리석은 것이 아니다.
귀해도 귀한 것이 아니고, 천해도 천한 것이 아니다.
그러므로 만물은 삶을 갖추고 죽음을 갖춘 것이다.

(중국, 『열자·양주편』)

인생이 무엇인가 살펴 아는 것이 성인(聖人)의 요지(要旨)이고,
죽음이 무엇인가 살펴 아는 것이 성인의 궁극(窮極)이다.
인생을 아는 자는 생명을 해치지 않아 양생(養生)이라 하고,
죽음을 아는 자 역시 죽음을 해치지 않아 편한 죽음이라고 말한다.
이 양자는 성인만이 해결할 수 있다.
천지지간에 태어난 모든 것은 반드시 그 죽음이 있어 죽음을 면할 수 없는 것이다.

(중국, 여불위『여씨춘추』)

삶은 죽음의 근본이요, 죽음은 삶의 근본이다.

(중국, 『황제음부경』)

영혼은 자신의 새롭고 완전한 아름다운 몸을 얻기 위해 작은 육신을

버리며 현명한 사람은 영생을 얻는다.
　죽음은 인간으로 하여금 세상의 옷을 벗게 하여 영생의 화려한 옷으로 갈아입게 한다.
　선량하고 정직한 사람은 영생을 얻는다.
(힌두교)

착한 사람의 죽음은 집으로 돌아감과 같다. 그에게는 죽음이 없다. 다만 영생을 얻을 뿐이다. 천당은 성도(聖徒)들의 집이다.
(시크교)

인간의 죽음은 수면과 같고, 인간의 삶은 깨어있음과 같다.
아무리 고통스런 일이라 해도 죽을 수 없으며
무력하여 포기하는 것은 죽음보다 더한 고통이다.
(인도잠언, 『덕행편』)

제일 고상한 죽음은 사심(私心)없는 희생이다
(인도고사)

어떤 사람도 나의 생명이 끝남을 구제할 수 없다.
나의 생명은 오직 신의 것이다.
(인도, 마하트마 간디)

우리의 생명은 하늘로부터 부여받은 것이다.
우리는 오직 생명을 위해 헌신할 때 생명을 얻게 된다.
(인도, 타고르 『비조집』 제56)

삶은 여름에 찬란하게 피는 꽃과 같고, 죽음은 가을 낙엽의 아름다운 정취와 같다.

(『비조집』 제82)

죽을 때는 모든 것이 합쳐져 하나가 되고,
살 때는 하나가 여러 개로 분화한 것이다.
신이 죽었을 때 종교는 바로 합쳐져 하나로 된다.

(『비조집』 제84)

죽음은 강한 생명에 속하며 바로 삶과 마찬가지이다.
발을 들면 길을 걷는 것이고, 발을 떨어뜨려도 역시 길을 걷는 것과 같은 것이다.

(『비조집』 제267)

내가 죽을 때 세상아! 부탁하니 너의 침묵 가운데 나를 대신하여
'나는 이미 사랑했었다'는 이 말을 남겨다오!

(『비조집』 제277)

죽음은 그 불후의 이름이 있고, 다만 삶은 불후의 사랑을 갖고 있다.

(『비조집』 제279)

나는 죽고 또 죽는다는 것으로 삶이 무궁무진하다는 것을 확실히 알았다.

(『비조집』 제281)

사람마다 모두 죽음의 맛을 알아야 한다.
부활하는 날 너희들은 비로소 누릴 것이고,
너희들은 완전한 대가를 받을 것이다.
누가 죽음의 불구덩이를 여읠 수 있을 것인가?
인간의 낙원에서 누가 성공을 했다 해도
이 세상의 생활은 다만 헛된 누림에 불과하다.

(아라비아, 『꾸란』 제3장)

죽음에 두려움은 일종의 착각으로 항상 사람들의 간담과 마음을 두렵게 한다.
한 나절의 봄을 살아도, 일생을 살아도 사실 별 다를 게 없다.

(바빌론)

만약 당신이 일생 동안 편한 생활만을 했다면
인생의 즐거움을 맛보지 못했을 것이다.
당신은 다가올 죽음을 면할 수 없고, 당신은 일생 꿈을 꾼 것에 불과하다.
이 두 날은 죽음의 방비(防備)를 허용하지 않는다.
하나는 숙명적으로 죽어야 할 날이고, 다른 하나는 숙명적으로 살아야 할 날이다.
죽어야 할 그날 아무리 발버둥쳐도 소용이 없고,
죽어야 할 그날 아무리 두려워해도 이득이 없는 것이다.

(페르시아)

인생의 최후는 모두 한번 죽음에 불과하다.
죽은 후 어떤 물건도, 역시 갖고 갈 수가 없다.
그런데 왜 서로 잔인하게 싸우고 죽이는가?
왜 서로 미워하고 싫어하는가? 왜 서로 원수로 대하는가?
각자에게 생명을 말한다면 짧은 것이라서 보은의 보답을 알 시간도 없는 것이다.

(태국, 『석양이 넘어가다』)

인생은 바로 하나의 성장발전의 원형고리이다. 또한 매일 매일 새로운 과정이다. 인간이 태어나 죽은 후도 역시 성장발전의 자연현상이다. 삶은 발전이고, 죽음 역시 발전이다.

(일본, 松下辛之助 『경영자 365금언』)

2. 서양편

신앙은 죽음보다 더 힘이 있고, 죽음은 비열함보다 더 고상하다.
죽음은 희망보다 더 자비하다.
왜냐하면 죽음은 신이 안배했기 때문이고, 희망은 바로 우리들의 어리석음의 산물이기 때문이다.
의사의 치료는 생명을 구제할 수 없다.
삶과 죽음은 신의 손에 달려 있기 때문이다.

(이집트)

죽는 날이 인생의 날을 이긴다.
상(喪)을 당한 집을 보게 되면 안락한 집에 찾아간 것처럼 하라!
왜냐하면 죽음은 인간의 종결이다. 산 자 역시 이런 일(죽음)을 마음에 두거라!

(히브리, 『구약전서·전도서』)

철학적 정신을 갖고 있는 사람은 모두 죽음을 마음으로 받아들인다.
다만 그들은 자살은 하지 않는다. 왜냐하면 그런 일은 정당하지 않아서이다.

(고대 그리스, 소크라테스, 플라톤 『훼도(Phaedo)』에서)

철학은 죽음의 학습이다.

(고대 그리스, 플라톤 『훼도』)

죽음은 현재의 모든 사물 가운데 가장 무서운 것이다.
왜냐하면 죽음은 끝남이기 때문이다.
죽음으로 말하자면 어떠한 것을 좋다 나쁘다고 말할 수 없다.

(고대 그리스, 아리스토텔레스, 『윤리학(Ethika)』)

철학에서 배우는 것은 사망에 대한 학습이다.

(고대 로마, 프로티누스(Plotinus))

철학가의 모든 생활은 죽음을 준비하기 위한 것이다.
철학사유의 정수는 사망에 대한 반성이다.

(고대 로마, 시세로(Cicero) 『辯論集』)

죽음이란 무엇인가? 바로 전이(轉移)이고, 또한 끝남이다.
　나는 끝남을 무서워하지 않는다. 이건 바로 시작이 없는 것과 마찬가지이다. 나는 또한 전이도 무서워하지 않는다.
　왜냐하면 나는 정해놓은 구역이 없기 때문이다. 어디이든 다 같은 것이다. 당신은 생명을 위해 기도를 할 때 동시에 죽음에 대해 학습을 해야 한다. 어떠한 상황이든 죽음은 아주 빠르게 찾아온다.

(고대 로마, 세네카(Seneca))

부모를 살해하는 것은 남을 죽이는 것보다 더 사악하다.
　단, 자살은 제일 사악한 짓이다.

(중세 로마, 아우구스티누스 『인내론(De petientia)』)

자신을 처벌하기 위해 자살을 원하는 사람은 응당 아무도 없다.

우리는 이런 관점을 긍정하고 지지한다.

우리는 여러 방법으로 그 생각이 정확하다는 것을 널리 전한다.

왜냐하면 이건 영원한 죄악으로 세속의 죄악을 벗어나려고 떨어지는 구덩이이기 때문이다.

남의 죄악 때문에 자살을 하려는 사람은 응당 아무도 없다.

왜냐하면 이건 그 자신이 보다 더 큰 죄악을 자초하여 본래 오염될 수 없는 그의 죄악을 도망치려 하기 때문이다.

자기 과거의 죄악으로 자살을 원하는 사람은 응당 아무도 없다.

왜냐하면 그에게는 더 자신에게 필요한 생명이 있기 때문이다.

참회로 이런 죄악들을 치유하라!

죽은 후 더 좋은 생활을 기대하기 위해 자신의 생명을 끝내고 죽는 사람은 응당 아무도 없다. 왜냐하면 자기의 손으로 죽는 그런 사람에게 죽은 후 더 좋은 생활은 있을 수 없기 때문이다.

(중세 로마, 아우구스티누스 『하나님의 城(De civitate Dei)』)

외적인 일체 정감 가운데 죽음이 제일 먼저 자리하고 있다.

마치 내적인 정감 가운데 성욕이 제일 먼저이듯이 말이다.

죽음을 정복하고 죽음에 대해 잘 다스린다면 그 사람의 승리는 제일 완벽한 것이다.

(이탈리아, 토마스 아퀴나스 『神學大全(Summa theologica)』)

생활은 격정이 충만하지만, 죽음은 사랑과 겸손·공경으로 충만하다. 죽음은 어느 곳에서 우리를 기다리고 있는가? 이건 불확실한 것이다. 우리에게 어느 곳에서든지 죽음을 기다리라고 한다. 죽음에 대해 미리 사고를 하면 바로 미리 자유를 사고한 것이다. 어떻게 죽을 것인가를 아는 사람은 어떻게 노예가 될 것인가를 모른다. 어떻게 죽을 것인가를 아는 사람은 우리에게 일체 부역과 억압으로부터 벗어나게 한다. 이러한 사실을 완전히 견제할 줄 아는 사람들은 그 생활 가운데 죄악이 없다.
 자연히 우리에게 이렇게 하라고 떠민다.
 그리고 그는 '이 세상을 떠나라'고 말을 한다.
 마치 당신이 이 세상을 이렇게 왔듯이 말이다.
 죽음으로부터 태어나고, 태어남으로부터 죽고 이러한 과정을 거쳐 당신은 감각도 두려움도 없는 것이다.
 당신의 죽음은 우주질서의 일부분이며, 세계생명의 일부분이다.

(불란서, 몽테뉴 『수필집』)

 주의해야 할 가치는 인간의 마음 가운데 있는 여러 가지 정감들이다.
 물론 어느 정도 나약하고 무력하다 할지라도 정감이 없다면 죽음에 대한 두려움을 극복할 수가 없다.
 주변에 많은 정감을 대처했다면 죽음을 능히 쳐 버릴 수 있고, 죽음은 그렇게 사람을 무섭게 하는 적이 아니라는 것을 알 수 있다.
 복수의 마음이 죽음을 이기고, 연애의 마음이 죽음을 멸시하고, 영예의 마음이 죽음을 희망하고, 근심의 마음이 죽음을 도망하고, 공포의 마음이 죽음을 응시한다.

(영국, 베이컨 『수필집』)

 자유인은 죽음을 초월한다.
 그들의 지혜는 죽음의 묵념이 아니고, 삶의 깊은 성찰(명상)이다.

(네덜란드, 스피노자 『윤리학』)

생명, 이 언어는 항상 접하는 말이다.

하지만 만약 당신이 누군가에게 이 언어를 어떻게 해석할 것인가 묻는다면 그 사람은 당신을 이상하게 볼 것이다. 다만 우리가 만약 질문을 던진다면?

씨앗 가운데 이미 존재하는 식물의 생명이 있는가 없는가?

달걀이 아직 부화를 하지 않았을 때 그 속의 배형(胚形)은 생명인가 아닌가?

인간이 기절했을 때 생명이 있는가 없는가? 즉 우리는 분명히 알 수 있다.

생명, 이 말은 비록 항상 접하는 말이지만, 그러나 우리가 생명에 대해 깊이 들여다본다면 명백하고 확실하고 정확한 관념을 영원히 알 수 있는 것이 아니다.

(영국, 록크『인간의 오성론』)

만약 우리가 영원히 죽지 않는다면 우리는 역으로 불행한 사람이 될 것이다.

물론 죽음은 아주 고통이다. 다만 우리는 영원히 살 수 없다는 생각을 하게 되어 금생의 고통을 끝내고 더 아름다운 생활을 하려고 생각하는 것이고 우리는 경쾌해지는 것이다.

만약 누군가 우리에게 이 세상에서 영원히 살라고 허락을 한다면 어디 물어보자!

누가 이렇게 상서롭지 못한 예물을 원하고 받아들인단 말인가?

(불란서, 루소『에밀(Emile)』)

자살은 악이다.

왜냐하면 신은 그런 일을 못하게 하기 때문이다.

신은 자살을 못하게 한다. 왜냐하면 그런 일은 아주 악이기 때문이다.

(독일, 칸트『강연』)

자살을 생각하는 사람은 응당 자신에게 물어 보라!

도대체 자신의 행위와 '인간 자신은 목적이다'는 이 개념과 상응하는지 말이다.

가령 그 사람이 고통의 상황을 모면하기 위해 자살을 하고자 한다면 그 사람은 단지 좋은 상황을 유지하기 위해 죽음을 도구로 삼는 게 아닌가!

그러나 인간은 하나의 물건이 아니다.

사람을 능히 도구로 사용할 수 있는 게 아니다.

그리고 인간의 모든 행위상 반드시 인간 자신은 목적인 것을 알아야 한다.

그렇기 때문에 나는 내 신상에 어떠한 처리도, 혹은 훼손시키는, 혹은 자신을 해치고 죽게 하는 일을 할 수 없다.

(독일, 칸트『도덕형이상학의 기본원리』)

동물은 단지 죽을 때 비로소 죽음을 인식하지만, 인간은 자신의 죽음을 향해 점진적으로 가고 있음을 의식한다.

즉 인간은 전체의 생명을 의식하지 못한 상태에서 끊임없이 훼멸(毁滅)되는 특성을 지니고 있어, 자신도 모르게 죽음을 향하다 어느 날 비로소 생명의 가련함을 느낀다.

(독일, 쇼펜하우어『의지와 표상의 세계』)

사람들은 처음에 자살을 아주 용감한 행위라고 볼 것이다.
하지만 그건 재봉사와 시녀의 비천한 용기에 불과하다.
그 다음은, 또 아주 불행하다고 볼 것이다.
왜냐하면 마음이 찢어지는 순간을 보기 때문이다.
단, 중요한 문제는 우리에게 자살할 권리가 있는가 없는가이다.
나의 대답은, 그런 사람은 자기생명의 주인이 아니다.
왜냐하면 삼라만상의 활동을 포함한 총체가 바로 생명이기 때문이다.
그렇기 때문에 인간에게 그 생명을 지배할 권리가 있다고 말하는 것, 그 자체가 모순이다.
왜냐하면 그건 자기 신상의 권리를 초과할 수 있다는 말과 같다.
그래서 인간에게는 이런 권리가 없다.

(독일, 헤겔 『법철학원리』)

    생명은 참으로 진실한 것임을 알 수 있다. 생명은 별들보다도 더 높고, 역시 태양보다도 더 높다. 태양이 비록 하나의 개체이지만, 절대로 주체는 아니다.
    생명은 모든 대립의 결합이다. 그러나 단순히 개념과 실재의 대립의 결합이 아니다. 단지 내적인 것과 외적인 것, 원인과 결과, 목적과 수단, 주관성과 객관성 등등은 동일한 것이다. 즉 생명이 될 수 있다.
    생명의 진정한 규정은, 개념과 실재의 통일된 상황에서 이런 실재가 다시 직접적인 방식으로, 독립성의 방식으로 많은 현실의 존재가 된다거나 서로 분리되는 속성으로 존재해서는 안 된다.

(독일, 헤겔 『자연철학』)

    생명은 만유(萬有)의 영혼이며, 모든 유기체에게 생기의 호흡을 부여하고 소식의 메시지를 전한다.
　그렇기 때문에 영혼은 만유를 위해 공유하게 하는 것이다.

(영국, 콜리지(Coleridge))

　너무 오래 살면 묵묵히 듣지도 못하는 작은 풀처럼 변하게 된다.
　인간은 고상한 동물이다. 그가 화장되어도 뼛골은 여전히 휘황찬란하고, 무덤 속이라도 역시 장엄하다. 인간의 탄생과 죽음은 모두 신성한 빛을 지녔다.

(영국, 브라운(Thomas Brown)『무덤』)

　절망은 죽음에 이르는 병이다.
　이 의미는 인간에 극도의 고통인 모순의 심리를 말한 것이다.
　이런 질병은 본질적으로 끊임없이 죽게 할 뿐만 아니라 죽으려 해도 또한 죽을 수도 없고, 참으로 죽었을 때나 멈추게 된다.
　죽음의 의미는 일체가 다 끝난 것으로 참으로 죽을 때나 비로소 죽게 된다. 절망은 살아서 죽음을 체험하게 하는 의미를 갖고 있다.

(네덜란드, 키에르케고르『죽음에 이르는 병』)

　우리는 확실히 자신의 죽음을 생각하기 어렵다. 무의식적으로 사람들은 모두 자기는 장생불노(長生不老)한다고 확신하고 있다.
　당신이 오래 살기를 생각하거든 바로 죽을 것을 준비해야 된다!

(오스트리아, 프로이드『목전의 전쟁과 죽음의 관점』)

　모든 생명의 최종목적은 죽음이다.

(오스트리아, 프로이드『쾌감원칙을 넘어』)

인간의 관점에서 보면, 생명은 하나의 정체(整體)이다.

마치 거대한 파도처럼 그것은 하나의 중심에서부터 출발하여 그 다음 밖으로 전파되며, 그 주변은 모두 그의 범위 내이고 파도의 파장이 멈추면 진동으로 변하고, 장애를 받게 되면 이런 충동은 스스로 소멸이 된다.

(불란서, 베르그송 『창조의 진화』)

철학에 종사하는 것은 바로 죽음을 배워 가는 것이고,
철학에 종사하는 것은 바로 신을 향해 가는 것이고,
철학에 종사하는 것은 바로 실존의 존재를 인식하는 것이다.

(독일, 칼 야스퍼스 『존재주의 철학』)

죽음은 삶의 기본방식이고 구체적인 존재이다.

(독일, 하이데거 『존유와 시간』)

주요 참고 문헌

哲學的人類學, 關永中 교수의 강의내용, 대만 보인대학교 철학과, 〈조명숙의 수강노트〉 중에서 발췌, 1990년.

西藏度亡經, 서진부 역, 대만 천화출판, 민국72년.

大轉世―西藏度亡經, 이육소 역, 방지출판사, 민국84년.

死亡哲學, 은덕지 저, 대만 홍엽문화, 민국83년.

死亡敎育槪論, 황천중 저, 대만 업강출판사, 민국80년.

死亡的意義, John Bowker著, 商戈令譯, 대만 정중서국, 민국93년.

中國死亡智慧, 정효강 저, 대만 동대도서공사, 민국83년.

生命的尊嚴與死亡的尊嚴, 부위훈 저, 대만 정중서국, 민국82년.

生命之不可思議, 달라이 라마 저, 강지지 역, 대만 입서문화사업공사, 민국84년.

生與死, 진병 저, 내몽고인민출판사, 1994년.

西洋哲學史, 오곤여 저, 대만 국립편역관출판, 민국60년.

西洋哲學史, 부위훈 저, 대만 삼민서국출판, 민국85년.

人生哲學講義, 방동미교수 강의, 황진화 필기, 대만 시영출판사, 민국82년.

人生哲學, 장영준외 공저, 대만 회화도서출판, 1994년.

中國人生哲學, 교장로 저, 중국인민대학출판사, 1990년.

印度哲學思想史, 조아박 편저, 대만 국립편역관출판, 민국75년.

印度哲學宗敎史, 고관노 역, 대만 상무인서관, 민국80년.

宗敎哲學, 증앙여 저, 대만 상무인서관, 민국, 75년.

宗教學通論, 여대길 주편, 대만 박원출판유한공사, 민국82년.
칸트철학자료선집, 대만 앙철출판사, 민국78년.
純粹理性批判, 칸트 저, 남공무 역, 북경 상무인서관, 1993년.
判斷力批判, 칸트 저, 위탁민 역, 북경 상무인서관, 1995년.
20世紀哲學名著導讀, 구인종 주편, 중국 호남출판사, 1991년.
存在主義槪論, 이천명 저, 대만 학생서국, 민국75년.
哲學與人, 장세영·주정림 편, 상무인서관, 1930년.
짜라투스트라는 이렇게 말했다, 니체 저, 임건국 역, 대만 원유출판사, 민국81년.
의지와 표상의 세계, 쇼펜하우어 저, 석충백 역, 북경상무인서관, 1994년.
인생론, 쇼펜하우어 저, 최민홍 역, 한국 집문당, 1980년.
逍遙之祖, 백본송·왕리일 저, 하남대학출판사, 1995년.
人心與人生, 양수명 저, 대만 곡풍출판사, 민국76년.
四大聖哲, 야스퍼 저, 전패영 역, 대만 업강출판사, 민국75년.
人生奧秘, 시수화·서옥화 주편, 상해과학보급출판사, 1993년.
愛·限與死亡, 관영중 저, 대만 상무인서관, 민국86년.
追尋無瑕甘露, 사사인 역, 대만 중생문화출판, 민국85년.
中國無神論史, 아함장·왕우삼 주편, 중국사회과학출판사, 1992년
李卓吾的佛學與世學, 임기현 저, 대만 문진출판사, 1992년.
淨土槪論, 석혜엄 저, 대만 동대도서공사, 민국87년.
淨土宗槪論, 장만도 주편, 대만 대승문화출판사, 민국68년.
原始佛敎硏究, 장만도 주편, 대만 대승문화출판사, 민국67년.
中國學術名著(今譯語譯), 대만 서남서국인행, 민국61년.
象山與宗密「存有根源」思想的比較硏究, 조명숙, (대만 보인대학교 철학연구소, 박사학위논문), 민국86년.
哲學論集, 대만 보인대학교철학연구소.
哲學與文化(월간), 철학과 문화 월간편집위원회, 대만 철학과문화월간사.
鵝湖(월간), 대만 아호월간잡지사.

哲學雜誌(계간), 대만 연합발행중심.

中國哲學史(월간), 북경 중국인민대학서보자료중심.

中國哲學全書, 상해 인민출판사, 1994년.

人生哲學寶庫, 북경 중국텔레비전출판사, 1992년.

西洋哲學辭典, 국립편역관 주편, 대만 화향원출판사, 민국78년.

哲學大辭書, 철학대사서편심위원회 저, 대만 보인대학교출판사, 1993년.

哲學大辭典, 풍계 주편, 상해사서출판사, 1992년.

Basic Teachings of the Great Philosophers, S.E.Frost, Jr., Doubleday & Company, Inc. U.S.A. 1962.

He last days of Socrates, Plato, translated by Hugh Tredennick, in London, 1954.

The mystery of death, Ladislaus Boros, London Burns and oates, 1965.

Philosophical anthropology, J.Donceel, N.Y. 1967.

Being and time, M.Heidegger, N.Y. Harper and Row, 1962.

Death of eternal life, J.Hick, London macmillan press, 1976.

Insight, B.Lonergan, printed A Wheaton and Co. Ltd. Exeter in Great Britain, 1983.

Existential background of human dignity, Marcel, Cambridge, Harvard univ. press, 1963.

Life after life, R.A.moody, N.Y. Banton, 1975.

Religion on life after life, R. A. moody, N.Y. Banton, 1977.

History of Indian philosophy, translated by V.M.Bedkar, Motilal banarsidass, Delhi, India, 1973.

The portable Nietzsche, by Walter Kaufmann, the viking press, New York, 1954.

The philosophy of the 16th and 17th centuries, by Richard H. popkin, the free press A division of macmillan publishing Co. lnc. New York, 1966.

The philosophy of Schopenhauer, by Irwin Edman, Look inside jacket New York, 1960.

Spinoza selections, by John wild, Charres scribner's sons New York, 1958.

From Descartes to Loke, by T.V.Smith and M.Grene.

Indian philosophy, Radhakrishnan, London George Allen & Unwin Ltd. 1977.

釋法性(趙明淑)
서울 출생. 대만 보인대학교(Fu Jen Catholic University) 철학과 졸업, 문학사(B.A.)학위 획득. 同校 철학연구소 석사과정 졸업, 문학석사(M.A.)학위 획득. 同校 철학연구소 박사과정 졸업, 철학박사(Ph.D.)학위 획득. 대한불교조계종 포교원 포교연구실 사무국장 역임.
저서 및 역서로 『아미타경과 아미타수행법』, 『다음 생을 바꾸는 49일간의 기도』, 『대승기신론』, 『불자가 꼭 읽어야 할 기본경전』, 『마음을 관해야 진정한 깨달음에 들 수 있다(觀心論)』, 『어떻게 성불할 것인가(顯密圓通成佛心要集)』(공역), 『선 수행자가 꼭 읽어야 할 대승선경』, 『선비요법경』 등이 있다.

사망학

초판 1쇄 발행/2004년 10월 18일
초판 2쇄 발행/2013년 3월 28일

편저자/석법성
발행인/김시열
발행처/도서출판 운주사

주소/서울특별시 성북구 동소문동 4가 270번지
Tel/02)926-8361, Fax/0505)115-8361
다음카페: 도서출판 운주사 http://cafe.daum.net/unjubooks

값 15,000원

잘못된 책은 바꾸어 드립니다.